U0957327

2016

IWD

世界发展状况

STATE OF THE WORLD DEVELOPMENT

国务院发展研究中心世界发展研究所

中国发展出版社
CHINA DEVELOPMENT PRESS

图书在版编目（CIP）数据

世界发展状况2016/国务院发展研究中心世界发展研究所.
北京：中国发展出版社，2016.3
ISBN 978-7-5177-0467-6

Ⅰ.①世… Ⅱ.①国… Ⅲ.①国际形势—2016 Ⅳ.①D50

中国版本图书馆CIP数据核字（2016）第018944号

书　　名：世界发展状况2016
著作责任者：国务院发展研究中心世界发展研究所
出 版 发 行：中国发展出版社
（北京市西城区百万庄大街16号8层　100037）
标 准 书 号：ISBN 978-7-5177-0467-6
经　销　者：各地新华书店
印　刷　者：三河市东方印刷有限公司
开　　本：700mm×1000mm　1/16
印　　张：20.5
字　　数：220千字
版　　次：2016年3月第1版
印　　次：2016年3月第1次印刷
定　　价：45.00元

联 系 电 话：（010）68990630　68990692
购 书 热 线：（010）68990682　68990686
网 络 订 购：http：//zgfzcbs.tmall.com//
网 购 电 话：（010）88333349　68990639
本 社 网 址：http：//www.develpress.com.cn
电 子 邮 件：bianjibu16@vip.sohu.com

版权所有·翻印必究

本社图书若有缺页、倒页，请向发行部调换

编辑委员会

主　任　周文重　王　江

委　员　（以姓氏笔画为序）

丁一凡　丁原洪　卞晓春　杨　俊

钱文荣　黄丹涵　梅兆荣　戚家政

前　言

Preface

纵观2015年的世界局势，依然是惊涛骇浪，风起云涌，国际政治、经济、军事、文化等各种矛盾交织，形势复杂多变，动荡不安，突发事件不断。特别是中东乱局愈演愈烈，难民危机持续困扰欧盟，地缘角力牵动大国博弈，国际秩序乱象丛生，恐怖袭击频发，规模和范围不断扩大，世界和平安宁遭受巨大威胁。

2015年，中美关系从年初的高位开局，到年底的平稳收官，虽几经波折，但经受住了一系列问题的考验，波澜不惊，整体上保持了螺旋上升的态势，新型大国关系建设无论是从深度还是广度上都有所提升。但从全年中美关系的演进情况看，尽管两国间的合作面远远大于竞争面，两国关系仍面临一系列风险挑战，管控分歧的任务越来越重，美国军舰、战机非法进入中国南沙群岛有关岛礁邻近海空域一事就凸显了中美之间增信释疑、管控分歧任务之艰巨。美“亚太再平衡战略”的进一步实施，对亚太地区的和平与稳定增加诸多不利因素，给我国家安全造成现实和长远的威胁，中美间的摩擦、竞争乃至斗争的领域不断增加，范围不断扩大，最核心的原因是中国在美国全球战略中的地位正在发生质的变化，美国人将中国的定性从“建设性的合作伙伴”变成了“战略对手”甚至“主要威胁”或“最大威胁”。中美关系面临着巨大的挑战。

中国周边地区形势更为复杂。由于美国的高调介入和选边站队，南海问题出现复杂化的趋势。日本、菲律宾、越南等一些国家频有动作。特别是日本，强行通过新安保法案，摆脱战后体制，为在海外用兵打开大门。积极参与美国在南海行动，挑动支持一些东盟国家制造事端，欲以此增强在东海问题上的回旋余地，增强对中国的遏制力。缅甸大选，以昂山素季为首的全国民主联盟即将执政；朝鲜半岛局势长期处于紧张状态；我国台湾地区大选面临台独势力再度执政等等，都存在许多不确定因素。

中东地区乱局再度升级，地缘格局处在大变动之中。俄罗斯出兵叙利亚打破了中东的格局，甚至整个世界的格局都在因此而发生剧烈的变化。随着局势的发展，美国主导的“反伊斯兰国”联盟、沙特等国组建的伊斯兰反恐军事联盟以及俄罗斯、土耳其、法国、德国等陆续介入打击“伊斯兰国”，中东已成为各种势力的争斗场，中东战争的规模或许快速扩大。中东乱局正在升级，中东地区正在出现以色列、沙特、埃及、土耳其、伊朗五大国纵横捭阖的较量，美国再也不能左右这几国的政局及政策。

令人遗憾的是，“伊斯兰国”在各方打击中却打而不倒，并将恐怖袭击从中东向全球蔓延，成为世界各种恐怖组织的旗帜。恐怖主义正成为国际政治面临的主要矛盾。

欧盟遭遇前所未有的挑战。欧盟作为世界上经济实力最强、一体化程度最高的主权国家联合体，在世界舞台上发挥着重要的作用。但这些年来，它遭遇了一场又一场危机，使一贯以“团结一致”为标榜的欧盟出现明显裂痕，从而使欧盟的声誉和国际影响力受到损害。2015 年，乌克兰危机尚未平息，希腊主权债务危机再度爆发；当希腊债务问题引发欧盟内部关系紧张刚刚有所舒缓，非法移民潮又强烈冲击欧洲，引发欧盟内部争吵，东西欧国家严重对立。至今无法就安置难民问题提出一致同意的方案。不少国家纷纷采取严控边界的举措，保证欧盟内部自由流通的《申根协定》面临瓦解危险。欧盟现状使“疑欧”思潮弥漫欧洲。形形色色的反欧洲一体化、反外来移民为主要政见的政党纷纷崛起，正改变着不少欧洲国家的政治生态。英国已决定2017 年底前举行“脱欧公投”。欧盟内讧更刺激了英国国内主张脱欧的势力。一旦“脱欧公投”演变成“公投脱欧”的结果，其对欧盟的损害是灾难性的。债务和难民两大危机对欧洲一体化的冲击显而易见。但随着欧元区经济复苏，法国总统奥朗德与德国总理默克尔都表示将加强合作，发挥“法德发动机”的作用，共建强大统一的欧洲，这也许是“危机”中的“机会”。

尽管欧洲总体上陷入困境，但中欧关系亮点纷呈，出现了英、法、德三大国竞相谋求同中国合作的态势，中国—中东欧国家苏州会晤取得重要成果，中欧“一带一路”建设、战略对接、国际产能合作初显成效。

全球经济前景不容乐观。联合国 2015 年 12 月 10 日公布的报告显示，世界经济在2015年步履维艰，由于在过去18个月里油价下跌近60%，大宗商品价格下跌逾20%，经济增长率估计仅为2.4%。而国际货币基金组织发表的《世界经济展望》则称，全球2015年平均国内生产总值增长为3.1%，只比最初预期的数据低0.2个百分点。发达经济体经济复苏虽然仍不理想，但也有几个亮点。美国经济复苏势头虽好，但美联储12月16日宣布加息，结束历时七年的零利率政策，可能对未来1~2年全球经济产生重大影响。欧洲经济，特别是欧元区经济也恢复增长，失业率开始下降，但总的看经济仍处于低迷状态。新兴经济体经济普遍表现欠佳，增速放缓，发展进入调整期，经济呈多元化趋势。中国、印度发展势头良好，但仍受到许多外部因素的影响，面临不少压力。其他发展中国家的经济，大多数都遇到比较严重的困难，增长率普遍下降。拉美地区表现最差，据联合国有关委员会和IMF的资料，2015年经济将萎缩0.2%，为近6年之最低，主要外因是全球经济低迷，国际贸易停滞，金融市场不稳，基础产品特别是原油、矿产品价格锐降出口锐减；内因是投资下降，消费不振，就业岗位减少。几个大国的经济增速均明显下降。

中国影响力大幅提升。2015年是中国特色大国外交取得全面进展和丰硕成果的重要年份，中国领导人在参与重要国际活动中发表了一系列重要讲话，完整地阐述了中国特色大国外交新理念，提出一系列增强全球治理和有利于世界各国互利共赢的中国方案。中国特色大国外交正在加快走向世界，日益成为国际外交舞台众望所归和引领推动的一个主导力量。在国际力量对比发生重要变化，新兴大国及发展中国家整体力量明显上升的重要时期，中国特色大国外交代表着时代变迁和世界变革的前进动力，对在和平与发展的新形势下实现合作共赢，具有重大时代意义。

本书共刊登19篇文章，对2015年世界总体形势和所发生的重大事件进行了概述和分析。书中的观点仅代表作者本人。不足之处敬请批评指正。

编 者

2015年12月

目 录

Contents

Contents

2015年：中美关系跌宕起伏的一年
——兼谈构建中美新型大国关系面临的挑战

◎ 钱文荣

2015年，中美关系跌宕起伏。习近平主席访美和奥巴马访华都取得丰硕成果，两国合作空间更大，中美关系几度出现改善高潮，然而，很快就坠入由美方制造的不同程度的紧张关系之中。构建中美新型大国关系面临四大挑战：摩擦竞争乃至斗争的领域不断增加，范围不断扩大；美推行亚太再平衡战略威胁我国家安全；美国的认知障碍严重影响着构建中美新型大国关系的进程；最核心的是中国在美国的全球战略中的地位正在发生质变。中美关系短、中期内基本态势仍将是保持稳定，不会出现大的冲突或对抗。长期前景则难预料，其关键是看美国如何对待中国的崛起。

中美关系犹如航行在大海中的一艘大船，始终在大小风浪中颠簸不定。2015年内这种起伏不定的颠簸频率与强度超过了往年，预示着它将可能迎来更强的风浪，给构建中美新型大国关系造成更大的挑战和难度。

一、三起四落

2015年中美关系跌宕起伏的态势可以用“三起四落”来描述。所谓“三起”是指2015年2月奥巴马电话邀请习近平主席访美，给构建中美新型大国关系带来新的期望；6月下旬两国举行第七次战略与经济对话，取得不少成果；9月下旬习近平主席访美，掀起了中美关系的新高潮。但是，每次高潮仿佛昙花一现似的都未维持多久，很快就坠入由美方制造的不同程度的紧张关系之中。下面就让我们按时间顺序具体分析一下“三起四落”的态势。

有起必先有落。尽管2014年11月奥巴马访华成果丰硕，尤其是习近平主席与奥巴马的瀛台夜话增进了相互了解，有利于推进新型大国关系的构建。然而，新年伊始，奥巴马1月21日却在《国情咨文》中点名指责中国，表示不能让中国来制定国际规则，只能由美国来制定，并且在2月18日还指示白宫官员要公开说明“为什么我们要确保美国，而不是让像中国这样的国家来制定世界经济规则”①。这简直是无稽之谈。中国从来没有说过要独自来制定国际规则。我们历来主张世界的事务应该由世界各国共同商量来办，反对任何一个大国或少数几个大国操控。

---

① 引自美国约翰·霍普金斯大学国中国问题研究部主任戴维·兰普顿的文章：“A Tipping Point in U. S. – China Relations is Upon Us”，载香港中美聚焦网站（www. chinausfocus. com），2015年5月11日。

美国约翰·霍普金斯大学中国问题研究部主任、美国关系全国委员会前会长戴维·兰普顿指出：奥巴马的这番话恰恰产生了反作用，使美国不仅脱离了那些本来就对美国有疑心的国家，也疏远了它的一些盟国①。

奥巴马访华回来仅仅两个月时间为何急于要发表这番话呢？那是因为他在出席由中国作为东道国主办的亚太经合组织非正式首脑会议期间，习近平主席在会上提议启动亚太自由贸易区的谈判，得到了广泛支持。建立亚太自由贸易区原是2010年11月在日本横滨召开亚太经合组织21个成员国部长会议上一致同意的，并写进了会议的宣言中。可是2013年在韩国举行的亚太经合组织首脑会议期间，朴槿惠总统有意推进亚太自由贸易区的谈判时，遭到美国的反对，致使未能列入会议议题。这次习近平主席再次提出这个议题，得到了广泛支持，尽管遇到美国的阻挠，最后大会还是通过了《推动实现亚太自贸区北京路线图》。美国如此强烈反对，是因为它认为启动建立亚太自由贸易区的进程将妨碍它正在大力推进的“跨太平洋战略经济伙伴协议”（TPP）谈判，从而影响它抢占制定国际贸易新规则的主导权。为此，奥巴马政府加速TPP的谈判进程，同时作出了抵制亚投行的愚蠢决定。本来中美在建立亚太自由贸易区问题上的斗争是在幕后进行的，在国际上影响不大。但奥巴马却如此大张旗鼓地在《国情咨文》中点名指责中国，不仅损害了中美关系，也引起了它的

---

① 引自美国约翰·霍普金斯大学国中国问题研究部主任戴维·兰普顿的文章：“A Tipping Point in U. S. – China Relations is Upon Us”，载香港中美聚焦网站（www. chinausfocus. com），2015年5月11日。

部分盟国和伙伴的疑虑，走到了他愿望的反面。

好在这一次只是一个小低潮，并未酿成大的波浪。2 月 11 日，奥巴马主动打电话给习近平主席，邀请他 9 月正式访美。国家元首的国事访问通常都是在双方通过外交途径商议妥当后，在临近访问前一两个月才对外宣布。这一次，美方打破常规提前七个月发出邀请并予以对外公布，这在元首外交中十分罕见。这一决定不但给中美关系的改善带来了新的希望和契机，也引起了国际社会极大关注。

但没有过几天，美国舆论就开始炒作网络安全问题。从 3 月开始，奥巴马政府在网络安全问题上提高了攻击中国的调门。3 月 13 日，美国国家安全局长麦克康纳毫无根据地指责中国“雇佣 10 万黑客入侵美国所有主要公司系统”。同时，联邦调查局介入调查所谓“中国参与黑客攻击”。4 月 1 日，奥巴马发出指示要对攻击美国的黑客进行制裁，目标主要针对中国。6 月，美国政府高官和媒体又无端指责中国黑客攻击美国联邦政府人事机构，窃取了约 400 万名联邦政府雇员的个人信息。与此同时，奥巴马政府又在南海问题上大肆炒作。4 月 9 日，奥巴马总统亲自出马，在访问牙买加期间公开指责中国在南海问题上“利用其庞大的块头和肌肉迫使其他国家屈服”。紧接着，5 月 20 日，美国政府派最先进的侦察机 P8A 在我南海美济礁等岛礁上空进行长时间侦察。5 月 22 日，一向被认为是对华“友好”的副总统拜登也跳出来指责中国在南海问题上“挑战航行自由”和“引发地区紧张”。5 月 29 日和 30 日，国防部长卡特在夏威夷和香格里拉安全论坛会上大肆攻击中国，妄图煽动东盟国家一起反华，并首次扬言要派舰机巡航南海。6月1日，奥巴马再次亲自出马攻击中国在南海“肘击犯规”。美方的调门越来越高，这股势头一直延续到6月下旬召开第七次中美战略与经济对话前夕，其目的显然是让中国在第七次中美战略与经济对话会上作出让步。

6月22日至24日，在美国首都华盛顿举行的第七次中美战略与经济对话和第六轮中美人文交流高层磋商，习近平主席通过我国政府代表团带给奥巴马总统的口信再次强调：“只要中美双方从大处着眼，尊重和照顾彼此核心利益，坚持建设性方式，避免战略误解误判，分歧就可以得到管控，共同利益就可以得到维护。”同时，他重申“与美方共同构建新型大国关系，实现双方不冲突不对抗、相互尊重、合作共赢，是中国外交政策的优先方向。”习近平主席的这番话给这次会议指明了方向，再次把中美关系拉回到以建设性方式解决分歧的正确轨道。经过两天的对话和磋商，中美双方在战略、经济、人文三轨一共达成超过316项成果。其中，战略对话127项，经济对话70多项，人文对话119项。从数量上看，真可谓硕果累累。在战略对话成果中特别引人关注的是开辟了两个新的合作领域：一是空间领域的合作，包括进一步磋商规避两国在轨卫星意外碰撞；二是全球海洋合作。在闭幕会上，双方对会议成果都表示满意。

人们普遍认为，这次会议也是为习近平主席9月访美做准备的。尤其是在南海和网络黑客两个问题上，尽管双方辩论激烈，分歧犹在，但在成果清单中将其略去未提，更让人们加深了这种印象。按理说。美国应该为9月习近平主席访美营造一个良好的舆论环境和氛围，就像中方所做的那样。然而，令人没有想到的是，美方的言行恰恰完全相反。会议刚结束没有几天，美方又开始炒作黑客和南海问题，而且指责中国调门超过了前一个浪头。

首先，在南海问题上，美军太平洋舰队司令斯威夫特 7 月 17 日在日本在谈到南海问题时扬言“准备应对总统可能认为不可避免的任何突发事件”，第二天，他窜到菲律宾乘侦察机巡逻南海，长达 7 小时。7 月 21 日，国务院助理国务卿拉塞尔在战略与国际问题研究中心演讲时公开声称美国在南海问题上非但不会“恪守中立”，相反还会立场鲜明地站在所谓“制度”的一边。他还说，美国在中国南海问题上恪守“中立”立场是中国的误解。8 月 21 日，美国国防部发表《亚太海上安全战略》，大肆攻击中国在南海和东海的政策，并宣称要采取“威慑冲突和强制行为”来“促成各方遵守国际法和国际规则”。英国《金融时报》指出美国介入南海问题并不在于这些小岛的主权属于谁，而在于控制其海域。可见其根本目的是维护美国在亚太的海上霸权。

在网络黑客问题上，对中国的污蔑和攻击更是变本加厉，不断升级。美国全国广播公司和《华盛顿时报》先后在 8 月 10 日和 12 日披露美国国家安全局的一份秘密报告，妄称中国网络间谍入侵了许多奥巴马政府高官的电子邮箱，获取他们的电邮通信录，“随后向这些官员的好友和同事发送恶意软件，希望利用他们的社会关系”。然后，美国和英国等国许多家报纸网站和通讯社网站均予以转载。事后发现这只是奥巴马政府为在网络安全问题上有计划地对我施压的步骤之一。8 月 30 日，美国《华盛顿邮报》率先援引政府官员透露的信息说，奥巴马政府可能在两周内作出制裁中国的决定。该报说如果实施制裁，将是奥巴马政府继 2014 年 5 月以经济罪起诉 5 名中国军官之后的第二次重击。在这些舆论铺垫之后，9 月 11 日奥巴马亲自出马，再次强硬指责“中国网袭”，声称来自中国的网络攻击是“不可接受的”，并威胁要对中国进行制裁。此时离习近平主席访美只有 11 天。奥巴马的目的是要借此迫使中国在习近平主席访美前做出“让步”。此时，中国政府派出特使孟宪柱与美国就网络安全问题进行谈判。中方在坚持原则和基本立场的前提下，与美国达成了共识，双方将开展合作，共同打击网络犯罪。美国政府高官称，这是奥巴马总统采取威胁制裁政策的结果。可是这项共识宣布仅仅两天之后，9 月 16 日奥巴马在商界圆桌会议上再次攻击中国，并威胁要使用制裁，声称“如果这个问题不解决，将使双边关系趋于十分紧张”，还说他将在与习近平会谈时继续提出这个问题①。

时针终于转到了 9 月 22 日，从这天起习近平开始了他担任国家主席以来首次对美国事访问，给中美关系的发展又带来了一次重大转机。经过 5 天来从美国西海岸的华盛顿州首府西雅图到位于东部的美国首都华盛顿的密集紧张的访问和会谈，取得了丰硕成果。从双方分别公布的成果清单看，主要有两个方面：一是通过这次访问，在增信释疑方面取得相当大的成功。针对美国各界最关心的几大问题，习近平主席做了充分和明确的阐述：①明

① Remarks by the President to the Business Roundtable, www. whitehouse. gov, September 16, 2015.

确传递了我国的战略意图，表示“中方尊重美国在亚太地区的传统影响和现实利益，欢迎美方在地区事务中继续发挥积极、建设性作用”，这表明中方无意把美国赶出亚洲；②反复强调我国改革开放不会停止，而且力度为前所未有；③中国经济会继续发展，正在制订十三五计划；④人民币不存在持续贬值的基础。这些阐述增强了美国政商学各界对我国的信心，同时也增进了美国人民对我国的了解。

二是取得许多务实成果，最主要有五个领域：①在网络安全问题上达成初步协议，暂时缓解了双方在这个问题上的尖锐矛盾；②双向投资达成若干大项目，如中国在美建高铁和机车车辆制造厂，美国波音公司在中国设厂和联合研发等；③反腐合作达成协议，美方在习访美前夕遣返了两名贪污犯，作为一种合作的姿态；④气候变化问题上发表了新的联合声明，并在能源和环保方面加强合作；⑤双方将大大加强人员和人文交流，中方宣布未来三年将资助中美两国共 5 万名留学生到对方国家学习和美方宣布将学习中文“十万强”计划从美大学延伸至美中小学，争取到 2020 年实现 100 万名美国学生学习中文的目标；⑥签署国际发展合作谅解备忘录，即两国将在促进第三国发展方面开展合作。这是拓展两国合作的新领域。

此外，9 月 28 日即在习近平主席访美结束后第三天，美方高官宣布将停止抵制亚投行。虽然未写在成果清单之内，英国《金融时报》报道称，这也是习近平主席访美取得的成果之一。虽然美方这个决定已太迟，但仍将有利于我更顺利地推进亚投行的建设。

国际舆论对习近平主席的这次成功访美给予了高度关注和评价。政界和学界认为中美关系改善有利于国际和地区的稳定；各国商界人士普遍反映习近平主席在美国关于中国经济形势和改革开放政策的讲话增强和提升了国际社会对世界经济和中国经济发展的信心。

按理说，这个良好势头应该至少保持较长一段时间。然而，事实再次与人们的良好愿望相反。习近平主席还在联合国访问，尚未离开美国国土，奥巴马却在 9 月 28 日的联大讲话中再次提出南海问题，声称要“捍卫航行自由和通过国际法而非强权解决分歧等原则”，再次点名指责中国。

从那时以来，我们看到美国在南海问题上不断加码，频频出招，威胁我国领土主权的安全和海洋权益。10 月 19 日，美国华盛顿自由灯塔网站报道说，奥巴马总统已批准“巡航南海”的计划。10 月 27 日，美军“拉森”号导弹驱逐舰随即强行进入中国南沙群岛有关岛礁附近海域。11 月 8 日美军两架 B－52 战略轰炸机飞近中国南沙岛礁。在亚太经合组织峰会前夕，“美国再度提高调门，把南海问题定位为美国亚太再平衡的核心部分和战略重点”①。奥巴马甚至还想利用南海问题搅局这次峰会。虽然未能得逞，但他还是利用东亚峰会和美国—东盟两次峰会以及双边会谈的场合不断突出南海问题，攻击中国，并宣布向菲律宾等国提供资金和军事装备，“提升盟友和伙伴的海上安保能力，应对海岸水域的威胁”②，搅乱南海局势，破坏中国与东盟关系。

① 新加坡《联合早报》，2015 年 11 月 15 日报道。

② 白宫 2015 年 11 月 17 日声明，www. whitehouse. gov。

最近有媒体披露，美国军舰 12 月中旬将再次“进入中国在南海修建的人工岛 12 海里范围内巡航”[①]。与此同时，美方还不断拉日本等域外国家一起巡航南海。

在网络安全问题上，美方也没有罢手，近日美国高官又发出要制裁中国“黑客袭击”的威胁。英国《金融时报》10 月 22 日的一篇专访称中美网络安全争议存在激化风险。此外，台湾中央社 11 月 25 日援引美国彭博社的报道称，奥巴马政府将于下月即 12 月中旬宣布新的对台军售。

本文如此不厌其烦地详述 2015 年一年来这种起伏不定的态势，足以表明中美关系的不确定性。有人说，这是一种正常现象，不足为惊，中美建交以来的三十多年内，中美关系不是一直在协调与摩擦、合作与竞争，有时是斗争中曲折前进的吗？但是，如果我们仔细研判一下这种起伏不定的因素与性质的话，不难发现中美两国之间的战略互信不是在不断增强，而是在不断下降，双方紧张关系不是逐渐减少了，而是逐渐在上升，并且正在从量变向质变发展。这种态势若不加强管控，任其发展下去，无疑将给构建中美新型大国关系添加更多的障碍和困难。

二、构建中美新型大国关系面临的挑战

从上述态势和今后发展趋势看，中美的合作范围可能还会扩

① 路透社 2015 年 11 月 20 日报道。

大，合作的领域也可能还会增加，这是全球化发展的结果，也是双方实际利益的需要。但是，必须看到，摩擦和矛盾势将进一步扩大和尖锐，竞争将会更激烈，甚至不能完全排除擦枪走火的小冲突。这个趋势必将给构建中美关系带来更加严峻的挑战。主要有四大挑战。

1. 摩擦、竞争乃至斗争的领域不断增加，范围不断扩大

从领域来说，早期中美摩擦和斗争，除了台湾问题外，主要在经贸关系方面。90 年代克林顿总统上台后，先是把贸易最惠国待遇与人权、贸易逆差挂钩，威胁说如果中国不在所谓人权问题上达到美国设定的 6 个条件，就要取消对我国的最惠国待遇。进入 21 世纪之后，在小布什时期更多地集中在人民币汇率和知识产权问题上，妄称美国对华贸易逆差不断扩大的原因是人民币币值太低，是中国政府操控汇率的结果，反复要求人民币升值。2009 年奥巴马上台后，人民币汇率和知识产权问题虽然还时不时地被提及，但近年来渐渐地把重点转向安全领域，主要集中在网络安全和东海、南海问题上，近来已出现向太空领域发展的迹象和趋势。

从范围来说，从双边扩展到地区，把周边国家拉入中美矛盾之中，2015 年以来又升级到国际秩序和国际规则制定的全球层面。从奥巴马到多位政府高官反复指责中国“违反国际法”，“破坏国际秩序”。

2. 继续推行亚太再平衡战略，不断加强围堵和遏制中国的力度

奥巴马 2011 年 11 月提出的“亚太再平衡战略”，主要目标是遏制以中国为主的新兴大国的崛起，维护美国的全球霸权地位。这项战略至今已执行四年了，虽然遇到不少阻力，未能完全如愿，但基本上是在一步一步地推进，在加强在亚太军事力量、同盟和新伙伴关系以及建立《跨太平洋战略经济伙伴关系协议》三个方面都取得了较大进展。首先，进一步加强了在亚太的军事力量，加快了在亚太的反导系统的部署，在日本部署了第二套 X 波段雷达，最近又说服日本购买末端高空拦截反导系统，即“萨特”反导系统，主要用于对付中俄；海军第三舰队已移到靠近第七舰队作战区域，增强第七舰队的作战力量等，同时在西太平洋部署了第五代战机 F－35 和 F－22，还增加了在亚太驻军的数量和兵种。在加强军事同盟和新伙伴关系方面，首先是促成和支持安倍政权用行政手段解禁集体自卫权，通过了新的安保法案，修订了《美日防卫合作指针》，矛头直指中国。与菲律宾签订了新军事合作协定。与澳大利亚签署了军力部署协议。目前正在组建美日澳印四国军事联盟。至于一直被多数人认为不可能达成协议的《跨太平洋战略经济伙伴关系》已在 10 月 16 日 12 国谈判方签署了原则协议。所有这些都给亚太地区主要是东亚地区的稳定与发展造成了许多重大的负面影响，尤其是威胁了我国的国家安全、领土主权和发展利益，损害了中美关系健康发展。

3. 美国对新型大国关系存在难以克服的认知障碍

自习近平 2012 年访美时首次提出构建中美新型大国关系以来，美国虽然在口头上没有反对，但也从来没有明确表示接受。每次中国领导人与美方会谈时提出共同构建新型大国关系时，奥巴马的回应总是避开“新型大国”几个字，用其他各种表达方式来取代，如：建立“基于互动和互利的新合作模式”、构建“两国关系的新模式”或“逐步与中国关系发展一种新的关系模式”等。人们不禁要问：奥巴马为什么总要避开“大国”一词呢？美国彭博新闻社的一篇文章点到了要害。文章说：“（美国）避免提到中国领导人的口号（指构建中美新型大国关系）表明不愿接受这样的世界，即中国的影响力日益增强，而美国及其亚洲盟友的影响力日益衰落。”① 新加坡总理李显龙 2014 年 6 月 25 日在纽约美国外交学会接受专访时说：美国并没有接受构建中美新型大国关系的提法，“关键在于美国不承认中国是一个可以与它平起平坐的大国”。奥巴马在 2010 年的《国情咨文》中誓言：美国“决不当老二”，就表明美国不能容忍其他大国跟它平起平坐。根源就在于美国不愿意接受国际力量对比和国际格局已发生深刻变化，特别是中美实力差距迅速缩小，而美国实力相对下降的现实，却仍要极力维护它的霸权地位，做着“21 世纪仍将是美国世纪”的美梦。这种认知障碍严重影响阻碍着构建中美新型大国关系的进程。

4. 最核心的是中国在美国全球战略中的地位正在发生质的变化，从“建设性的合作伙伴”变成“战略对手”甚至“主要威胁”或“最大威胁”

从 2014 年下半年开始，美国国内就对华政策展开了激烈辩

① 彭博社 2014 年 9 月 18 日报道。

论，特别是2015年3月美国外交学会发表了《修改美国对华大战略》报告和奥巴马政府大肆炒作南海问题之后，辩论很快进入高潮。这个由美国最有影响的智库美国外交学会发起和组织、由来自政学商各界人士参加的报告称，原先美国提出的对华“接触”政策设定的两个主要目标都没有实现，一是通过接触加速中国对外开放促使中国走向政治自由化，二是促使中国维护现在由美国主导的国际秩序，而不是挑战它。该报告认为“未来数十年，中国代表着并将仍然是美国最重要的竞争者”，“北京和华盛顿之间长期处于战略对抗的可能性很高。”[①] 因此，报告提出了一项“以有意识地抗衡中国崛起为目标”新的对华战略。实际上早在小布什上台第一天就把中美关系定位为“战略对手”，2006年他的政府发表的《四年防务评估报告》把中国定为“最大潜在对手”。如今奥巴马政府在对华政策方面的许多具体做法实际上是在把中国作为事实上的“现实威胁”对待。

举行这次大辩论的深层次原因是如今整个世界进入了大变革时代，现行国际秩序和国际治理进入深度调整期。美国为首西方主导的现行国际秩序已开始渐渐地行不通了，非西方国家都在要求改变这种秩序。特别是在以中国为代表的新兴国家群体崛起和美国自身实力相对下降的大趋势下，美国不知如何应对。美国把中国提出的“一带一路”倡议和建立亚洲基础设施投资银行、设立东海防控识别区和在南海进行岛礁建设等都视为对美国主导的国际秩序的挑战，威胁美国的霸权地位，而这恰恰是美国的命

① “Revising U. S. Grand Strategy Toward China”, written by Robert D. Blackwill & Ashley J. Tellis, issued by The Council on Foreign Relations, www. cfr. org, April 2015.

根子。基辛格一段话颇有代表性。他说："19 世纪以来世界秩序的中心在欧美，21 世纪世界秩序的中心在亚太。亚洲最大的变量是中国在未来 20 年的持续增长，中国的选择将影响和改变世界。美国必须考虑还有多少时间、多少空间可以维持现存秩序。"[①] 可见美国如今何等焦急！

三、中美关系的前景

那么，中美关系的前景究竟如何呢？从短期和中期即今后五年至十年的趋势看，尽管 2015 年的大辩论无疑会对中美关系产生一定甚至较大的负面影响，但美国真要全面遏制中国很难做到，发生全面对抗的可能性极小，基本态势是仍将基本保持相对稳定，不会出现大的冲突或对抗。美国不可能全面抛弃接触加遏制的两面政策。一方面，两国在符合双方实际利益和需要方面的合作范围和领域还会扩大和增加，特别是在应对气候变化、传染病、恐怖主义等全球性问题上的合作将越来越密切；但另一方面，摩擦、竞争和矛盾也将越来越突出，尤其是安全领域和围绕着国际秩序和规则的制定的斗争将越来越尖锐和激烈，但仍在可控范围之内。

至于更长时期的前景如何，恐怕谁也说不准。关键是要看美国如何看待和对待中国的崛起。目前美国对待中国崛起的心态

① 基辛格 2014 年 10 月与我国人大外事委员会主任傅莹的对话，《环球时报》2015 年 4 月 16 日。

是，中国越发展，经济和军事实力越增强，美国对我国的疑虑、战略不信任感越强烈，越感到是对美国的威胁。因此，对我国的防范和遏制的力度必然越来越大，这样发生摩擦和冲突的可能性就越大。美国前国家安委会高官、曾参与卡特政府同中美谈判两国建交的中国问题专家米歇尔·奥格森伯格生前说过：中美关系最关键时刻将是当中国真正崛起时，美国是否能容忍它。但愿美国能认清世界大变革的大趋势，调整心态，抛弃霸权主义，正确对待中国和其他新兴大国的崛起。它应该与中国一道，共同努力构建“不冲突、不对抗，相互尊重，合作共赢”的新型大国关系。这是不断减少中美关系颠簸不定的频率和烈度，确保中美关系健康稳定发展的唯一正确途径。

2015 年东南亚形势：稳中求变，变中维稳

◎ 翟　崑等

2015 年东南亚总体形势稳定，新加坡、缅甸大选平稳过渡，越南等国换届准备有序进行，马来西亚、柬埔寨、印尼灵活应对危机，有效地维护了整体发展的态势。地区经济平稳，但增长放缓，各种风险加剧。外交更加理性灵活，经济上借助中国，安全上利用美国，施展大国平稳外交的技巧愈加成熟。东南亚共同体的建成成为本年度最大亮点和显著成就。

2015 年的国际局势如鼎水之沸，风云开阖。在全球层面，世界经济下行压力加大，中东乱局愈演愈烈，难民危机困扰欧盟，恐怖阴霾笼罩西方，亚太地区的竞争与合作局面同时加深。在东南亚地区，中国、美国、日本等大国围绕地区秩序和地区热点加强地缘角力，东盟国家则以大国平衡战略实施对冲。东南亚呈稳中求变，变中维稳的整体发展态势，具体表现为：国内政治

北京大学国际关系学院东南亚年度形势分析课题组。组长：翟崑，组员：王丽娜、谷名飞、李忠林、刘静烨、褚浩。

和社会发展相对稳定；经济增长相对平稳但低于预期；国防开支大幅增加，防务合作加强；外交灵活实际，东盟共同体年底建成。

一、国内政治和社会稳定：强化治理，有序过渡

2008 年全球金融危机以来，尤其是受“阿拉伯之春”影响，东南亚政治、社会转型加速，困难增多，动荡频仍。但是在西欧、中东欧局势困顿之际，2015 年东盟国家政府和民众思变亦思稳，维护了相对稳定的发展态势，呈现政局过渡的平稳性、换届准备的有序性、国家治理的创新性和危机应对的灵活性四大特点，具体表现如下。

第一，新加坡、缅甸大选平稳过渡。近年来，大选已成为东南亚政治攻讦、政局胶着、社会动乱的导火索。2015 年新、缅大选前，国际舆论一度担心出现乱象，但事实相反。新加坡人民行动党赢得“命运之选”继续执政，稳定了新加坡应对未来挑战的基础[①]。无独有偶，缅甸反对党在此次“自由之选”中获胜，政局平稳。大选选举产生联邦议会和省邦议会共 1142 名议员，昂山素季领导的民盟赢得议会绝对多数，新总统人选将由民盟选定。巩发党主席吴泰乌承认败选，并表示该党“没有任何保留地”接受选举结果。

① 翟崑，“新加坡的选择”，澎湃研究所网站，http：//www. thepaper. cn/newsDetail_ forward_ 1374337。

第二，越南、老挝、泰国的换届准备有序进行。多数东盟国家民主发育尚不成熟，民主制度存在一定缺陷，因此换届选举前各种利益集团相持不下，甚至大打出手的事情时有发生，但2015 年东南亚国家换届准备稳步推进。越南各地与相关部门的基层党部陆续举办代表大会，越共中央全面审议了中央委员会的新候选名单，越南国会通过了 2016 年 5 月举行政府换届选举的决议。老挝通过 2015 ~ 2016 年社会经济发展计划，菲律宾 2016 年初大选候选人登记 10 月 16 日截止，共 130 人参选。与上述三国不同，泰国推迟了原定于 2015 年的大选。9 月 6 日，泰国国家改革委员会否决了新宪法草案，军政府需草拟另一部宪法。鉴于修宪和改革行动方案遇阻，军政府还政于民遥遥无期。与往年政局稍有风吹草动即会引起他信势力和反他信势力的殊死相搏不同，军政府推迟还政于民并未引起动乱。

第三，越南、老挝、泰国、新加坡、印尼致力于国家治理创新发展。东盟国家响应民众对执政党社会治理能力提高的要求，变通求发展。一是创新治理理念。泰国总理巴育号召制定民主制度规范、推动政改、消除贪腐；印尼总统佐科倡导改革道德文化，重塑道德准则，搞好国家建设；老挝人革党总书记、国家主席朱马里呼吁向民众下放更多权利和责任，自下而上地巩固政治体系。二是创新治理手段。越南政府开通脸谱账号，适应新媒体发展，提高民众参政议政的热情；新加坡推出终身健保计划、调整公积金制度等措施提高民众满意度和舒适度；老挝通过国会代表选举草案，中央层面的国会代表不再自动成为地方代表，须在地方选举投票中胜出方能上任。佐科重视提高政府部门行政效率，定期评估部长业绩，改善恐怖极端势力滋生地区。

第四，马来西亚、柬埔寨、印尼灵活应对危机。东盟各国较为妥善地处理了各种政治和社会危机，有效维护了整体发展态势的稳定。马来西亚爆发“一马丑闻”，纳吉布一方面表示愿协助反贪污调查，另一方面主导通过国家安全法案，监控和指挥国家安全战略来稳定局面，渡过难关。针对柬埔寨反对党救国党的发难，首相洪森力证清白的同时也寻求与救国党党首的双边谈判解决，效果较好。印尼大火导致总统佐科受到国内反对派及诸多邻国的诘难，佐科极力安抚各方的同时启动国家紧急救援，稳局定势，稳固自身执政地位和形象。

二、地区经济发展：增长平稳，风险加剧

2008 年金融危机后，高度外向型的东南亚经济受到国际市场的冲击陷入低迷。2010 年各国经济开始复苏，经济增长和出口贸易回升，外资大量流入。虽然 2015 年仍保持了平稳的经济增长，但受到全球经济下行的压力，东南亚经济低于预期，出口减少，金融市场动荡，地区经济下行风险增大，不过东盟经济共同体的建成，对东南亚经济一体化及经济增长来说将是一个新起点。具体表现在以下几个方面。

第一，经济增长放缓，金融市场动荡。东南亚地区经济增长放缓，出口贸易下降，生产率降低。2015 年 10 月的东盟预期经济增速从 4 月的 5.1% 下调到 4.6%，比整体新兴亚洲增速低 1.9

个百分点，但高于整个发展中经济体 4% 的增速[①]（东南亚地区 GDP 增长率见表 1）。生产下降是经济增长放缓的重要表现[②]，地区出口贸易下降是其增速放缓的主要影响因素[③]（东南亚地区出口贸易额增长率见表 2），大宗商品价格下降将增大区域内贸易减少的可能性。此外，受到中国股市动荡及长期美国利率看涨的影响，2015 年东南亚地区金融动荡风险持续增大，货币贬值情况突出（其中马来西亚和印尼尤为明显），资本外流风险增大。

表 1　东南亚地区实际 GDP 增长率（2014 ~ 2016 年）

经济体	2014 年	2015 年	2016 年	预计 2016 ~ 2020 年（平均）	2011 ~ 2013 年（平均）
印度尼西亚	5.0	4.7	5.2	5.5	6.2
马来西亚	6.0	4.6	4.6	5.0	5.2
菲律宾	6.1	5.9	6.0	5.7	5.9
泰国	0.9	2.7	3.1	3.6	3.2
越南	6.0	6.4	5.9	6.0	5.6
文莱	-2.3	-1.4	0.5	1.8	0.9
新加坡	2.9	2.1	2.4	2.6	4.1
柬埔寨	7.0	7.0	7.1	7.3	7.3
老挝	7.4	6.9	7.0	7.3	8.1
缅甸	7.7	8.2	8.2	8.3	6.9
东盟十国（平均）	4.6	4.6	4.9	5.2	5.4

数据来源：OECD，"*Economic Outlook for Southeast Asia*，*China and India* 2016：*Enhancing Economic Ties*"，http://www.oecd.org/dev/asia-pacific/Overview%20web_light.pdf，p. 2.

---

① 数据来源：IMF，"Regional Economic Outlook（Asia and Pacific Department）"，October 2015，http://www.imf.org/external/pubs/ft/reo/2015/apd/eng/pdf/areo1015.pdf，p. 12，table1.

② OECD，"Economic Outlook for Southeast Asia，China and India 2016：Enhancing Economic Ties"，http://www.oecd.org/dev/asia-pacific/Overview%20web_light.pdf，p. 6.

③ IMF，"Regional Economic Outlook（Asia and Pacific Department）"，October 2015，http://www.imf.org/external/pubs/ft/reo/2015/apd/eng/pdf/areo1015.pdf，p. 12，table1.

表 2　东南亚地区出口贸易额增长率（2013～2016 年）（%）

国家	2013 年	2014 年	2015 年	2016 年
文莱	－9.28	4.32	－1.58	3.19
柬埔寨	16.35	13.85	9.04	15.60
印尼	2.53	2.04	－1.34	5.32
老挝	19.36	7.03	6.65	10.45
马来西亚	0.07	5.65	12.59	6.86
缅甸	12.64	22.63	5.73	14.84
菲律宾	2.66	7.49	9.04	6.47
泰国	2.77	0.04	3.88	3.73
越南	13.02	15.28	15.89	10.22
新加坡	4.51	2.09	1.98	2.82

数据来源：IMF 世界经济展望数据库（2015 年 10 月更新），http：//www.imf.org/external/pubs/ft/weo/2015/02/weodata/index.aspx，最后登陆时间 2015 年 12 月 11 日。

第二，外部风险加剧，下行风险增大。一是全球经济增速放缓。2015 年 10 月世界经济预期增长率为 3.1%，比 2014 年低 0.3 个百分点[①]。新兴市场和发展中经济体的经济增速连续第五年放缓[②]，中国经济的调整及增速放缓对东南亚地区经济将产生负面影响。具体来看，中国经济增速下降 1 个百分点，东南亚地区经济则下降 0.3 个百分点，且有加大的趋势[③]。二是全球贸易增长放缓。2015 年全球贸易呈现下降趋势，上半年出口和进口的贸易额增长分别为 2.2% 和 0.9%，明显低于上半年全球经济增长率 3.2%[④]。当全球贸易进出口低于全球 GDP 增长率时，对

① 数据来源：IMF，“Regional Economic Outlook（Asia and Pacific Department）”，October 2015，http：//www.imf.org/external/pubs/ft/reo/2015/apd/eng/pdf/areo1015.pdf，p.12，table1.

② 参见 IMF《世界经济展望》，2015 年 10 月，http：//www.imf.org/external/chinese/pubs/ft/weo/2015/02/pdf/textc.pdf，第 3 页。

③ 参见 IMF，“Regional Economic Outlook（Asia and Pacific Department）”，October 2015，http：//www.imf.org/external/pubs/ft/reo/2015/apd/eng/pdf/areo1015.pdf，p.6.

④ 数据来源：IMF 世界经济展望数据库（2015 年 10 月更新），http：//www.imf.org/external/pubs/ft/weo/2015/02/weodata/index.aspx.

亚洲新兴经济体将产生负面影响。三是全球金融市场动荡，影响东南亚地区金融市场的稳定。一方面，人民币贬值，东南亚许多新兴市场国家货币也跟着调整，如马来西亚首次跌破1美元兑4林吉特大关，越南央行扩大越南盾浮动区间均是受人民币中间价大跌的影响[①]。另一方面，12月16日美联储宣布加息将增大全球金融市场动荡及东南亚地区资本外流的可能性。

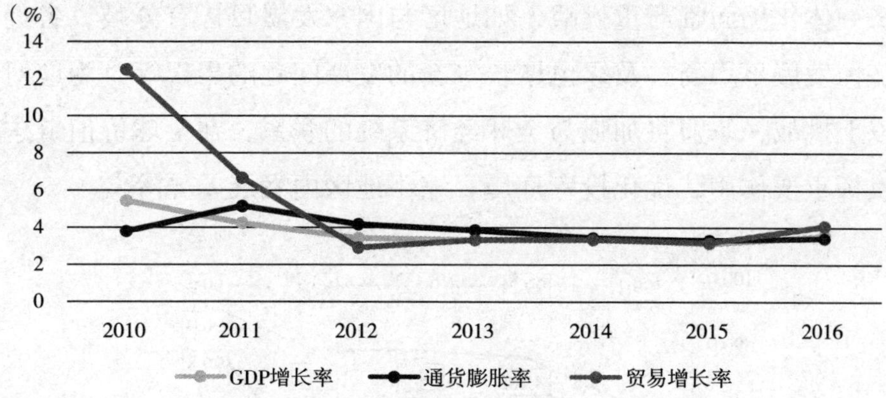

图1　世界经济增长情况（2010～2016年）

数据来源：IMF世界经济展望数据库（2015年10月更新），http://www.imf.org/external/pubs/ft/weo/2015/02/weodata/index.aspx，最后登陆时间2015年12月11日。

第三，一体化程度加深，共同体建设受困。2015年东盟地区经济一体化程度继续加深，主要体现在以下几个方面：一是关税继续降低。2010年东盟货物贸易协定（ATIGA）实施后，所有东盟成员国平均关税在2014年已经降低到0.54%，零关税产品在东盟六国[②]已经达到99.2%，在柬老缅越[③]四国间达到

① “人民币贬值引发东南亚等货币全线调整”，观察者网，2015年8月13日，http://www.guancha.cn/economy/2015_08_13_330452.shtml。

② 东盟六国（ASEAN-6）包括文莱、印尼、马来西亚、菲律宾、泰国和新加坡。

③ 柬老缅越（the CLMV），包括柬埔寨、老挝、缅甸、越南四国。

72.6%。2015 年，柬老缅越四国间零关税产品将达到 90.8%[①]。二是努力削减非关税壁垒。2015 年东盟成员国改革 ATIGA 框架下的原产地原则，实施蚂蚁便利化工作项目等，削减非关税壁垒。三是加强投资机制建设，投资环境更加自由化、便利化和透明化。2015 年底东盟宣布建成经济共同体，这将更加有利于地区内贸易和投资的增长，以及经济结构转型。但是东南亚地区经济一体化仍面临严重挑战，如地区与国家发展目标有分歧，各经济体发展不均衡，及绿色增长等新的发展问题的出现等。为应对以上挑战，东盟将加强与全球经济系统的联系，在全球价值链中发挥重要作用，优化投资环境，缩小地区内发展差异等[②]。

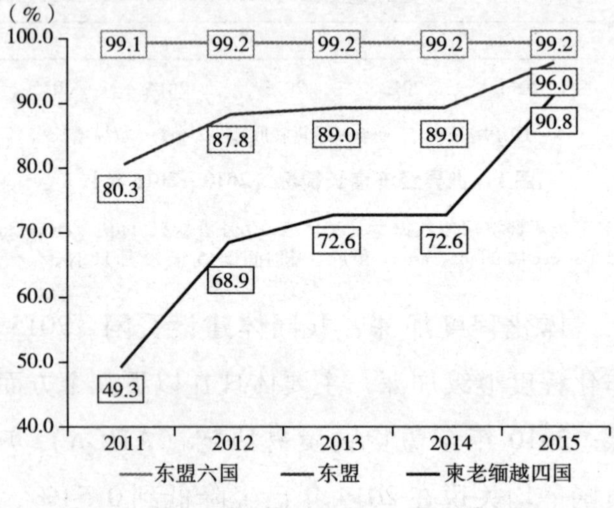

图 2　东盟经济共同体关税减让进度（2011～2015 年）（%）

资料来源：东盟秘书处，ASEAN Integration Report 2015，October 2015，p. 10.

---

① 数据来源：ASEAN，“ASEAN Integration Report 2015”，http://www.asean.org/resources/publications/asean-publications/item/asean-integration-report-2015? category_id=382，p. xvii.

② 东盟秘书处起草的文件：《后 2015 东盟共同体愿景文件》。

三、国防建设：开支趋涨，防务趋强

近年来，西方发达国家国防预算和军用品市场发展程度有明显下降趋势。与其形成鲜明对比的是，东南亚地区等发展中国家的国防开支近期大幅度增加，防务合作趋势增强。2015 年，东盟国家国防军事能力建设主要以内部建设和外部合作两种方式进行，突出表现在四个方面。

第一，国防开支稳定增长。东盟国家普遍把加强军事能力建设作为维系国家安全的主要手段。新加坡国防开支历年保持稳定增长，2015 年国防预算增长 5.7%，超过过去十年 4% 的平均水平。2005 ~2015 年，印尼的国防预算年均增长 16.6%[①]，印尼政府 9 月份最新预算草案显示，2015 年度实际的国防支出达到 102.3 万亿印尼盾（约 81.88 亿美元）。菲律宾总统阿基诺则将 2015 年国防预算增加至 1155 亿比索（约 26.6 亿美元），比 2014 年增加了 29%，约为 5 年前的两倍[②]。此外，缅甸[③]、泰国、马来西亚[④]等国国防预算也有较大幅度提升。西方专家认为，2015

① PIETER D. WEZEMAN & SIEMON T. WEZEMON, Trends in International Arms Transfers 2014, SIPRI Fact Sheet, March 2015, http://books. Sipri. org/FS/SIPRIFS1503. pdf.

② 菲律宾明年国防预算将增长三成，http://news. xinhuanet. com/world/2014 - 07/30/c_1111871605. htm，2014 年 7 月 30 日 .

③ Jon Grevatt, Myanmar announces 2015 budget of USD2. 5 billion, Jane' t Defence Industry, Jan 27, 2015.

④ Nigel Cory, Malaysia' s Defense Budget: A Push to the East, December 19, 2014, http://cogitasia. com/malaysias - defense - budget - a - push - to - the - east/.

年至2024年东南亚国家的国防开支将会大幅度增长，预计平均每年的增长率为5.7%。

第二，军购力度增大。东盟国家采购的军事设备以大型作战武器为主，包括潜艇、战舰、战机等。越南90%以上的国防物资都来自俄罗斯[①]，向其订购的“基洛”级潜艇已于2015年部分交货。菲律宾近年不断对外采购加强军备，共接收8架战斗直升机（Bell-214 EP）、2架攻击直升机（AW-109E）及两架轻型战斗机FA-50[②]。新加坡方面，美国洛克希德—马丁公司为其空军的F-16战斗机进行升级，合同总额达9.14亿美元。泰国2015年的潜艇军购项目一波三折，皇家海军于7月初决定采购3艘039A型“元”级攻击潜艇[③]。但7月中旬，国防部长巴维·翁素万称该计划将推迟以便接受进一步评估。

第三，外国军援增加。接受外国军事援助是东盟国家增强军事能力的主要途径，向东盟国家提供军事援助的国家主要包括美国、日本、中国等大国。越南的军事援助主要来自日本。日本计划向越南捐赠三艘巡逻艇，以及六艘可以改造为海上巡逻船的二手船只，同时未来也会在新造舰船方面加强与越方的合作[④]。菲律宾的军事援助主要来自美国以及日本。8月18日，美国驻菲律宾大使戈德堡（Goldberg）表示，美国愿意为菲律宾军事现代化提供国防设备支持，包括两架C-130运输机及5000万美元的

---

① Aaron Mehta, New US-Vietnam Agreement Shows Growth, Challenges, Defense News, June 2, 2015.

② Richard Tomkins, Philippine Air Force receiving South Korean FA-50 jets, UPI, Nov. 25, 2015.

③ Navy chooses China' t submarines worth Bt3.6bn, The Nation, July 2, 2015.

④ “日赠越六船助提升巡海力量”，《联合早报》，2015年9月17日。

军事援助[①]。11 月，戈德堡称将这一金额提高至 7900 万美元[②]。日本则协助菲律宾增强南海巡逻能力，包括赠送三架装备侦测雷达的比奇 TC－90“空中之王”双发螺旋飞机等。安倍还表示将继续为强化菲律宾海岸警备队的能力提供支持。

第四，双边和多边防务合作加强。除了发展自身的军事实力以外，东南亚国家也非常倚重双边和多边框架内的防务合作。在双边层面，东南亚国家通过双边军事合作以应对部分非传统安全问题，例如印度缅甸共同打击跨境叛乱武装等行动。在多边军事外交层面，东盟防长会议等是其合作的主要平台。另外，双边和多边军演也是东盟各国进行防务合作的主要方式，其中尤以与域外大国之间的军演引人注目，体现了近年东盟国家加大与域外大国军事合作的大趋势。2015 年，东南亚国家与美国、中国以及日本、澳大利亚等频繁举行联合军演，菲律宾、越南与域外国家举行军演最为活跃。随着军事合作关系的深化，部分东盟国家开始逐步向其他国家开放本国军事基地，如菲律宾逐步向美日开放军事基地，新加坡同意让美国派遣侦察机短期停驻[③]。

---

① Rosette Adel, US says 2 more C－130s to be delivered in 2016, Philippine Star, August 18, 2015.

② US hikes military aid to PH to ＄79M, Philippine Daily Inquirer, November 26th, 2015.

③ 黄顺杰.“允许美军侦察机短期停留我国新美签协定加强防务合作”，《联合早报》，2015 年 12 月 9 日。

四、双边外交：理性灵活，亮点突出

2009 年美国重返亚太后，亚太地区大国博弈态势趋显，中国、美国、东盟相互依赖、相互制衡。其中，东南亚国家在加快东盟内部一体化建设的同时，经济上借助中国谋发展，安全上利用美国玩平衡，以获取最大利益。2015 年，全球局势动荡因素增多的背景下，东南亚地区有关当事方之间发生冲突的风险不升反降，总体可控性有所增强，这在很大程度上归功于东南亚各国在外交上的日趋理性和成熟。大部分东南亚国家采取更加灵活的手段在大国博弈的夹缝中巧妙游走，动态平衡，呈现以下四个特点。

第一，东盟内部外交议题常规化。东盟国家内部双边关系仍以解决地区事务、强化双边关系、促进经济发展为主，具体表现为：一是保障边境交往便利及安全。中南半岛国家之间都有狭长的边境线，海上国家之间亦存在领土争端，边境问题突出。2015 年马来西亚和印尼的海域边界问题，越老两国边境检查便利化问题以及印尼与邻国之间的烟霾问题等都得到了妥善处理。二是巩固强化传统双边关系。东南亚国家有着相似的历史、文化及共同的发展目标，通过双边交往，观点得以沟通、互信得以增强、共识得以建立，不必要的冲突得以有效避免。越马升级为战略合作伙伴关系，菲越建立战略伙伴关系协议，双边关系得到强化[①]。三是促进经济发展。东南亚国家双边互动仍以经济合作为主，通过建立经济特区、开放边贸口岸以及签订贸易协定等方式强化经济合作。

第二，东盟国家对外交往理性化。近些年，东南亚国家处理大国关系的方式更加理性和灵活。尤其是南海争端当事国菲律宾、越南、印尼和马来西亚，它们在安全上分别强化与美日澳防务关系，但经济上仍保持对华友好关系，其特点具体表现在：一是升级军事演习，提升海上作战能力。美菲、日菲以及美印分别举行了联合军演，其中美菲军事演习参加人数是2014年的两倍之多，而且囊括海陆空军及特种部队。二是强化防务对话，建立南海共识，获取防卫装备。美菲领导人在多个场合交流南海问题，指责中国填海造陆行为，日澳则向菲律宾提供大量武器防务装备，助其提升南海行动能力。三是经济上保持对华友好关系。中菲双边贸易额节节攀升，中越推动省际跨境经济合作，中马签署自贸协定，中印签署雅万高铁协定。东南亚国家施展大国平衡的技巧愈加纯熟，在中美之间不再简单地选边站，而是双依靠。

第三，反恐合作议题地区化。东南亚是世界上穆斯林人口最多的地区之一，近年来大量在中东参加圣战的人士归国给该地区增加了诸多不稳定因素。尤其是受到2015年巴黎恐怖袭击的影响，东南亚国家的双边合作突出了反恐因素。2015年马来西亚副首相阿莫扎西访美，双方承诺合作打击恐怖主义，同意加强信

① “菲越外长聚焦南海问题，将建立战略伙伴关系”，《菲律宾商报》，2015年10月23日。

息交流和情报合作。柬埔寨同意与美国也联合打击涉及恐怖主义资金的洗钱行为。缅甸与马来西亚、泰国和日本以及马来西亚和新加坡等国领导人会面，均表示要加强反恐合作。巴黎恐怖袭击以后，东南亚多个国家急切呼吁美国为其提供相关信息追踪的技术支持，共同打击恐怖分子。

第四，中国—东南亚地方层级合作特色化。随着中国—东盟关系的深入发展，中国与东南亚国家之间的交流合作逐步由高层交往向地方级甚至更低层级推进，更加具体务实，自下而上推动的趋势明显增强。广西、云南等省份与东南亚国家的经济合作以及互联互通建设成果显著。例如，广西北部湾国际港务集团同新加坡 PSA 国际港务集团、新加坡太平船务有限公司成立合资公司，北部湾银行与柬埔寨加华银行加强银行授信及贷款方面的合作等。在其他领域，省际文化交流、媒体合作等也成为中国东南亚合作的新模式，推动中国—东盟关系的全面发展。

五、多边合作：议题多元，成果丰富

20 世纪 80 年代全球化的到来带动了多边主义及全球治理的发展，欧盟的成功、东亚合作机制的建立以及 G20 和 APEC 等国际合作论坛的发展都见证了多边合作的必要性和有效性。在这股浪潮的推动下，东盟一体化进程不断加速。尤其是以 12 月 31 日生效的东盟经济共同体为标志，2015 年东南亚国家的多边合作在制度建设、危机处理、常规交流和管控历史分歧方面取得了重要成果。

第一，建成东盟共同体，设立地区发展的新目标。2015 年 11 月 22 日，东盟十国领导人在吉隆坡共同签署了《2015 年建成东盟共同体吉隆坡宣言》和《东盟迈向 2025 年吉隆坡宣言：团结奋进》，宣告建成东盟共同体的同时，设立了 2025 年东盟的发展路线图。它标志着东盟将由较为松散、以进行经济合作为主体的地区共同体转变为关系更加密切的、一体化的区域性组织。

第二，推动地区共识，创新安全合作新方式。一些在东南亚地区长期存在的“非传统安全问题”促使各国寻求以多边方式来予以解决，主要包括：一是反恐。马来西亚提出成立“东盟维和部队”，对抗恐怖分子的入侵。第九届东盟防长会议签署了“维护地区安全与稳定的联合宣言”，承诺提高区域防务合作。二是打击难民问题及人口贩卖。东盟各国召开紧急会议商讨 5 月份发生的安达曼海及马六甲海峡难民滞留问题，第 29 届东盟峰会正式通过《东盟打击人口贩卖—妇女与儿童公约》。三是严查跨国犯罪活动。9 月 28 日，第 10 届关于跨国犯罪的东盟部长会议通过了《吉隆坡打击跨国犯罪宣言》，达成 7 项共识，合作解决跨国犯罪活动。四是解决雾霾问题。东盟国家通过《防止跨国界烟雾污染协议》、建立区域性灰霾监测系统、发表“2015 年东盟气候变化联合宣言”以应对雾霾问题。

第三，增进区域融合，开辟交流新路径。东盟框架内的多边交流与合作项目提高了东南亚地区的融合度，其具体主要体现在以下几个方面：一是推动“互联互通”建设。例如自由航空市场的政策开始实施，《东盟互联互通总体规划》等文件得以通过等。二是开展金融、服务业合作。2015 年东盟区域贸易的非关税障碍加速铲除，银行架构开始整合，服务业合作成为主要议题之一。三是加强科学技术合作。在东盟及东盟 10 + 3 框架下促进科技合作，东盟科技部长级会议审议成员国行动计划和科技合作协议的实施情况。四是提高灾害防治能力。召开关于“破损评估与灾后恢复”的研讨会，旨在增强东盟灾害管理培训机构的网络能力，规范区域性破损评估及恢复准则。五是促进文化交流。东盟消费品展销会、东盟文化展览节以及东盟 +1 青年营等活动纷纷举行，有利于促进各国人员交流。

第四，管控南海争端，开展多边新合作。南海问题不断升温，在多个地区性和全球性会议上成为争执焦点，并呈现以下特点：一是分歧公开化。第 48 届东盟外长会议发表联合声明批评中国在南海填海造岛行动，但东盟防长会议上中美在南海问题上针锋相对，会后没有发表任何联合宣言。二是菲律宾南海仲裁案有新发展。7 月国际海洋法法庭仲裁小组听取了菲律宾的仲裁诉求，10 月宣布对菲律宾提出的南海案件具有司法管辖权，并将继续举行听证会。三是以多边合作管控分歧，尽快达成“南海行为准则”成为努力方向。第 26 届东盟峰会及第十四届香格里拉对话会上，马来西亚首相纳吉布及新加坡总理李显龙分别呼吁早日达成“南海行为准则”，以缓解当前紧张局势。

总体上，2015 年东南亚形势总体稳定，政局平稳过渡，经济缓慢复苏，安全合作稳步推进，东盟共同体的建成成为该地区本年度最大的亮点及最显著的成就，将为东盟地区的发展注入新活力。但是这并不代表一体化进程的终结，各成员国还面临着发展水平参差不齐、法律法规不健全以及发展需求差异大等挑战，东盟国家的多样性既是其活力的源泉，也将成为其一体化进程中的重要障碍。这也意味着在可预见的将来，弥合其内部差异性，完善政治、经济和文化共同体将会成为东盟的主要任务。

2015年日本政局与中日关系

◎ 王新生

2015年日本政局较为平稳，安倍首相及其政权顺风顺水，不仅在国会中通过了根本性改变安全保障政策的相关法案，而且本人也在无竞争状态下连任自民党总裁，还加入了跨太平洋伙伴关系协定（TPP）。但在第二次世界大战结束70周年之际，中日关系始终处在较为紧张的态势，尽管目前出现转暖的迹象。

一、国会强行通过安保法案

2014年7月，内阁会议通过解禁集体自卫权的决定，自民党在12月举行的大选中再次获胜，联合执政两党在众议院仍然保持绝对稳定席位。安倍晋三再次组织内阁，其成员17名留任，只有防卫大臣一职走马换将，曾在小泉纯一郎内阁担任防卫厅长官的中谷元再度出山担任该职，《东京新闻》称其“在执政党关于解禁集体自卫权的磋商中曾发挥过核心作用，是为推进安倍的安保政策而奔走的人”。安倍首相在阐述新内阁施政方针时称，将推动行使集体自卫权相关法律在 2015 年例行国会上获得通过。

在国会通过新年度政府预算、自民党获得统一地方选举胜利后，政府与执政党加紧完善安保相关法案的内容，其重点是对相关法律（包括现行的《自卫队法》和《武力攻击事态对处法》等）进行修订，以便能够行使集体自卫权。政府将可行使集体自卫权的事态称作“存立危机事态”，并解释其三项必要条件是与日本关系密切的国家遭武力攻击、由此威胁到日本存立、国民权利将遭颠覆的明显危险事态。5 月 15 日，内阁将作为自卫队海外派遣恒久法的《国际和平支援法》和《武力攻击事态法修正案》等 10 项现行法案修正案（统称为《和平安全法制整备法案》）提交国会审议。在这一过程中，大批持反对意见的民众不断聚集到国会周围进行抗议。

《朝日新闻》实施的一项舆论调查结果显示，60% 的受访者认为没有必要在本期国会上通过这些法案。针对安倍首相表示相关法案“不会让日本卷入美国的战争中”的说法，68% 的受访者表示“不能接受”，19% 的受访者表示“能够接受”。针对旨在解禁集体自卫权的法案，43% 的受访者表示反对，33% 的受访者表示赞成。针对有法案指出“在面临对日本有着重大影响的事态时，自卫队应当可以在世界各地给予美国后方支援”，53% 的受访者表示反对，29% 的受访者表示赞成。共同社实施的 项全国电话舆论调查结果显示，安倍内阁的支持率为 49.9%，较上次调查下降 2.8 个百分点。

由于安保法案的关键点是即使日本没有遭受直接攻击、在他国遭受攻击、日本遭到“存立危机事态”的情况下也允许行使展开反击的“集体自卫权”，在野党指责这种判断标准的模糊不清。什么情况属于日本遭到“存立危机事态”？是否存在进入他国领土和领海的情况？如果存在，具体将是何种情况？众议院 5 月 26 日召开全体会议开始审议相关法案后，面对在野党的指责，安倍首相举例称当因战乱导致生活物资及电力不足时，均应列入“存立危机事态”的范畴内，并可行使集体自卫权。对此，专家纷纷说“不”，超过百名学者联名发表声明要求废除安保法案，甚至受自民党之邀出席众议院宪法审查会的宪法学者也明确指出“法案是违宪”。

在审议安保法案的同时，6 月 10 日以自民、公明两党及维新党等多数票赞成通过《防卫省设置法》修正案，其内容包括文职部门官员（文官）和自卫官（武官）以同等立场辅佐防卫大臣。该法案还将自卫队的部队运用（作战）改为以武官为主体，实现“运用一体化”，由文官控制武官的“文官统制”规定被完全废除，文官的优势地位已失去。此外，修改后的法律还规定新设“防卫装备厅”。规模预计约 1800 人，负责对过去由海陆空自卫队分别管理的装备开发采购及废弃进行统一管理，旨在控制采购成本，同时扩大防卫装备和技术的国际合作。

上千名日本年轻人 6 月 19 日晚在日本国会前举行反战集会，抗议安倍政府强推“战争立法”。共同社 21 日公布的最新民意调查结果显示，半数以上日本民众认为安倍政府提交的安保相关法案违反宪法，反对安保法案的民众大幅上升，58. 7% 的受访者反对安保法案，比 5 月进行的调查增加了 11. 1 个百分点，而赞成的比例仅为 27. 8%。尽管如此，6 月 22 日众院全体会议以执政党等多数赞成表决通过将原定同月24日结束的本届国会会期延长至9月27日。长达95天的延长幅度创下了现行宪法实施以来的最长纪录。延长会期是安倍政权考虑到即使参院审议延误，也可以通过在众院再次表决而使法案成为法律。

7月15日，众议院和平安全法制特别委员会因获得自民党、公明党两党多数赞成票而正式表决通过新安保法案。16日，众议院全体会议表决通过了包括解禁集体自卫权在内的新安保法案，当天傍晚提交参议院。《每日新闻》发布民调显示，安倍内阁支持率下滑至32%，为其重新掌权以来的最低水平。甚至联合执政的公明党母体“创价学会”的会员也纷纷表示反对安保相关法案，在互联网上发起签名活动，创价大学的教员与学生也成立相关组织反对安保法案。诺贝尔奖得主益川敏英等发起的“反对安全保障相关法案的学者会”，日本全国有90所大学的师生等成立了反对安保相关法案的组织。8月30日，日本全国超过300处地点均发生示威活动，估计人数超过100万人，是迄今最大规模的反安保法示威活动，东京有数万示威者包围国会，要求废除安保法及安倍下台。

在一片反对的浪潮中，9月17日，参议院特别委员会以多数赞成票通过安保法案。9月19日，参议院全体会议表决通过安保法案。25日内阁会议决定，30日公布包括解禁集体自卫权等内容的安保相关法，公布起6个月以内施行。主要目的为摆脱战后体制、增强对中国遏制力的安保法案包括两大核心内容，一是从法律上赋予日本行使集体自卫权的权力，二是扩大日本自卫队在海外开展军事活动的范围，使自卫队可以对他国军队进行所谓“后方支援”。换句话说，在与日本有“紧密关系”国家“遭受攻击”、日本面临“存亡危机”、“国民权利受到威胁”时，日本自卫队可以和他国军队一起进行战斗。

日本社会舆论称之为“战争法案”的相关法律之所以通过国会众参两院的审议，主要原因是联合执政的自民、公明两党在国会占有优势议席，例如在众议院全部 475 个议席中占据 325 个，超过 2/3，具有压倒性优势。在参议院全部 242 个议席中，也占据半数以上的 135 个。其次，在审议过程中，包括安倍首相在内，日本政府不断利用钓鱼岛问题、东海油气田问题、南海问题渲染中国威胁论，对社会舆论起到牵制作用；另外，对普通日本民众来说，和平是生存的本能，反战是一种政治姿态，如果没有切身的压力，难以对安保法案采取全面否定的态度。

正因如此，由于得到党内各派阀的支持，安倍首相在 9 月份的自民党总裁选举中作为唯一候选人成功实现连任，任期到 2018 年。10 月 7 日，安倍首相进行第三次内阁改造，主管经济金融、外交、防务的主要阁僚留任，有 9 人为首次出任阁僚职务。除国土交通大臣由公明党党员出任外，其余阁僚均为自民党党员。引人注目的是新设立“一亿总活跃担当大臣”，以期推动全民参与经济发展过程。日本媒体实施的一项紧急电话舆论调查结果显示安倍内阁支持率为 44.8%，比上次调查上升 5.9 个百分点，不支持率为 41.2%。

二、加入跨太平洋伙伴关系协定（TPP）

尽管2011年日本政府表示正式决定加入TPP谈判，但进展缓慢，因为日本农水省在2013年做过评估，认为加入TPP将损失11.6万亿日元，340万农民失去工作，粮食自给率从40%下降到13%，因而以农业团体为主的利益集团强烈反对加入TPP。

农业团体为农业协同组合（农协），截至2014年12月，日本共有各种全国性农协联合会18个，都道府县农协联合会207个，基层综合农协708个，各类专门农协2011个。实际上，分为地方农协、都道府县农协、中央农协三级体系架构，以农村社区为基础，向社员提供销售、供应、金融、保险、生产经营指导、仓储运输、福利文化等综合性服务。由于中央农协对地方农协负有监督、指导、审计甚至政治动员的权限，同时向地方农协征收80亿日元的监督指导费，因而其政治影响力强大，在国会中声称代表农民利益的国会议员团体被称为无敌的“农林族”。也正因如此，日本农业在较高的政府收购大米价格、大量政府补助金及保护国内农产品市场等政策的保护下缺乏国际竞争力。

但是，农业改革势在必行。一方面，在经济全球化背景下，日本对国际市场的高度依赖，要求其必须进一步开放国内市场；农业“小部门化”态势明显，2012年日本农业总产值4.8万亿日元，占国内生产总值的比重仅为1.02%。与此同时，农业发展面临土地和劳动力双重结构性压力，农村土地撂荒现象严重，人口老龄化导致农业劳动力短缺问题凸显。据日本农林水产省统计，2014 年日本全国务农人员为 227 万人，相比 5 年前减少了 60 万人。大量农村青年涌向大城市，留守务农人员又呈现高龄化。结果，农业劳动力的缺失导致大批农田无人耕种日渐荒芜；2009 年以后，农协内部非农民身份的“准社员”的数量超过农民身份的“正社员”，其后果是准社员成为农协住房贷款、保险等业务的主要利用者，因而农协作为农业发展促进者和农民利益代言人的身份受到社会各界质疑。

另一方面，在 TPP 谈判中开放国内大米市场成为日美交涉的主要内容。如果进口大米税率为零，那么美国大米将以相当于日本大米 1/10 的价格打入日本。此前为保护日本本国的农业生产者，日本的进口大米税率几乎达到 100%。但如果取消税收，大米、蔬菜、肉类和水果将廉价涌入日本，严重打击日本农业。因此，日本提出在免税进口大米的最低进口配额即每年 77 万吨的框架内，以数万吨规模进口美国产主食大米，美国则要求日本进口约 20 万吨大米。尽管日本国内的大米产量达到每年 750 万吨以上，因而扩大进口美国大米对大米市场整体价格影响有限，但澳大利亚等国也可能要求日本同意进口本国大米。

为加入 TPP，一方面，日本政府采取措施强化农业的国际竞争力。早在 2011 年，农林水产省推出一份高达 159 亿日元的巨额农业补贴计划，如果一位青壮年有意下乡务农，中央政府每年可向其发放 150 万日元补贴，补贴期限最长可达 7 年。同时为鼓励农业法人单位招收年轻人，政府还向雇佣农业青年的农业法人发放每月 10 万日元的实践培训费，最长支付为两年。另一方面，减弱农业团体的政治影响力。日本政府在 2014 年 5 月 14 日召开的规制改革会议上发表《关于农业改革的意见》，提出加快推进农协、农业生产法人、农业委员会改革。其中针对农协的改革内容包括废除以中央农协为最高机构的中央农会制度，将其改组为农业振兴方面的智囊团或社团法人，以恢复基层农协的经营自主性；进行中央农协公司化改制，以适应国际化竞争的需要；努力实现单位农协的专业化、健全化，逐步将基层农协的信用、保险业务剥离，分别交由农林中央金库和全国共济农业协同组合联合会管理，基层农协只作为上述业务的代理窗口；改善理事会治理结构，允许外界人士加盟；推进农协组织形式多样化；调整社员关系，准社员利用农协各种业务设施的总额不得超过正社员利用总额；提高与其他团体竞争条件的公平性。

在 2015 年的通常国会上，新《农协法》也是重要审议法案，该法律在 6 月 28 日正式通过。新法的最大变化是中央农协将在 2019 年 10 月之前从目前的特别民间法人转为一般社团法人，失去从地方农协收取监督指导费及审计、指导、政治动员的权限，地方农协可以选择新设立的审计企业或一般审计企业对其进行审计。另外，从 2015 年 10 月起，农林中央金库将对新务农人员实施免费发放补助金的援助政策，即今后 4 年内农林中央金库准备动用 24 亿日元，向每一位未满 45 岁的新务农人员最多支付 60 万日元，用于土地租赁和购买肥料。2015 年 10 月 5 日，美国、日本、澳大利亚等 12 个国家已成功结束 TPP 谈判，达成贸易协定。日本通过新设大米零关税进口框架以及下调牛肉和猪肉关税等部分开放措施，换取扩大出口汽车等工业品。实际上，对抗中国意识也是日本积极参加 TPP 的重要原因之一，安倍首相访美时曾声称 TPP 已经超越单纯的经济利益，正在成为安全保障领域具有长期重大意义的事情。

从整体经济来看，2015 年的日本喜忧参半。2 月 16 日公布的 GDP 速报显示，2014 年第四季度除去物价因素的实质 GDP 与第三季度相比增长 0.6%，按年率换算则增长 2.2%，是日本 GDP 时隔三个季度再次出现增长，同时也是消费税税率上调后的首次增长。2 月 19 日东京证券交易所日经股指一度突破 18300 点关口，最终以 18264.79 点收盘，比上个交易日上涨 65.62 点，创近 15 年来新高。4 月 10 日，再次一度突破 20000 点大关，比安倍上台时几乎翻了一番。与此同时，受惠于日元大幅贬值，出口型企业经营状况大幅改善、设备投资计划增长，日本工矿业生产企稳，倒闭企业减少，就业形势改善。由于企业效益改善，职工收入也水涨船高，2014 年，日本职工平均月工资为 30 万日元，比上年增长 1.3%，创 18 年来最大涨幅。大型制造业企业职工 2014 年全年平均奖金为 168.73 万日元，比上一年约增加 8.4%，创 24 年来最大增幅。

2015 年第二季度经济转冷，GDP 环比萎缩 0.4%，按年率下降 1.6%。其中国内个人消费开支环比减少 0.8%，企业投资环比下降 0.1%，整体出口环比减少 4.4%。第三季度剔除物价变动因素后，实际增长率环比下降 0.2%，换算年率后为下降 0.8%，日本经济 2015 年连续两个季度环比萎缩，数据显示国内需求疲弱拖累 GDP 下降了 0.3 个百分点。面对如此局面，安倍首相在 10 月初组成新内阁后提出内容包括将名义 GDP 从 490 万亿日元上调到600万亿日元的强力经济、特殊出生率达到1.8的育儿支援、护理离职率为零的社会保障在内的新经济政策，并将其定位为“安倍经济学”的“新三支箭”。同时表示，在今后三年总裁任期内的政权运营中，决心继续把经济放在首位。

三、中日关系仍存在诸多不确定因素

2015 年正值第二次世界大战结束 70 周年，分别作为受害国和加害国的中日两国均具有自己的纪念活动，而且相互之间具有关联性，正因如此，尽管两国在官方民间均有频繁接触与交流，但双边关系仍然在纠结中发展，即两国政府保持或者重启各种对话渠道，同时在诸多问题上存在矛盾和冲突。

中日安保对话于 3 月 19 日在东京日本外务省举行，这是自 2011 年以来时隔 4 年后中日再次举行这样的对话会议。日本媒体认为，中日关系因钓鱼岛、历史问题等仍较紧张，日方希望借此次对话构筑两国间的相互信赖关系。出席会议的中方代表团由中国外交部负责亚洲事务的部长助理刘建超带队，解放军多名少将和海警局高官出席，日方代表包括外务省外务审议官杉山晋辅和防卫省、自卫队以及海上保安厅等官员。

习近平主席赴印度尼西亚参加纪念万隆会议 60 周年之际，4 月 22 日在雅加达应约会见安倍首相时指出处理中日关系的大原则就是要严格遵循中日四个政治文件的精神，确保两国关系沿着正确方向发展；历史问题是事关中日关系政治基础的重大原则问题，希望日方认真对待亚洲邻国的关切，对外发出正视历史的积极信息。安倍首相也表示十分希望改善日中关系，愿继续坚持包括“村山谈话”在内以往历届政府在历史问题上的认识，决心继续走和平发展道路。

4 月 24 日，中国商务部副部长高燕与日本经济产业省经济产业审议官石黑宪彦在日本东京共同主持召开第 16 次商务部与日本经济产业省副部级定期磋商。双方就两国宏观经济形势、改善贸易投资环境以及区域多边合作等问题进行坦率交流，并在推动两国经贸合作改善和发展、研究解决经贸合作中存在的问题等方面达成诸多共识。中方着重就日本制造业回流等问题向日方提出关切，另外也关切日本出口管制、食品检验检疫、中成药输日、长期商务签证便利化以及中日光伏产业合作等问题。日方主要就恢复经贸领域双边交流机制、日中双向投资、知识产权合作、中国外资政策等与中方交换了意见。

5 月 22 日，日本自民党总务会长二阶俊博率“日中观光文化交流团”访华，规模达 3000 多人。习近平主席 23 日在人民大会堂出席该团参加的中日友好交流大会，二阶俊博向习近平转交了安倍首相的亲笔信。习近平发表讲话，强调中日双方应该本着以史为鉴、面向未来的精神，在中日四个政治文件基础上，共促和平发展，共谋世代友好，共创两国发展的美好未来，为亚洲和世界和平作出贡献。

第五次中日财长对话 6 月 6 日在北京钓鱼台国宾馆重启，中国财政部部长楼继伟和日本副首相兼财务大臣麻生太郎共同主持了对话。此次对话是中日时隔 3 年零 2 个月再次举行财长对话，也是安倍第二次担任日本首相以后首次举行中日财长对话；10月13日举行第二次中日高级别政治对话，杨洁篪国务委员同日本国家安保局长谷内正太郎从战略和全局角度就中日关系及有关问题坦诚深入交换了意见；10月15日，率团访华的日本公明党党首山口那津男与习近平总书记进行简短寒暄，并转交安倍首相的亲署信，表达了在国际会议期间实现中日领导人会晤的愿望；11月1日，时隔3年后中日韩领导人会议再度重启，国务院总理李克强在首尔应约会见安倍首相；自民党干事长谷垣祯一和公明党干事长井上义久12月2日访问中国，重新启动2009年以来中断至今的"中日执政党交流机制"；第四轮中日海洋事务高级别磋商12月7~8日在福建省厦门市举行，就东海有关问题交换意见，并探讨了开展海上合作的具体方式。

尽管如此，中日之间主要在三个方面处在对立状态。首先体现在历史问题特别是与战后70周年纪念活动相关的言行上。2014年12月大选结束后不久，安倍首相在电台节目中就"终战70周年"谈话称："希望把对过去的战争的反省、战后的进步和日本今后要走的道路写进去"，日本政府为此成立专门委员会探讨谈话的具体内容。8月4日，千呼万唤始出来的"安倍谈话"回避了直接表达"侵略战争"、"殖民统治"、"反省"、"道歉"之意，只是通过回顾以往日本政府的历史认识称，"我国对过去那场大战中的行为，反复表明了痛切的反省和衷心道歉的心情"，宣称日本今后无须继续道歉，因为日本战后出生的人已经超过总人口的八成，这些"与那场战争没有任何关系"的世代及其后代"不能再背负继续谢罪的宿命"。对此，外交部副部长张业遂约见日本驻华大使木寺昌人并表明中方严正立场，外交部发言人华春莹就“安倍谈话”答记者问时表示，日本理应对那场军国主义侵略战争的性质和战争责任作出清晰明确的交代，向受害国人民作出诚挚道歉，干净彻底地与军国主义侵略历史切割，而不应在这个重大原则问题上作任何遮掩；另外，日本政府不仅拒绝参加中国举行的“纪念中国人民抗日战争暨世界反法西斯战争胜利70周年阅兵式”，而且对联合国秘书长潘基文参加阅兵式表示不满；对联合国教科文组织决定将《南京大屠杀档案》列入世界记忆名录，日本事先百般阻挠，事后表示遗憾，自民党甚至决定停止向联合国教科文组织提供经费；11月29日，自民党成立60周年大会在东京举行，该党总裁安倍晋三表示，决定成立“学习历史思考未来本部”，“重新研究”从甲午战争到联合国军占领期间半个多世纪的历史，其中最为引人注目的是南京大屠杀、慰安妇、二战甲级战犯等问题，目的是美化对外侵略战争，修改宪法让日本成为正常国家。

其次，对抗“亚投行”的组建。2013年10月，习近平主席提出筹建倡议，包括中国、印度、新加坡等在内21个首批意向创始成员国的财长和授权代表在北京签约，共同决定成立亚洲基础设施投资银行。2015年6月，《亚洲基础设施投资银行协定》签署仪式在北京举行，亚投行57个意向创始成员国财长或授权代表出席了签署仪式。该银行是一个政府间性质的亚洲区域多边开发机构，重点支持基础设施建设，旨在促进亚洲区域的建设互联互通化和经济一体化的进程，并加强中国及其他亚洲国家和地区的合作。2015年3月，官房长官菅义伟在记者会上表示日本对加入“亚投行”持“慎重态度”，暂时不考虑加入。4月，安倍首相在电视节目中对中国主导的“亚投行”组织运营的公正性和透明度表示疑虑，并告诫称“从不良高利贷处借钱的企业最终将失去未来”。5月，安倍首相宣布今后五年投资大约1100亿美元的亚洲基础设施建设计划，其抗衡“亚投行”的目的显而易见。

另外，不仅利用所谓的“南海问题”渲染中国威胁论以推动安保法案的成立，而且也体现在实际行动上。针对美国舰队司令表示欢迎日本海上自卫队将巡逻区域扩展至南海，2月3日，防卫大臣中谷元在记者会上表示将探讨相关事宜，声称自卫队的警戒监视范围不受地理范围限制；在日本的积极活动下，6月8日，在德国闭幕的七国集团首脑会议发表声明，不点名批评中国在南海的行动，表示密切关注东海及南海紧张局势，强调和平解决纷争、不阻碍航行自由的合法利用，强烈反对大规模试图改变现状的单方面行动；11月，安倍首相在G20峰会期间与欧盟、英国、德国等国领导人会晤时以及外务大臣岸田文雄在APEC部长会期间会见泰国外长时，继续对中国在南海活动表达关切，并称要确保海洋法治；16日，岸田外务大臣与菲律宾外交部部长德尔罗萨里奥在马尼拉举行会谈表示“支持菲律宾通过国际法和平解决与中国之间的南海领土争端”，以牵制中国正在南海进行的填海造陆工程。安倍首相与奥巴马总统在菲律宾会谈，确认将在中国推进人工岛建设的南海问题上加强合作，并声称“将关注对日本安全保障影响的同时进行研究”；11月18日至22日在马来西亚首都吉隆坡举行第27届东盟峰会及系列会议上，安倍首相对南海问题表示忧虑并呼吁东南亚相关国家合作共同对应；日本防卫大臣中谷元 12 月 8 日在东京接受凤凰卫视独家专访，表示不排除自卫队前往南海可能。除上述言论外，日本还为越南、菲律宾提供巡逻船，自卫队舰船还有停靠越南海军基地金兰湾的打算。日本共同社 11 月 28、29 日两天实施的日本全国电话舆论调查结果显示，有关向南海派遣自卫队的调查中，52.7% 表示“赞成”，39.9% 表示“反对”。

由此可见，尽管中日两国，在未来一段时期有回暖的可能，但仍存在诸多不确定因素，除需要时间和努力外，也有待于各自内部和国际格局的变化。

缅甸迈出民主转型关键一步，昂山素季理政治国已现端倪

◎ 李志强

2015 年 11 月举行的缅甸全国大选，昂山素季领导的全国民主联盟以极大优势胜出，执政的联邦巩固与发展党遭到惨败。这标志着缅甸迈出了民主转型最关键的一步。笔者亲历了此次大选。现对这次大选巩发党惨败、民盟党大胜的原因作一具体分析，并对新一届政府的政治走向和中缅关系提出初步看法。

2015 年 11 月 8 日举行的缅甸全国大选，尘埃已落定。跟踪观察选后近两个月的局势发展，可以得出这样一个结论，缅甸已经迈出了民主转型最关键的坚实一步，缅甸国内和国际社会所普遍担心的执政集团是否真心让渡权力、军人会否寻机干政、昂山素季是否具备执政能力等问题，皆基本显现了轮廓。

回溯：一边倒选举的内外缘由

根据缅甸选举委员会公布的最终选举结果，昂山素季领导的

全国民主联盟（民盟）共获得 886 个席位，其中在联邦议会人民院获得 255 席，在民族院获得 135 席，在省邦议会共获 496 席，以较大优势占据首位。

执政党联邦巩固与发展党（巩发党）共获得 118 个席位，其中在人民院获 30 席，在民族院和省邦议会分获 12 席和 76 席，位居第二。

笔者亲历了 2010 年 11 月 7 日大选和本次大选。从严格意义上讲，根据前军政府“七点民主路线图”的前一次大选作为“军转民”的初次选举，遭到了唯一反对党即以昂山素季为首的民盟延迟注册不参选的实质抵制，而且大选后昂山素季本人才获得人身自由。本次大选是 1990 年 5 月民盟首次参加大选后的第二次整齐亮相，是全面与执政党通过选举争夺天下的真选举。

根据选委会的数据，本次大选共有 6038 名候选人竞选联邦议会和省邦议会 1150 个席位，其中 1733 人竞选人民院席位，886 人竞选民族院席位，3419 人竞选省邦议会席位。他们分属 91 个政党及 310 名独立候选人，代表面很广泛。民众投票率也是非常的高，5200 万人口中，合法选民 3350 万，80% 以上在 46000 多个设在全国各地的投票站参加了投票。深居简出的前领导人 82 岁的丹瑞大将也亲自出面投了票。

经选委会批准，共有 1000 多名国际观察员和近万名国内观察员在全国范围监督本次大选。中国外交部亚洲事务特使孙国祥率领中国观察团应邀观察大选。“通过大选观察，我们所到之处发现有几点印象深刻。第一，大选组织比较到位；第二，选民投票热情很高；第三，投票有序进行。我觉得是一次成功顺利的大选。”孙特使所言，代表了国际社会和缅甸国内各界对本次大选的普遍评价。

1. 选举最终结果出乎意料

2015年大选是缅甸联邦议会和省邦议会的选举，其中联邦议会分为下院人民院和上院民族院，前者440席，后者224席。根据现行2008年宪法，两院25%的议席为法定军人议席，由军队直接任命产生，也就是说，人民院民选330席（不含110名军人议员），民族院民选168席（不含56名军人议员）；14个省邦议会全部民选，共673席。

最终民盟在上下两院的得票率分别为77.3%和80.4%，占比分别为57.95%和60.3%；在省邦议会得到496席，占比为73.7%。

依据法律规定，人民院、民族院和未经选举的军方议员团有权分别推举一名总统候选人，从中产生一名总统、两名副总统。民盟在人民院和民族院均占据半数以上议席，因此可推举两名总统候选人，凭借席位优势，民盟可确保其推举人选当选总统，并依法获得组建新政府的权力。

少数民族政党若开民族党表现亮眼，共获得45席，位居参选各党派第三位。在若开邦议会选举中，若开民族党获22席，超过总席位34席的半数以上，成为除民盟外唯一控制省邦议会的政党。

省邦首席部长也由总统任命，加之民盟在省邦议会中也获得了绝对优势，民盟从中央到地方可谓大获全胜，掌控了未来五年的中央及地方的行政权和立法权。

客观地讲，上述大选结果是出乎大多数当事人和局外人意料之外的一个结果。

昂山素季本人选前曾把取得民选议席的三分之二（得票率的67%左右）多数作为基本目标，投票后随即修正为80%左右，实事求是地说，民盟胜选率超出了昂山素季等本党领导人的最初预期。

不少巩发党资深人士预料到了失败，执政团队虽不得不承认和接受败选，但内心甘苦自知。执政党的党主席和现职部长们纷纷落选，甚至在三个指标性选区也向对手俯首称臣：遍布公务员及家属的新首都内比都选区、军事院校集中的彬乌伦市眉谬选区以及仰光空军机场附近军人家属聚居的门加拉洞选区。民盟的胜出程度确实“超出了保全颜面，可以坦然接受的底线”。

美西方及其媒体虽然没有两面下注，一直在公开支持昂山素季和民盟，但选前明里暗里向登盛政府咄咄施压、频频造舆论，唯恐行政当局与军队联手左右选情的忧心态势，应该说对民盟胜选还是有所担心的。

选前最主流的判断是，民盟微弱多数胜选，但巩发党利用多年的执政基础和行政资源，拉动选情，并以利益驱动整合少数民族政党及诸多小党等第三势力，加上法定军人议席，联手获得议会简单多数，从而推出自己的总统候选人，最后力保政权不旁落。这个被广为接受的预测，显然偏离了最终的事实。

2. 巩发党为何惨败

第一，登盛政府执政五年，虽有政绩，但国内贫富差距越来越大，老百姓得到的自由和权利不少，但得到的实惠太少。主流民意不满意，不看好执政党，真心希望“换人执政”，坚信民盟的竞选口号“选举是为了改变，改变是为了更好地生活”是真实的，坚信民盟执政即标志着好生活降临，口号与朴素心愿的高度契合，导致了放弃巩发党盲目支持民盟候选人的浪潮。

第二，巩发党不懂真正的选举，拉票造势技巧生疏，又未像民盟那样被外界系统培训，候选人与选民接触时普遍生硬粗糙，难生共鸣。选前多地爆发的水灾牵扯了巩发党不少行政资源和登盛总统很多精力，囿于选举法的限制，没能将救灾的政府行为充分转化为执政党的造势活动。

第三，国际媒体和缅甸国内绝大多数私营媒体完全倒向昂山素季，起到了助选、辅选民盟的作用。而年轻人也多支持民盟，手机、网络等社交和新媒体被民盟支持者广泛运用。

第四，美西方在推广民主人权和西式选举文化方面布局广、动手早、持续时间长。2011 年 3 月，登盛上台后，为与前军政府有效“切割”和树立开明形象，敞开国门、张开怀抱拥抱西方。几年来，所谓全球的“颜色革命”专家和各色国际非政府组织大举来缅，培训人员，提前布局，传播和推动西式民主在各省邦落地。执政当局事出无奈，疏于防范。不仅如此，选举季到来后，外部势力加大在财政经费和竞选策略手法上向民盟施援力度，助推民盟组织缅甸知名歌星等深入到农村和偏远山区腹地演唱助选，收买人心，煽动选情。执政的巩发党反而囊中羞涩，眼睁睁看着原本计划好的“农村包围城市”赢大选的策略遭受破局。缅甸农民占全国人口的 70% 左右，巩发党近年来以小额低息贷款补贴，力保农村“票仓”争取选票的努力付之东流。

第五，选前三个月，巩发党高层人事剧变，形象开明的人民院议长兼国会联合议长瑞曼非正常突遭解除党主席职务，一方面造成了党内的分裂，影响基层党员士气；另一方面，严重影响了执政党的正面形象，使世人增加了对执政党践踏党内民主，军警作风回潮以掌控选情的担忧。

第六，巩发党江郎才尽，缺乏主动作为拉升选情的有效办法。原本放任极端佛教僧人在偏远省邦煽动民众宗教情绪，矮化昂山素季，掀起弃投民盟风潮，并制造连带示范效应，但终因上不了台面未奏效。

登盛政府始终是缅甸政治转型期的一个过渡期政府，不是民众的最理想选项，这个性质或大前提，决定了巩发党在正常选举中必定会丢掉政权。保住政权的唯一途径就是舞弊。这恐怕是选前所有缅甸问题的专家学者所心照不宣的，只不过对舞弊或人为诱引或干扰选民投票意向，甚至左右选举结果的尺度、范围、手法等有认识上的不同罢了。

选举结果公布后，对执政集团和作为利益共同体的军队是否预留翻盘后招，持观望默认态度的仍不在少数。这是非常正常的。缅甸军人集团自 1962 年以来长期执政，1988 年想推行民主改革，1990 年 5 月丢失了大选，当即推倒重来，不承认选举结果，军人再续执政，并拘捕、限制昂山素季自由的铁腕做法，时至今日都影响着所有局外人的判断。

选前各界普遍猜测，执政当局面对昂山素季的严峻挑战，大敌当前，必挟军政权 50 载铁腕军人统治余威，图穷匕见不惜舞弊以自救。然而，这一切却没有发生。其原因如下。

第一，执政团队选前盲目自信，放任国内、国际非政府组织和民盟支持者介入选区事务，对西方观察团过于容忍，引狼入室、玩火自焚、自缚手脚，导致投票、计票过程过于透明，舞弊难度大、风险高。

第二，投票后在大势渐去的情况下，党内不团结的局面仍未改变，清算党内“叛徒”之声仍不绝于耳，没有同仇敌忾、凝心聚力扭转不利选情的领军人物和“逆转胜”共同想法。

第三，把持大权的登盛总统从一开始就想做缅甸的“戈尔巴乔夫”，力推西式民主再次在缅落地（1948 年至 1962 年缅甸曾实行议会民主制），无意在职业生涯尾声败坏自己“清廉先生”、“开明先生”和“民主先生”的“美名”，在国际社会留下负资产。其团队治国有意，建树无方，继续执政意愿已不十分强烈。

第四，执政集团高层盲目固守前朝预设的底线，抱残守缺、保平即胜的心理普遍作祟。25% 的法定军人议席，军方保有内政、国防和边境事务三个关键部长，以及在省邦政府中把持安全官员职位，并且在缅甸国家国防与安全委员会（国安会）中保持过半成员等多重保险，成为确保军人利益集团基本安全的防火墙。纵使丢掉大选，也不至于丢掉身家性命。这种所谓“底线思维”导致了争胜意志消退，对选举结果放任自流的消极倾向。

第五，最关键的，以 60 岁的敏昂莱大将为首的军方现任高层在之前的军政府中尚未担任要职，背负的“反民主”“道德十字架”远轻于当时的军方高层，当下不想再走回头路，冷眼旁观，态度暧昧，无意主动介入重新干政。

3. 民盟为何大赢

首先，上述巩发党的不足恰恰是民盟的得分点，不再赘述。

其次，最重要的是民盟赢在了求变、求新的广大缅甸民心、民意上。

选前，大家都在讲民盟是昂山素季一个人的政党，缅甸大选是昂山素季一人扛旗的选举。笔者认为，纵然民盟的胜选离不开昂山素季这面旗帜，但上述说法还不足以精确概括此次缅甸选民的状态。

登盛执政团队没有达到从城市到农村的广大缅甸民众对新生活的普遍期许，在包括青年一代军人、官僚体制内人员及家属心目中都没能做到把登盛政府与前军政府做彻底切割。换句话说，登盛执政以来，虽然一直在迎合民意，甚至不惜背离国际原则（如单方面终止我密松水电站项目等）“讨好”国内民众，但与民众新生活憧憬相去甚远。登盛政权“新瓶装旧酒”的印象和感觉在民众心目中始终挥之不去。

因为得不到广义的支持，所以选举前后没有爆发针对大选的规模性暴力事件。大选平和正常举行，符合绝大多数民众的切身利益。事后，有媒体人士透露，在极个别地方，民盟支持者倾向性煽动、引导选民“舞弊”求支持的力度，竟比人们预先猜测的执政党所为程度过犹不及。

人民希望改变，拥抱民主的力量一旦迸发，即使在一个佛教占主体的国家，拒绝维拉杜等人为代表的极端僧侣也在常情之中。众多少数民族精英应招投入民盟旗下，返回故里与乡党“同室操戈”赢得选举，乃至军人选区集体“倒戈”投上民盟候选人一票，就不足为怪了。

选民求变心切，而更换执政党把民盟的人推上台是唯一办法，是自1990年以来“25年磨一剑”，更多民众不愿再等下一个五年、十年了。民众笃信，只要昂山素季的民盟上台，马上就会有变化，生活马上就会变好。

本次选举选票的设计和投票方式也为民盟吸纳盲目选票提供了助力。每个选民投三张票，人民院、民族院和省邦议会各一张。选民无须写字，领取投票戳，找准民盟标志的“孔雀党标”，盖章即可。绝大多数选民压根儿没弄明白本区民盟候选人是谁，找准“孔雀”下戳，便齐活儿！民盟得票率之高就不难理解了。

总之，这次缅甸大选，已不单单冲着昂山素季一个人，而是有太鲜明独特的缅甸时代特色，是特殊时期、特定条件下的产物。昂山素季这面旗帜，是天遂人愿，保证和助力民众的期盼更早更顺地成为现实。

展望：目标明、求务实的施政观

昂山素季无疑始终是本次大选和未来一个时期缅甸政治的主角。缅甸国内外媒体对其关注程度远超登盛总统。聚光灯下，现年70岁的昂山素季始终气场大、信心足、胸有成竹，尽显领袖风范。

11 月 5 日上午在其仰光寓所的选前最后一场新闻发布会上，面对 400 余名国际国内媒体关于总统问题的穷追猛打，昂山素季表态，民盟胜选后，自己的权力将在本党推举的总统之上。这句谁都明白的大实话一出，舆论仍一片哗然。

新一届联邦议会将于 2016 年 1 月底举行首次会议，并于 2 月推选新总统和副总统，新政府将于本届政府 3 月底届满后正式宣誓就职。

随着新议会首次会议的临近，关于缅甸未来新总统的猜测也甚嚣尘上。包括缅甸各家媒体在内的社会各界更希望能在昂山素季本人那里提早寻得答案。昂山素季本人并不避讳，多次强烈暗示民盟组阁之时自己将扮演主政角色。

1. 昂山素季未任总统的选举有缺憾

缅甸现行的 2008 年宪法是民主转型前，丹瑞军政府制定的。根据该宪法，配偶或子女是外国人，自己则无权成为总统。昂山素季的英籍丈夫已亡故多年，但两个儿子为英籍，因此她不具备当选总统的资格。

但问题是，全世界都认为没有昂山素季当选总统的缅甸大选，是不可理解的，是缺失内容的大选，不是真正意义的大选；没有昂山素季当总统的缅甸民主化，是不完美的、存疑的、带水分的、不彻底的民主化；甚至可以说，是具有里程碑意义的 2015 大选的巨大遗憾和败笔。

毕竟，父亲是国父和缅军的创立者，母亲是缅甸独立后驻邻国印度首任大使，自己早在1991年就因“对抗军政府，倡导真民主”获得诺奖，又长期担任最大反对党民盟“一把手”。显赫的身世、19年限制居住的砥砺、超强的国内外人气、干练的行事作风，特别是近两年来日臻成熟的领导艺术和议会政治的历练，昂山素季已经具备了一个民主转型期卓越领导人的各项资质。

昂山素季如何才能迈向前台成为总统，大概有三种可能。

第一是常规办法，即迎合宪法。既然丈夫去世多年，只要儿子们放弃英籍加入缅籍，那就突破宪法障碍了。这个办法是否合宪，应放到新议会上去讨论。新议会两院共390名民盟议员，占664名议员总数的58.7%，已达简单多数，理论上还是可行的。

第二也是常规办法，即修宪，但要在议会突破75%支持率的修宪门槛。若巩发党或任何非民盟势力联手军人议员团抵制，修宪动议很可能胎死腹中。反之，如果修宪是议会各大党派包括军人议员团共识的话，也不是不可能。

第三是非常规的办法，但有过先例。即仿效前吴努政府做法，利用控制议会多数席位的便利，通过法案暂时冻结宪法专门条款，从而清除当选总统的障碍。理论上也是可行的。

当然，这三种可能均不可绕开联邦议会，也丝毫离不开议会中军人集团的支持。

当下各界热议的是台前推举一位“傀儡总统”，昂山素季幕后“垂帘听政”。很多分析人士猜测，为了方便，新总统应该是女性，因而昂山素季闺蜜或女助手将“出演”这个角色的说法已经满天飞。

其实，“替身总统”一旦出现，将是一种很麻烦、很别扭的做法，国内、国际场合必将尴尬不断，而且不符合现行宪法中“总统是国家最高领袖”的明文规定。试想，谁又愿意“出演”这样一个难度系数过大、尴尬系数爆棚的透明角色呢！

2. 昂山素季顺利主政挑战仍在

无论台前还是幕后，缅甸未来 5 年间（一届政府任期 5 年）主政者非昂山素季莫属。

实际上，选后缅甸局势的“和谐”和演变如同大选一样，再次让世人懵懂。执政团队表示接受败选结果，顺应潮流，尊重民意，按时平稳移交权力。姿态之平和、气量之大度，着实令人扼腕。

缅甸国内和国际社会所普遍担心的权力让渡、军人干政、新人执政能力等问题，已然趋于消弭。为呼应对手的坦诚和祝愿，昂山素季放下身段遍会群雄，先后分别主动与总统登盛、总司令敏昂莱、前领导人丹瑞等进行了会晤，彰显自己的合作意愿。

登盛承诺将依法有序推进政权交接，助推国家转型进程，“不让民众对权力交接担心”。昂山素季回应，民盟致力于推进国家政治和解，愿本着包容合作的精神组建新一届政府。

敏昂莱表态，缅军队将从国家和民族长远利益出发，继续支持推进大选后续政治议程，依法维护社会安全稳定。军部发表声明，“为了尊重人民的意愿、国家和平稳定与法治、国家团结和繁荣发展，双方同意合作”。

瑞曼表示，联邦议会愿为新一届议会顺利召开做好准备，推动依法平稳实现政权过渡。

12 月 4 日丹瑞在内比都家中与昂山素季会面后说："大选获胜后，昂山素季将成为缅甸未来的领导。如果她真的致力于国家的发展与进步，我将倾力相助。"

据悉，"丹昂会"是由昂山素季通过人民院瑞曼议长和民族院钦昂敏议长等牵线。保证军人集团既有利益，不清算前朝旧账，她与昔日宿敌、82 岁的缅甸幕后掌舵人畅谈长达两个半小时。"谈笑泯恩仇，互让为因由。共识应大势，蓝图乃此就。"

不啻为昂山素季新生政权安危的"金刚护法"！"丹昂会"，大显缅甸智慧，意义非凡，可入史册。

根据现行宪法，缅甸最高权力机构是上文提及的国安会，由总统、两位副总统、两院议长、外交部长、国防军总司令和副总司令及总司令任命的国防部长、内政部长和边境事务部长共 11 人组成。军人集团已法定占有其中的6 席（含军人议员团推举的副总统）。从目前形势分析，若无法担任总统，要成为这个国家实权机构的一员，昂山素季只有两个选择了，一是成为自己当选议员的人民院议长，二是担任外交部长。

民盟已经在人民院取得了简单多数，且下院会务繁杂，主要目的除了立法就是制衡政府，似乎昂山素季栖身于此的必要性不大，在议会控制政府也说不过去。英语如同母语般流利的她，担任外长是个合适选项。在外长基础上，昂山素季应该还兼任一个类似新加坡政府"内阁资政"的那种与总统比肩，并高于一般部长的要职。

对于提前舒缓了政权安危隐患的昂山素季来说，年过七旬，时不我待，必借民盟大胜之势，乘党内外崇高威信东风，广纳各界贤达，开明治国，求真务实，稳健执政、高效执政以名垂青史。12 月 17 日她公开承诺，“民盟将全面推进政治、经济、社会发展，努力满足民众普遍诉求”。

与军政权过渡后的第一届政府不同，纯民选的昂山素季政府集联邦中央、议会和地方合力，应不会像登盛政权那样因脱胎军政府而一味迁就民意，甚至把一些基本原则和国际信誉湮没在民意之中。概括起来，登盛政府时代，是一个“大国民，小政府；大政府，小（执政）政党；大总统，小议长；大家长（幕后的丹瑞大将），小总统，军政一体”的状态，而今后，是反向的“小国民，大政府；小政府，大政党；小总统（如昂山当不成总统），大党魁，军政分离”的态势。

民族和解作为登盛力推的三大执政目标之一，一直未能得以实现。在与少数民族地方武装和谈问题上，昂山素季就表现了与前政府的大不同。日前，她召集主持了和谈双方代表的见面会，向被排除在全国停火协议签约方之外的缅北佤联军、果敢民族民主同盟军等民地武组织发出了积极信号。昂山素季认为，“民族和解是民主的基础”，每支民地武都不能缺席和谈。迎来一片赞誉之声。

当然，能不能克服执政经验缺乏的不足，维持好新政府运作效率，立竿见影地给缅甸广大老百姓带来看得见摸得着的实惠，是昂山素季主政面临的巨大挑战。

3. 新政府对外政策及缅美、缅中关系

“缅甸文化中没有被外族挟持的基因”。不仅如此，广泛盛

行的大缅族主义甚至带有狭隘的民族主义色彩。19 世纪缅甸沦为英属印度的二级殖民地，虽为东南亚国家，精英层受英美的影响还是比较深的，时至今日，向往西方所谓普世价值者还是占据多数。只是即便如此，缅甸也从未有过依附域外大国的想法。

由于亲民主的价值观和意识形态上的相近，缅甸向美西方张开怀抱或者西方拥抱缅甸都是自然的，是可以理解的。但并不意味着昂山素季领导下的缅甸，较登盛政府有过之而无不及，全面倒向美西方，还应辩证地看其中昂山素季的“还旧账”心态。

近来昂山素季明确表示，缅甸将继续奉行不结盟外交政策，将更加重视与邻国关系。靠拢美西方的同时，这位缅甸未来领导人憧憬的依然是“真正全方位平衡外交”，因此不会与美国形成特殊盟友关系。

无论如何，把缅甸塑造成中南半岛、东南亚乃至全球民主和新型颜色革命样板，并将其打造成遏制中国西南海陆战略大通道棋子，都是美国历届政府的夙愿。只是当前美国能给缅甸的除了民主、人权，这些在东南亚、南亚、中东和中亚等广大亚洲发展中国家屡遭失败、水土不服的所谓民主“良方”，在缅甸最需要的基础设施建设、能源开发、经济区运营管理等方面，优势并非明显，于是大力扶持域内盟友日本在投资、金融、铁路建设等领域刻意与华争利。

大选前，在对信仰伊斯兰教的罗兴亚人合法公民地位，以及佛教极端主义分子等敏感问题上，昂山素季均保持了克制，引起美方的不满，解除对缅制裁的不同声音重新响起。美副财长亚当·舒宾曾放言，“制裁政策的最大成功就在于迎来解除制裁之日”。昂山素季政府与美方的蜜月期会否马上到来，又持续多久，还需拭目以待。

中国政府和最高领导人历来高度重视中缅关系，十分重视中缅关系的顶层设计。2015 年6 月11 日和6 月12 日，中共中央总书记习近平和国务院总理李克强分别会见应邀访华的缅甸反对党民盟领导人昂山素季。

大选后，12 月18 日，昂山素季在内比都会见了中国驻缅大使洪亮，这是民盟胜选后，她正式会见的第一个外国大使，之后又集体会见了多国大使。

昂山素季说，缅甸独立以来就一贯奉行与所有国家友好相处的外交政策，这是适合缅甸的正确政策。她表示相信民盟能够继续成功地执行这样的外交政策，继续奉行对华友好政策。欢迎包括中国在内的所有国家对缅投资。还对中方“一带一路”倡议表示赞赏，并希望实施这个倡议能够取得有利各方的结果。

缅甸对中国是“借助但不依附”。民盟执政及其与美西方的走近是缅中关系面对的新现实，对昂山素季亲西方立场要理解、容忍，针对战略利益面临的潜在威胁，中国应积极挖掘自身资源潜力，妥当应对。但须让其明了中方核心关切，在重大敏感问题上不要让她猜测。一是在主权问题上应要求其延续立场，包括坚持一个中国政策，在南海问题上不跟随域外大国，不选边站队。二是慎防新政府在大项目招投标和合同执行延续性等方面损害中方利益。中缅两国开诚布公地推进互利合作，两国经济关系将会更加密切。中缅是友好邻邦，巩固传统胞波情谊，扩大各领域务实合作，符合两国和两国人民的共同愿望，也将为两国人民带来更多实实在在的利益。

缅北民地武就缅甸全国大选来说是个小问题，就缅中关系而言是个绕不开的大问题。中方应摸清昂山素季政府和军方在缅北问题上的各自意图，认真对待。缅方是反感和忌惮成为中美博弈棋子的，希望得到公平、平等对待。

昂山素季说过，夫妻可以选择，可以离婚，但邻居不可选择。与中国这个巨邻的关系无疑是缅甸重要的对外关系，搭中国经济快速发展的顺风车、利用好中国庞大的市场和雄厚的资金是缅甸政府的真想法。但就中国而言，经营中缅关系还是要善于下慢功夫，下苦功夫，下实在功夫，下长远功夫。对此，笔者认为：

第一，突出一个“民”字。设法尽早在缅甸民众中树立中国政府和中资的正面形象，规范中国公司人员言行，加强民众间平等交流，使之成为国家单纯交往的鲜活补充和主体内容。广接地气，给缅甸老百姓看得见、摸得着的好处。中国在经贸项目启动之前就要让老百姓知道其利益所系，变“以政府为本”为“以民众为本”。推进“一带一路”战略，尽快与缅新政府协商拿出一个让老百姓接受的项目，善用缅甸媒体，改变在缅投资项目“政府受益，民众受气”的局面。

第二，善用一个“利”字。敢于向缅方让利，不纠结局限于短期利益，着眼长远。通过接纳缅甸进入“一带一路”战略和其他中方影响较大的区域经济合作机制，让缅甸人民体会到缅中关系有利于缅甸自身利益，缅甸好，中国好，中国兴，缅甸荣。

第三，遵守一个“信”字。在合同签订、项目招投标、工程承建及经贸等领域，杜绝暗箱操作。严格遵纪守法，自觉按当地法律法规行事，注重环保标准，不忘履行企业社会责任。个别重信誉有实力的中企，“雇佣当地员工，唱‘中国好戏’”，已经走在了前列。

第四，不忘一个“义”字。国与国交往不分大小，平等相待，己所不欲，勿施于人。作为民主转型国家，缅在人权、少数民族、宗教等领域，还亟须来自中国的道义支持，中国应适时挺身而出。

第五，保持一个“舍”字。舍去既得利益，坚决杜绝盗伐林木，非法开矿。着眼加强缅中之间的务实合作，保证既有大项目的顺利推进，果断停止对中方有利而对缅方不利的项目。

缅甸没有民主，就没有稳定，就没有发展。我们不希望缅甸走回头路，从而影响我发展战略和边境稳定。（完稿于 2016 年 1 月 6 日）

印度对“一带一路”的认知与反应

◎ 马加力

印度对我“一带一路”战略存在怀疑、误解甚至抵触。其原因：一是其强烈敏感的大国意识使它难以作为一个“响应者”；二是没有看到该战略给自身带来的利益；三是担忧威胁印度的战略安全；四是考虑到与其他国家的关系平衡。印度大力推进“季风工程”和“香料之路”的目的实质是对我“一带一路”的反制。印度地理位置重要，是我推进“一带一路”不可绕过的重要国家。我应坚持不懈地做好相关工作，加强互信，减少疑虑，开放思维，争取对接。

自2013年底中国国家主席习近平提出“一带一路”的战略构想以后，中国政府于2015年3月28日在博鳌论坛上正式提出《推动共建丝绸之路经济带和21世纪海上丝绸之路的愿景与行动》的文件，希望有关各国秉持和平合作、开放包容、互学互鉴、互利共赢的理念，全方位推进务实合作，打造政治互信、经济融合、文化包容的利益共同体、命运共同体和责任共同体。

经过中国及有关各方的共同努力，“一带一路”构想已经和正在得到许多国家的认可和支持。但是不可否认，这个战略构想也面临一些亟待解决的问题，特别是作为人口大国和新兴经济体的印度对此还存在很大的怀疑、误解甚至抵触，至今还未对我方的倡议做出正面的回应。

印度对“一带一路”的认知

2014 年 2 月，中印边界问题特别代表举行第十七轮会谈期间，中国国务委员杨洁篪与印度时任国家安全顾问梅农会见时谈及中国“一带一路”的问题，杨洁篪邀请印度参加“海上丝绸之路”建设，印方代表认为中方的构想具有现实意义，但未明确表示态度。2015 年 5 月，印度总理莫迪访华期间，中国国家主席习近平进一步表示，中印可以就“一带一路”和亚洲基础设施投资银行事宜进行合作，并表示愿意与印度的“东方行动”计划加强沟通，实现相互对接。不过人们注意到，在两国政府发表的《联合声明》中并没有提及“一带一路”的字眼。这表明，印度对此显然仍持保留态度。

根据笔者与部分印度学者和政府高官的接触，目前印方对中国“一带一路”战略构想的态度基于如下考虑。

首先，印度具有极其强烈而敏感的大国意识。印度是一个从殖民地获得独立的大国，虽然经济上还没有完全达到世界前列，但是灿烂的古代文明带给印度民族的自豪感并未因此有丝毫减退。特别是近年来印度经济不断走强，增长速度已经连续两年高于中国。在这种情况下，强烈的大国意识一直萦绕在印度民众和决策圈中。所以，对外交往往往带有十分强烈的民族情绪。一位颇有名气的学者认为，正如中国的俗语所说，“缺啥想啥”，也就是说印度需要“足够的体面”。就印度本身的外交传统而言，很难设想它像一些小国那样作为一个“响应者”和“附和者”，直接接过中国提出的理念或构想，以免造成屈尊就范的印象。

其次，印度没有看到带给自身的具体好处。2015 年 3 月中国发表关于“一带一路”的正式文件之后，印度政府曾经进行研判，学术圈也进行了广泛研讨，认为没有看到中国实施“一带一路”构想带给印度的具体好处。很多中国学者论述“一带一路”的文章很少提到印度，有些即便提到也往往一带而过。从中国官方公布的地图来看，“海上丝绸之路”的路线并未包括印度的第一大港孟买港和第二大港马德拉斯港，而只是把战略意义有所欠缺且货物吞吐量仅居第三位的加尔各答港包括在内[①]。另外，一个时期以来，中国已经公布了不少与相关国家进行合作的项目，特别是与巴基斯坦签订了数额可观的诸多大项目，而对印度则完全没有足以吸引其兴趣的设想和规划。

再次，印度怀有对中国借机进军印度洋的高度担忧。印度战略圈普遍认为，近年来，中国军事开支不断增加，特别是海军力量出现明显的增强。中国借打击索马里海盗为名，正在印度洋北部地区加大影响。早在 2012 年，由几位重量级的战略分析家共同提出的《不结盟 2.0》的战略报告中，明白无误地写到：“在可预见的未来，中国都将是印度最重要的外交和安全挑战，中国

---

① 此为作者与印度著名经济学家古鲁斯瓦米谈话的要点。

是直接冲击印度地缘政治空间的主要大国。”[①] 印度认为，最为令人担忧的是中国正在倾力打造针对印度的海上战略支点，在缅甸、斯里兰卡和巴基斯坦建立具有某种军事意义的港口。印度海事基金会主席、海军中将普拉迪普·考西瓦认为，中国的“海上丝绸之路”计划是“中国的海上西征”，认为在 2014 年 9 月习近平主席访问印度前后，中国的核潜艇和军舰两次公开出现在距离印度很近的印度洋海域，其针对性含义对印度而言是极其难以接受的[②]。如果接受中国“海上丝绸之路”的概念，“无疑等于认可‘一带一路’包装下的军事行为”，等于承认中国便利进入印度洋的“法权”。正如印度军方智库国防研究与分析所研究员阿维纳什·高德波尔所表达的那样，印度担忧中国的根本目的是海上航行安全，而不是它自己宣称的那样是为了与其他国家密切积极合作和共享积极经济发展成果。他还认为：“中国正在通过经济、外交等手段在缅甸、孟加拉国、斯里兰卡、巴基斯坦和马尔代夫等国的印度洋沿岸港口修建战略基地，一步一步地把‘珍珠链’战略变为现实，印度对此不得不防。”如果中国“‘21 世纪海上丝绸之路’得以实现，中国在该地区的政治军事影响力急剧上升，将会打破印度洋的战略平衡，消解掉印度在印度洋地区的地缘政治影响力，威胁到印度的战略安全”[③]。

---

① Nonalignment 2.0：A Foreign and Strategic Policy for India in the Twenty First Century，January 2012，p. 13. http：//cprindia. org/resear/reports/nonalignment – 20 – foreign – and – strategic – policy/india – twenty – first – century.

② 许元荣、徐博雅：“中印‘一带一路’合作潜力有多大?”，载《第一财经日报》，2015 年 7 月 18 日。

③ 转引自陶亮：“‘季风计划’、印度海洋战略与‘21 世纪海上丝绸之路’”，载《南亚研究》，2015 年第 3 期，第 104 ~ 105 页。

还有，印度不愿在“印太”地缘格局中失去政策弹性。近年来，印度的外交处境出现很大改善，处于左右逢源的态势之中。考虑到外交独立性和利益选择性的问题，印度将在各方提供的好处中进行权衡。首先是评估中国在印度全盘外交中的作用和中国倡议可能给印度带来的利益。越来越多的印度人认为，中国是自己的近邻，中国经济发展的势头良好，理应发展良好的睦邻关系和密切的经济伙伴关系，印度对“亚洲基础设施投资银行”的支持就体现了这种政策倾向。但是，印度也注意保持与其他国家关系的平衡，以便维护印度在印度洋和太平洋地区的政治经济和安全利益。多年来，人们往往较多地谈及“亚太”的概念，但是这一概念只是涵盖东亚、东南亚和美国等，并未包括印度等南亚国家。显然，印度对此心有不甘。而“印太”的概念则包括印度洋和太平洋两大地理区域，作为印度洋地区大国的印度非常欢迎这样的表述，努力实现自己的“东方行动”计划[①]。正如印度著名战略分析家拉贾·莫汉所言，“印太正以一个可辨识的地缘政治实体的身份出现，它将连接两个大洋，并将亚洲内陆地区与中国和印度整合到一起”[②]。对于一个经济正在快速发展、国际影响力正在不断增强的新兴大国印度而言，“印太”的概念与“亚太”的概念相比具有截然不同的感觉。传统的“亚太”概念不包括印度，显然不符合印度追求世界大国的雄心，而“印太”的概念无疑迎合了印度的战略需要。近年来，美国和日

① 印度自20世纪90年代初提出“东向政策”，并于2015年提出“东方行动”计划。

② 雷嘉·莫汉著，朱宪超、张玉梅译：《中印海洋大战略》，中国出版集团公司中国民主法制出版社2014年版，第183页。

本已在强调“印太”的合作，对于印度而言确实增加了自身的战略选择。一个时期以来，印度在“印太”概念下的互动有了明显进展，印度不希望接受中国“一带一路”的理念而限制了自己与美日等国发展关系的空间。正如印度学者狄伯杰所说，美国把中国视为挑战其霸权的潜在对手，因此美国不会支持“一带一路”。同样中国也把印度和日本视为限制其权力的对手。在这种情况下，印度唯有保持战略自主性，倾向于哪一方对印度都是困难的选择①。

印度对“一带一路”的反应

在印度学术圈内，很多人认为中国的“一带一路”构想确实会给印度带来巨大好处。例如，印度著名学者吉檀加利和理查·赛吉赛吉塔尼二人在 2015 年 12 月 5 日出版的《经济与政治周刊》撰文称，如果印度积极加入中国“一带一路”的构想之中，肯定将大大改善自己的贸易条件。印度不应错失搭顺风车的机会，以便最大限度地获得经济和地缘政治的巨大好处②。但是鉴于中印之间存在的各种问题，印度政府方面并未采纳学术界的这些看法。特别是印度国内还有对发展与中国的关系抱有别样的态度的力量，因此在实践中往往采取对冲或反制的做法。

---

① B. R. Deepak, “One Belt One Road : China at the Centre of the of Global Geopolitics and Geo-economics?”, Oct 19, 2014. http//www. southasiananalysis. org/node/1672#sthan. a6TWKROS. dpuf.

② Geethanjali& Richa Sekisekitani, China’ s One Belt and One Road: Indian Perspective, Economic & Political Weekly, Vol. 49, pp68 – 70.

2014 年 5 月，印度人民党夺取了全国大选的胜利，组建了以莫迪为总理的新一任政府。自莫迪总理执政以来，印度正式提出了“季风工程”和“香料之路”的概念，甚至还退出“棉花之路”、“佛教之路”等概念。

尽管“季风工程”的概念在中国提出“一带一路”构想之前就已经开始酝酿，但是从近期印度政府大力推进的程度，特别是“季风工程”由文化项目向外交战略项目转化的力度来看，印度政府确实寄望于二者承担反制“一带一路”的功能。

“季风工程”是由印度政府文化部具体发起、总理办公室和外交部全面配合、由英迪拉·甘地国立艺术中心提供智力支持的国家项目。2014 年 6 月，印度代表在世界遗产委员会第 38 届大会上，正式公布了“季风计划”。该计划以历史上印度洋地区利用印度洋季风气候进行海上航行，促进了相关国家间的相互移民、文化交流、商贸往来和宗教传播，形成了一个横跨非洲到东亚的交通网。“季风计划”包括 39 个国家，其基本目标是联合印度洋国家对东非、阿拉伯半岛、印度次大陆、斯里兰卡和东南亚国家进行多样性和统一性的探索，以便重新恢复印度洋沿岸国家的文化联系，跨越民族和种族的界限，建立“印度洋世界”的共同文化价值和经济纽带，重新唤起印度洋国家对自己曾经就有过的辉煌历史的记忆，肯定亚非国家是世界历史发展中的重要成员。而在其背后，则是突出印度在这一网络中的中心地位和核心作用。

2014 年 9 月，时任印度外交秘书（相当于常务副部长）苏嘉塔·辛格和印度文化秘书拉温德拉在讨论如何推进“季风工程”的时候，明确提出必须使这一项目兼具文化及严肃的战略功能。从“季风计划”出笼至今，尽管确有一部分人士认为，它不是针对中国“一带一路”构想的反制措施，但是印度战略圈内的不少人士都把该计划视为对中国“一带一路”构想的“回答”。也有印度学者认为，印度的做法就是利用自己的文化优势对中国的经济优势进行“软对抗”。印度政府智囊人物艾克雷什·皮拉拉马利在《外交家》杂志发表文章称，印度理应在印度洋沿岸扮演主角，面对中国在该地区渗透的“海上丝绸之路”战略，莫迪政府的“季风”计划是进行反制的最有效的对外政策倡议，它绝不仅仅限于文化，更重要的是它还具有战略意义和心理意义①。

因此我们可以认为，“季风计划”是以海上经济、安全战略为中心，以改善与周边国家关系为基础，东与“东方行动”相契合，西以“西联岛链”为抓手，在印度洋季风吹过的地方建立印度的影响力，提高印度的主导权。

至于“香料之路”，它是一个存在已久的概念，系指古代贯通亚洲、非洲和欧洲之间进行贸易往来的主要海上通道。由于古代欧洲人对产于印度和东南亚的香料格外垂青，将香料从南亚与东南亚源源不断地运往欧洲市场，以满足那里的人们的需要，于是形成了著名的“香料之路”。印度作为著名的香料产地和东南亚和欧洲之间的中转地，在香料贸易中发挥了举足轻重的作用。

① Akhilesh · Pillalamarri, Project Mausam: “India' s Answer to China' s Maritime Silk Road'”, The Diplomat, Sept. 19, 2014, hppt: //thediplomat. com/2014/09/project – mausam – indias – answer – to – china – maritime – silk – road/.

现在印度高调重提“香料之路”无疑是利用这一历史名片，吸引东西方的共同关注。

值得指出的是，印度对中国在推进与南亚国家关系方面采取了明显的反制行动。在斯里兰卡，由于前总统拉贾帕克萨对华保持良好的政治经济关系，成为第一个以政府声明方式支持“21世纪海上丝绸之路”倡议的国家，并准许中国核潜艇停靠该国码头进行补给。2014 年 9 月，中国交通建设集团与斯里兰卡投资局签订投资合同，中方投资 14 亿美元。这一项目将带动二级开发 130 亿美元，预计创造就业 8.3 万个，受到斯里兰卡政府和广大民众的极大欢迎。有报道称，在这种情况下，印度暗中插手斯里兰卡政局，直接导致拉贾帕克萨败选，中斯之间原定合同无法继续实施，两国关系蒙受严重影响，由中国企业投资兴建的科伦坡港城项目被迫搁置。

而在马尔代夫，由于中国援建的项目数量巨大，中马关系明显增强。据媒体报道，印度对此也是十分忌惮，有意插手该国政治。有报道说，马尔代夫总统遇刺（未遂）事件不单单是副总统与总统之间的权力之争。疑似有印度背景的不测事件正在调查过程中，虽然到目前为止还没有确凿证据，但是还无法完全排除其可能性。

特别值得指出的是，印度与美日进行的海上联合演习。多年以来，印度与美国一直进行代号为“马拉巴尔”的年度海上联合演习。近几年，美国提出“重返亚太”的口号之后，在大力加强与日本的联盟关系同时，试图拉拢印度加入其遏制中国的行动。在中国大力推进“一带一路”战略构想之后，印度出于对中国意图的警惕和防范，希望利用美国和日本的海上军事能力，尽力达到牵制中国前出印度洋的步伐的目的。而把近年与中国交恶的日本拉入，实现反制中国的效应，无疑有助于加大印度自身的战略筹码。其做法一是参加印美日三边海上联合军事演习，二是公开对中国南海的所谓“航行自由”表达关切。尽管我们坚信印度仍将保持“战略自主”，不会与美日结成战略同盟，但是美日对其加大争取的力度无疑会增加中国进行战略运筹的成本。

我方对策的基本思路

在过去的 30 多年中，中国的改革开放取得了令人瞩目的成就，现在正面临一个需要更大更深的改革开放任务。“一带一路”构想为我们制订了一个新的战略。中国现在是世界上第二大经济体，但是总体上看，仍是一个发展中国家，人均收入的水平还很低。为了实现我们的战略目标，实现真正意义上的民富国强，还需要一个引导国家继续前进的宏观大计，需要一个同时使周边以及大周边的国家连带受益的远大构想。“一带一路”正是这样的一个宏观大计和远大构想，它现在已经成为中国对外开放和外交工作的一个重要战略。在国家层面上，国务院和有关各部委及各相关省区均已投入巨大力量全力推进这一战略的实施。在这样的背景下，加强对印工作力度，争取它的理解和支持，具有很大的必要性和迫切性。

首先是明确认识，准确定位。印度与中国是山水相连的紧密邻国，是一个拥有将近13亿人口的大国，也是一个正在兴起的庞大市场。印度的地理位置十分重要，它横亘在印度洋的要冲，直接控制和间接控制“海上丝绸之路”大约三分之二的海洋通道，是中国推进“一带一路”构想过程中一个不可绕过的重要国家。鉴于印度在海上丝绸之路中的地缘优势和未来经济发展的潜在能量，应该采取积极态度，坚持不懈地做好相关工作，合理重视印度的利益诉求，适当照顾其敏感性与舒适度，争取其理解与合作，逐步改变其对“一带一路”的疏离状态。

第二是加强互信，减少疑虑。必须看到，中印之间存在边界争端等历史遗留问题在短时间内还很难解决，因此保持双方在边界实际控制线地区的和平与安宁十分重要。双方应进一步建立信任措施，尽力化解或减少彼此猜疑。同时，在战略层面进行坦诚的对话与沟通，不要发送相互矛盾的政治信号，尽力减少容易引起误解的行动，尽量设法打消对我疑虑，为中长期的合作奠定坚实的基础。我们应该注意中印之间在政治制度、意识形态和安全理念上的差别，采取多种措施努力推进政治互信、安全互信和军事互信，避免双方关系出现反复和波折。两国应该加强海军的交往，例如进行军舰互访和开展海上联合演习，设法开启海洋事务对话。

第三是开放思维，争取对接。中国古代哲人曾经说过，大海之阔，非一流之归。若要争取印度对中国提出的“一带一路”构想采取较为积极的态度，就应该采取开放的态度，实现彼此发展战略的交集或对接。中国国务委员杨洁篪曾经就“海上丝绸之路”问题接受媒体采访时表示，“对接不是你接受我的规则，也不是我接受你的规则，而是在相互尊重中找到共同点和合作点，进而制定共同规划”[①]。莫迪政府执政后，高度重视国内经济发展，也愿意与我建立“更为紧密的发展伙伴关系”，这就为两国进行发展战略的对接提供了良好的前提。印度对“一带一路”建设中的具体利益诉求很多，两国在建设基础设施方面存在巨大空间。印度学者维杰·萨胡加认为，“印度深受海上基础设施建设技术落后之困，而‘新海上丝绸之路’，则为印度提供了一系列发展的良机。印度可以借力中国来建设高质量的船舶和世界性的港口，开发海洋生物医药、海洋资源利用、水产养殖、离岸风能和潮汐能等清洁能源的技术，以及其他海上设备制造的技术”[②]。印度著名战略分析家拉贾·莫汉认为，“毫无疑问，印度需要与邻国进行更好的联通。如果中国因自身经济需要而向南亚地区的互联互通投入资金，印度绝对应该与北京合作”[③]。这就意味着中国和印度具有发展战略对接乃至相互融入的可能性。中国在基础设施建设方面具有无可替代的优势，在适用技术方面也有很多长处，在金融方面具有可资动用的高额储备，而印度在软件技术、药物开发、文化产业等方面优势明显，双方合作的潜力十分巨大。只要双方真正打开心结，坦诚相见，彼此的合作前景值得期待。

---

① 王晓梅、魏月蘅、李盛明：“中国东盟海洋年启动”，载《光明日报》2015 年 3 月 29 日，第 4 版。

② 许元荣、徐博雅：“中印‘一带一路’合作潜力有多大?”，载《第一财经日报》，2015 年 7 月 18 日。

③ Raja Mohan，“Silk Road Focus：Chinese Takeaway”，India Express，March，2015. http：//indiaexpress. com/article/opinion/columns/Chinese – takeaway – 15/.

2015 年两岸关系：遇阻僵滞克难前行

◎ 薛福康　徐　青

2015 年的两岸关系虽然总体呈现遇阻僵滞、克难前行的态势，但是 11 月 7 日，两岸领导人实现了 1949 年以来的首次会面，在新加坡举行“习马会”，将两岸的政治互信基础提高到战略层面，不仅为过去 7 年来两岸关系和平发展道路、方向和成果背书，更为未来两岸关系的发展开辟了更广阔空间，引领两岸关系进入新的历史阶段。这一里程碑事件使岛内“台独”势力逆转两岸关系和平发展方向的图谋和气焰受到重挫。

自 2014 年 3 月岛内兴起“反服贸运动”后，“台独”势力抬头，两岸协议受挫，社会对立气氛升高，各种势力重新整合，岛内社情民意和政治生态出现新变化、新问题，两岸关系走到一个新的十字路口。这一态势在 2015 年没有根本变化，且由于 2016 年大选临近而更加紧绷：一方面，民进党重新执政的可能性增加，蔡英文的“台独战略化”图谋进一步彰显；另一方面，马当局民意满意度低迷，面对民进党、新世代“台独”势力嚣张的政治暴力，国民党队伍涣散，士气不振，不仅两岸政策僵滞不前，新课纲反“台独”的举措也是畏战妥协，党内权斗却进一步浮上台面，一度竟至没有领袖级人物出面担当“大选”重任，乃至最后上演“换柱”戏码，令 2016 年选情不被看好。

面对两岸关系出现的新情况，中央的对台政策把握“稳定、发展、利民”的基调，巩固、强化“九二共识，反对台独”的原则立场，通过国共两党交流促国民党站稳反“独”立场；通过两岸事务主管部门的沟通机制和两岸两会协商机制，落实惠台政策，推进两岸关系取得新的成果；通过持续建构中美新型大国关系促进美对我对台政策立场的理解尊重，以维护两岸关系在和平发展的航道上克难前行。

一、中央对台政策重在强化“九二共识，反对台独”政治基础

2015 年中央对台工作的重点是强化“九二共识、反对台独”的核心内涵，以稳固两岸关系和平发展道路、方向和成果。针对蔡英文 2 月宣布参选，并就两岸政策提出“维持现状”及“中华民国宪政体制”说，上演参加“双十”庆典、唱“国歌”等戏码，大陆对台政策的宣示强调“九二共识”为两岸交流不可动摇的政治基础，揭露民进党以“维持现状”为幌子，企图绕过“两岸一中”的政治基础，继续享受两岸和平发展红利的图谋。

强调“九二共识”是两岸关系的政治基础。习近平主席 3 月 4 日在全国政协十二届三次会议民革、台盟、台联委员联组会讲话时指出，“九二共识”对两岸建立政治互信、开展对话协

商、改善和发展两岸关系，发挥了不可替代的重要作用。如果两岸双方的共同政治基础遭到破坏，两岸互信将不复存在，两岸关系就会重新回到动荡不安的老路上去。我们始终把坚持“九二共识”作为同台湾当局和各政党开展交往的基础和条件，核心是认同大陆和台湾同属一个中国。“台独”是两岸关系和平发展的最大障碍，是台海和平稳定的最大威胁，必须坚决反对。国台办主任张志军也在不同场合一再强调，“九二共识”是两岸协商的政治基础，若“基础保不住，既有的成果都有可能坍塌”。国台办发言人也多次指出，“坚持‘九二共识’是双方两岸事务主管部门建立联系沟通机制的基础，也是该机制正常运作的必要条件”。

明确两岸关系的性质是“‘一个国家，两个部分’之间的关系”。9 月 25 日，国台办主任张志军强调指出，“两岸关系不是‘国与国’的关系，不是‘一中一台’的关系，是‘一个国家两个部分之间的关系’”，“我们希望通过这么一个对两岸关系政治基础的重新确认，来为两岸关系的未来奠定更加坚实的基础”。国台办发言人指出，“九二共识”的核心意涵就是大陆和台湾同属一个中国，两岸不是国与国的关系，它是经过了双方授权达成的，是对上述客观事实和现状的共同确认。

通过国共两党交流稳固两岸政治基础与互信。2015 年国共党际交流，包括 9 月初的第三次“习连会”、4 月郝龙斌率团赴南京参加“胡连会十周年”研讨临近会及“张郝会”、5 月 4 日新任国民党主席朱立伦率团赴京参加第十届两岸经贸文化论坛（国共论坛）以及“习朱会”、9 月连战一行赴京参加“九三”

抗战阅兵式等，彰显国共两党继续在“九二共识，反对台独”共同政治基础上巩固和增进政治互信，坚持两岸关系和平发展的正确方向。国共两党互动交流不仅为当前僵滞的两岸关系增添新的动能，也明确国民党未来的两岸政策走向，对民进党的两岸政策调整形成更大压力。

增大对民进党的政治压力，引导岛内民意维护“九二共识”。一是要求民进党就“九二共识”明确表态。张志军指出，“九二共识”是“一个最根本问题，不管是谁明年选举胜利，都要明确回答”。二是通过“双城论坛”向民进党施压。2010 年开启的上海与台北两市的“双城论坛”属于高层次的城市交流，具有较高政治意涵。2014 年“九合一”选举后，“双城论坛”从“蓝”市长郝龙斌手中传递给了“绿”市长柯文哲，交流的政治互信需重新建构。柯文哲在岛内所谓“第三势力”中具有标杆地位和较高民意支持度，因此，他能否继续“双城论坛”的合作模式具有示范效应。上海市与柯文哲围绕“双城论坛”的政治基础进行了多次沟通，做了很多工作，使自称有“墨绿”理念的柯文哲最终在“双城论坛”上做到了与“九二共识”相向而行，如行动上将台北市府的两岸事务与国际事务分开处理；言论上先后表示“一个中国不是问题”、“了解与尊重”大陆所秉持的“九二共识”的原则与立场，并不断表达“两岸一家亲”及两岸“互相认识、了解、尊重、合作”的四大互动原则，期盼双方“在既有政治基础上”推动两岸交流和两岸和平发展，展现出善意和不对抗的态度。在“双城论坛”的示范效应之下，人们会问，“柯文哲能，民进党为何不能?”

“习马会”将两岸政治互信的基础“九二共识”提高到战略层面。2016 年民进党“全面执政”的可能性增加，两岸关系面临倒退危险。对此，大陆高层一再强调两岸关系面临道路选择。马当局也与民进党、“台独”势力展开了频繁的攻防。面对绿营坚持否认“九二共识”，称其为“没有文字”、“没有共识的共识”、“国共两党共识”；面对蔡英文既要和平红利又要“台独现状”的“维持现状”论，马英九一是强调“一中各表”源于“宪法”，不是“台独”表述。马指出，“‘一中各表’怎么表？我们没有其他的选择，表的当然是‘中华民国’，绝对不会表到‘两个中国’、‘一中一台’、‘台湾独立’”，因为“我们的‘宪法’不允许这样做”。二是强调“九二共识”是两岸关系发展的核心议题，并提出以“九二共识，一中各表”为首要的两岸“维持现状”五原则。三是强调如果没有“九二共识”，那“维持现状”就只是一句空话。马称，“维持现状”的“台湾共识”与“九二共识”这“两岸共识”“就是让两岸关系与国际关系产生良性循环的基础”；如果下一任愿意沿用这个基础，“两岸关系将继续和平繁荣”。

在对两岸关系未来走向的使命感和担忧下，马英九展现了应有的担当，接受大陆的邀请，在新加坡实现了“习马会”。这是“在两岸一些政治分歧没有解决的情况下，按照一个中国原则做出的务实安排”，不仅将“九二共识”以两岸领导人公开背书方式再次确认，同时，将这一两岸政治互信的基础进一步提高到战略层面：一是站在中华民族复兴高度，整体性地确认了两岸关系的内涵、道路、方向和成果，通过“一个中国”下的务实安排，进一步推动了两岸和平发展进程，持续为祖国统一奠定基础。二是不仅提升了双方两岸事务主管部门领导之间的热线机制，更搭建起两岸最高层级的直接对话渠道，为两岸高层有关两岸以及亚太周边事务上的沟通提供了及时互动的渠道，有助于维护中华民族整体利益。

二、克难前进，两岸关系取得新成果

1. 通过两岸事务主管部门沟通和两岸两会协商推动两岸关系取得新进展

5 月和 10 月，大陆国台办主任张志军和台陆委会主委夏立言先后举行了两次工作会晤，双方都坚信两岸和平发展的政治基础、路线和方向正确，都有意愿继续推动两岸事务负责人互访机制持续进行。夏立言表示，“两岸情势越敏感复杂，越需要在既有机制下务实沟通协商，越有争议越需要持续建设性对话，才能拉近距离，消弭鸿沟，为人民福祉及可长可久的两岸关系创造有利契机”。张志军答应 2016 年上半年适当时机赴台举办两岸事务负责人第五次会议。会晤还就两会协议、互设机构、深化各阶层各领域交流等议题取得了共识。两次“张夏会”彰显了双方在两岸关系新节点上把稳了方向，明示了路径。

两岸两会共同努力推动 ECFA 后续商谈不断取得新的进展。一是两会商谈签署两项新的协议。在 4 月海峡两岸关系协会会长陈德铭与台湾海峡交流基金会董事长林中森西安会晤基础上，8

月25日，两会高层在福州举行两会恢复协商以来的第11次会谈，签署了《海峡两岸避免双重课税及加强税务合作协议》、《海峡两岸民航飞行安全与适航合作协议》两项新协议，其内容充分展现了大陆的善意和诚意。会谈还回顾总结了两会各项协议执行情况，就陆客入台中转以及便于两岸同胞往来的一些问题深入交换意见，讨论和规划了第十二次会谈的议题。海基会长林中森期盼两会第12次高层会谈签署完成两岸货品贸易协议、争端解决、两岸环境保护合作、两岸两会互设办事处等四个协议；努力争取年底前实施陆客在台中转。11月21日至23日，两岸货贸新一论谈判在台北圆山饭店举行并取得三项新进展：①就海关程序、食品安全检验与动植物防疫检疫措施（SPS）、原产地规则三大章节取得共识。②两岸货贸协议依照双方需要将制订双边防卫措施，除了就双边防卫措施调查期限进行讨论外，也就双边防卫措施定义、通知、咨商及未来成立贸易救济工作机制等条文进行磋商，“大致上有了共识”。③技术性贸易障碍章节中大部分条文已商定，仅剩少部分文字有待磋商。下轮谈判也预定在12月中、下旬启动，争取年底完成谈判。11月30日，两会在台北举行“两岸协议成果与策进会”。二是6月24日，两岸气象及地震检测协议生效。三是两岸互设经贸团体新办事处。1月23日大陆海峡两岸经贸交流协会在台设立办事处获得核准。

两岸事务主管部门负责人沟通机制和两岸两会协商机制为两岸关系发展不断提供新的动能。在近两年来两岸协议的落实执行在岛内受阻的情况下，这一动能对两岸关系和平发展的拉动作用仍在持续。

2. 落实“两岸一家亲”，不断释出惠民政策

2015 年，大陆一如既往推出对台惠民政策。鉴于两岸经济成长都面临挑战，两岸产业也开始出现由互补到竞争的态势，惠民政策有针对性地加强了对台商、青年、中小企业的关注。10 月中共十八届五中全会公报中明确指出，“以互利共赢方式深化两岸经济合作，让更多台湾普通民众、青少年和中小企业受益”。一年来最引人瞩目的内容包括：

循“一带一路”商机探索两岸合作新机遇。1 月，国台办与陆委会相关负责人就启动“两岸经济共同发展与区域经济合作”研究项目的准备工作进行了沟通，对该项共同研究的目标、原则、议题、步骤等交换了意见。2015 年，国台办、海协会等部门和机构的高层官员也持续深入浙江、福建等台商聚集地区调研，勉励台商台协适应大陆经济新常态，利用“一带一路”共寻转型商机、共享发展机遇。在 4 月“2015 海峡两岸经贸论坛”上，陈德铭说，国台办与海协会正在和台企联一起讨论，利用“一带一路”的机会来探索新常态下合作的新机遇。陈德铭建议台湾方面考虑与大陆合作到第三方发展，“构建一个共同的创新平台，对国际开放，而且跟国际一起合作”。陈德铭的建言得到林中森的正面响应。林建议，大陆主导的“一带一路”、“亚投行”、自由贸易试验区、亚太自贸区，台湾优先共同融入，“一带一路”商机让台湾参与。10 月 16 日至 22 日，陈德铭亲自带全国台企联负责人和近 30 名台协会长、台商代表考察大西北，实地了解“一带一路”发展战略带来的巨大潜力和市场空间。

我高层领导出面介绍西部经济社会发展情况、资源和生产要素成本优势等方面的情况。11 月 3 日在南京登场的两岸最高层级民间企业界交流平台——两岸企业家峰会第三次年会也聚焦"一带一路"，探索两岸合作新机遇。

搭建两岸青年创业平台。中央高度关注两岸青年发展前途，不断推出支持青年创业的政策。如6月第七届海峡论坛将"关注青年，服务基层"作为主题；10 月中央台办、国务院台办在福建厦门召开鼓励台湾青年来大陆就业创业工作交流会，并公布大陆新设 12 家海峡两岸青年创业基地。各地各界也积极为促进两岸青年创业提供机会。如6 月福建出台《关于鼓励和支持台湾青年来闽创业就业的意见》，以九方面措施明确鼓励和支持台湾青年（18～40 周岁）来闽创业就业；9 月"两岸青年企业家创业创新论坛"走进台湾淡江大学开讲；10 月粤苏鲁三省青年联合会齐聚台北研讨创新创业；11 月民革中央、中国高等教育学会等单位在福建平潭综合实验区两岸青年创业园举办第二届"华灿奖"颁奖仪式暨第六届两岸青年创新创业论坛；两岸企业家峰会的议程也以推动中小企业、青年和基层民众加快创新创业步伐为重点。

进一步便利两岸同胞往来，促进台湾民众在大陆的合法平等权益。为进一步便利两岸交流交往，发行卡式台胞证。6 月，大陆宣布台胞证免加签，9 月 21 日起全面启用 2015 版台湾居民来往大陆通行证（简称卡式台胞证或电子台胞证）。上海出台第一部涉台地方性法规《上海市台湾同胞投资权益保护规定》，率先施行居沪台湾民众就医、求学享"市民待遇"，同时加强了对台湾民众在上海的投资权益，以及其他相关权益保护。

“两岸同饮一江水”梦想踏出坚实的一步。金门自大陆引水计划从学术交流到实质商谈，历经 20 年，终于在 2013 年 6 月 21 日两岸两会第 9 次高层会议达成积极推动金门自大陆引水共识，其后历经双方 8 次技术商谈与 3 次工作商谈，终于在 2015 年 7 月 20 日在金门县县长陈福海与福建省省长苏树林共同见证下，福建省供水公司董事长朱金良和金门县自来水厂厂长翁文共同签署大陆金门供（购）水契约合同。它意味着“两岸共饮一江水”的梦想指日可待。

3. 各领域交流合作取得显著成绩

史题交流提升到新层次。2015 年是中国抗日战争胜利 70 周年暨台湾光复 70 周年，两岸官方主导，各自举办了大型的系列纪念活动，两岸民间也共同举办了各种研讨会和纪念活动。台湾当局借机大力宣扬“中华民国政府”领导抗战的功绩与“中华民国事实存在”，明确否认中共的抗战贡献，使得两岸围绕抗战史的固有政治恩怨、两岸政治关系定位分歧重新展现，且呈现短兵相接态势。就此，习近平提出两岸“共享史料、共写史书”的倡议。两岸“张夏二会”就此达成共识，为降低意识形态分歧冲突迈出实质一步。

民间交流沛然难挡。2015 年两岸关系虽然遭遇“台独”挑战，但基层交流仍呈现沛然难挡之势。不仅各省市与台湾的交流热络，各领域交流也频现亮点。各种已有交流平台如台北论坛、海峡论坛、两岸文化发展论坛、两岸和平发展论坛、两岸和平发展法学论坛、两岸青年学者论坛、两岸学子论坛、两岸企业家峰会、三经论坛、两岸企业家圆桌会、海峡两岸农渔业交流座谈会暨海峡两岸农民基层合作经济组织恳谈交流会、两岸服务业论坛、两岸电子商务论坛、两岸节能环保产业论坛等继续在政治、经济、文化、教育等各领域发挥探讨沟通、交流合作的积极作用，而且出现了一批新的民间交流平台，如台商发展论坛、京台基础教育校长峰会、两岸民办高校校长论坛、两岸媒体人联席会、中华两岸 EMBA 联合会等。各领域交流在扩量的同时继续深化，如社会交流方面，两岸社区、村里长交流治理经验，粤台还签署了两地社团协议，倡导粤台社团合作；两岸百姓故事等书籍出版，家庭老照片、家书族谱互展等，都在寻找两岸同胞共同的记忆，增进同胞情感融合。

三、未来两岸关系面临的挑战

1. 未来民进党如执政，两岸关系将面临危机

蔡英文的政治路线可概括为“和平的民主‘台独’路线”。“台独”是最终目标，“和平”、“民主”是实现目标的两大手段。蔡抛出“两岸维持现状”的政策表述，目的是想继续获取两岸发展红利，以“和平”守护“台独”推进的环境，而“民主”则更具实质政治意涵，是要建构推进“台独”的一整套实践机制和意识形态整体氛围。

蔡英文继 2014 年抛出“公民路线”之后，2015 年 6 月又提

出“参与式民主”，期望以“参与式民主”落实“公民路线”，彻底完成台湾“转型”，开启“新政治时代”，实质就是打着民意、“民主”的旗号逆转两岸关系。这也是她欲以引领岛内第二波“台独民主运动”为“使命”，追求自己的历史定位。未来“‘台独’民主运动”的目标是要改变“中华民国”体制，即彻底打破国民党迁台后60多年来建构起来的一整套“党国体制”与政治规则，代之以“台湾主体性”的“台独”政党政治体制。其主要策略即以“参与式民主”凝聚“台湾主体意识”，作为其夺取并执掌政治权力的合法性基础，包括进一步建立民众“自主参与公共事务”的“政治主体”意识；掌握“台湾民主历史”的诠释权，担起“台独”史观的教育责任。蔡英文的“参与式民主”实际上是让“台独”更多更自由地操控台湾政治运作，以动员和凝聚岛内一切具有“台独”理念的力量，包括各种“台独”团体与“台独”政党。

可以说，从2008年至今，蔡英文的一整套政治路线，不仅方向明确，而且目标、策略、步骤逐渐清晰。从中可以看出，蔡要维持的“现状”绝不是“九二共识”政治基础、两岸政治互信，以及以此为基础的合作、交流和融合之“现状”。这一整套政治路线与策略不仅不利于岛内社会稳定，也将误导台湾部分民意走上“台独”不归路，使两岸关系折返冲突迭起的危险道路。

2. 岛内民意呈现新特征，我对台政策思维应与时俱进

岛内民意对统“独”走向出现新态度。一是“永久维持现状”得到半数以上民意支持。9月16日，《联合报》发布“2015

年两岸关系年度大调查”①。其结果显示，对于统“独”的看法，16%民众希望“尽快独立”，12%倾向“维持现况以后再独立”，4%主张“急统”，9%主张“缓统”，55%希望“永远维持现状”，另有4%“无意见”或未回答。和该报2014年调查结果相比，主张“急独”和“缓独”者各减少3个百分点，而主张“永远维持现状”者大幅增加8个百分点，是2010年以来历次调查新高。二是多数民众认为未来走向是“被统一”。台“中研院社会所”10月25日“统独”调查发现，在“当下统独选择”部分，选择“独立”的占46.4%，“中间立场”占37.5%，选择“统一”的占16.1%。不过，在“预期未来统独走向”部分，49.7%民众认为未来会“被统一”，比例居冠，其次有35.9%民众认为会“独立”，“维持现状”则垫底，仅有14.4%。调查发现，选择“独立”的人中竟然有37%认为未来会“被统一”；而选择“中间立场”的人更高达51.3%认为会“被统一”。调查者认为：“当国、民两党把‘维持现状’当作主流论述，民众心里有数，台湾未来能够继续维持现状的可能性很低。”② 三是6成左右民众看好大陆成为世界第一强国，且不担心大陆是台湾发展的负面因素。《联合报》上述调查显示，有59%民众认为大陆未来有可能成为世界第一强国，比率较上年调查减少4个百分点；不看好大陆成为世界最强盛国家的比率则由上年的29%增加到32%。尽管近六年调查都有接近或超过6成民众看好大陆成为世

① “联合报两岸关系调查‘永远维持现状’窜新高台”，台《中央日报网络报》，2015年9月16日。

② “中研院调查迫于现状半数民众预期未来‘被统一’”，2015年10月19日，http://www.storm.mg/article/69698。

界第一强国，但只有 34% 民众担心大陆强盛将不利于台湾的发展空间，62% 民众不忧心。从趋势资料来看，担心大陆国力扩张不利台湾的比率，5 年来皆介于 30% ~35% 之间，变动不大。进一步分析显示，主张“缓统”或“急统”民众都有 70% 左右看好大陆未来将主导世界，比率高于持其他主张的民众；至于主张“缓独”或“急独”者，则有逾四成担忧大陆国力增长不利台湾发展，负面感受也明显高于持其他主张的民众。

上述民调揭示出来的民意表现彰显出，一方面岛内多数民众对两岸综合势力消长的现实及其对台湾未来统“独”走向的影响有理性或感性的认知；另一方面，目前多数民众在本意上尚无统一意愿，映照 2015 年两岸关系出现的不愉快事件，如台强烈抵触我 M503 新航线、全面施行卡式台胞证等，显示出两岸社会互信的脆弱。

民意对岛内政治文化劣质化的厌恶已到了心理承受的底线。“柯文哲现象”、“洪秀柱现象”并非只是当下的民情，实际上也是当年“陈水扁现象”、“马英九现象”、“蔡英文现象”的延续。这些“现象”一脉相承，反映岛内民众无论蓝绿，都希望通过选举寻找到“对”的政治领袖与“对”的政治文化。“素人政治”正是这一民意趋向的结果。也因此，未来岛内政党因素、统“独”因素、蓝绿因素在选民心中的地位会进一步降低，从而对岛内政治生态产生影响。

虽然岛内诸多民调显示，维护两岸和平发展、赞成两岸通过既有机制进行交流仍是民意主流，两岸领导人也实现了历史性会晤，国共两党之间包括两党高层之间的互信不断增强，但是由于台湾民众长期接受反共教育，对大陆抱有敌对心态，2005 年“胡连会”开启国共两党合作以来，国民党迄今没有开展相应的论述和宣传教育，令民众对这一跳跃式发展仍有较强的不适应感，对两岸关系的“快速”发展产生疑虑，导致两岸社会信任严重滞后，且相当脆弱。这给了绿营政治操作的空间和机会。加之“台独”史观教育在青年群体中显现一定效果，2014 年 3 月以来“台独”势力强势抬头及其不断的反共恐中政治操作，以反对两岸和平发展的逆流裹胁部分岛内民众。未来民进党一旦执政，两岸社会互信必将遭遇严重挑战。

3. 美国对台安全政策出现变化成为两岸不稳定因素之一

随着大陆军事力量的上升，我国在东海、南海维护主权的能力得到明显加强，美国认为其在亚洲的霸权地位被削弱，颇感担忧，台湾作为美国战略筹码的重要性突显，导致美国对台安全政策出现变化。2015 年尤为明显：一是提高与台互动层级，扩大交流范围。如 5 月底，美国邀请台“参谋总长”、“海军司令”出席美军太平洋司令交接仪式，美国在台协会公开表示此举“彰显了美国与台湾间坚强的安全合作关系”①。6 月 19 日，美国参议院审查“2016 国防预算法案”，通过邀请台湾参与军演、台美高阶将领两地交流的增修条文与本文，“显示与华府氛围的改变”②。二是持续对台军售。台主动透露，台湾国防部军备局 205

① “坚实伙伴 AIT 公布严德发出席美司令交接”，台《中央日报网络报》，2015 年 6 月 4 日。

② “台美关系新局　美国会通过邀请台湾参与军演”，台《中央日报网络报》，2015 年 6 月 20 日。

厂从 2006 年起就成为美军在海外的备援弹药生产基地[①]。12 月 16 日，美国政府正式通知国会，决定向台湾出售两艘佩里级护卫舰、标枪反坦克导弹、陶式－2B 反坦克导弹、AVV－7 两栖突击车、毒刺防空导弹及其他装备，共 18.3 亿美元（约合 118 亿人民币）。这是近四年多来美国首次对台售武。三是美国重提台湾是其全球反恐联盟成员。11 月 24 日，奥巴马在吉隆坡举行的东盟峰会中提到美国“反‘伊斯兰国’联盟的成员”时再次提到台湾，并赞扬这些亚太伙伴对打击该恐怖组织的贡献。虽然台“外交部”回应说，台湾只是提供人道主义援助，并未实际参与军事行动，但美国渲染台湾战略地位的思维、做法已摆上台面。早在 6 月 30 日马英九就表示，安全方面，台湾与美国“深化双边合作，这是过去从来没有过的”[②]。

2016 年 1 月 16 日，台湾最高领导人选举和最高民意代表选举有全面“绿化”的可能性，在民进党难以调整其“台独”立场，并以“民主”为手段推进“台独”的作为下，两岸关系各项协商机制的停摆似难避免。在民进党执政下，“台独”会走多远？我如何排除“台独”势力和美日等国际因素干扰，继续引领两岸民意朝向互信融合发展，是两岸关系在新的历史阶段面临的新课题。

---

① “坚实伙伴 AIT 公布严德发出席美司令交接”，台《中央日报网络报》，2015 年 6 月 4 日。

② “马：安全合作新进展前所未有”，台《中央日报网络报》，2015 年 6 月 30 日。

说说“俄罗斯木桶”最长的那块板——外交

◎ 盛世良

外交是俄罗斯2015年最大的亮点。其在叙利亚的军事行动是标志性事件，直接政治成果是制止了叙利亚解体，巩固了俄在中东的政治和军事存在，对国际政治的影响力巨大。在外交领域，面对西方挑战，见招拆招，应对有方。2015年俄外交最大的亮点是对华战略协作：两国元首互为主宾出席二战胜利70周年庆典，共同开启“丝绸之路经济带”与欧亚经济联盟对接之门，能源、金融、基础设施合作进一步加深，特别是军事和军事技术合作取得突破性进展等。而支持俄外交的坚强后盾则是其强大的军事力量。

俄罗斯2015年年末的民调表明，俄土冲突和俄罗斯客机在埃及上空爆炸，被多数俄罗斯人看作本年度头两件大事，第三件才是本国经济危机；74%的俄罗斯人把普京称作年度政治家，在他后面依次为外长拉夫罗夫、总理梅德韦杰夫和防长绍伊古。

由此足见俄罗斯人对外交、国防的重视，对这两个部门主官的敬重。外交是俄罗斯2015年的最大亮点，也是由内政、经济、社会、军事和外交五块板箍成的“俄罗斯木桶”最长的那块板。

在外交领域，确定 21 世纪俄罗斯地位的有五大趋势：欧盟处于危机，国际影响缩小，集中克服内部困难和解决转型问题；中东原先格局打破，成为日益扩散的动荡地带；世界政治和经济重心转向亚太，中国地位上升；俄罗斯与中国采取彼此独立而又相互协作的战略，欧亚地区形成相对完整的国际主体，引起世界关注；世界形成多个超级经贸集团，引起国际经济调节体系的重组[①]。在这五大领域，俄罗斯 2015 年都有大动作。

一举多得的叙利亚反恐行动

俄罗斯在叙利亚的军事行动是一个标志性事件，对国际政治的影响大于克里米亚回归和东乌克兰冲突，显示俄罗斯不仅能干预前苏联国家事务，而且像美国那样，能“替天行道”，出兵处理境外冲突。

俄罗斯空袭从 9 月 30 日开始，第一阶段的主要打击对象是伊斯兰国武装的军事基础设施和指挥所。第二阶段的主要任务是在前线为叙利亚地面部队的进攻提供战地情报、调度和空中火力支持，同时继续打击战线纵深的伊斯兰国战略目标。

到 2015 年底，“伊斯兰国”在俄罗斯和西方联军的打击下，后勤补给几近枯竭，人肉炸弹资源明显短缺，石油收入大幅下

---

① Politkom. ru. 07. 12. 2015 Федор Лукьянов：《ГЛОБАЛЬНОЕ КОРОЛЕВСТВО КРИВЫХ ЗЕРКАЛ》。

降，控制区减少1.28万平方公里，剩7.8万平方公里。

俄罗斯的叙利亚行动有几个特点。

一是师出有名。俄罗斯官方强调，“俄罗斯空天部队的反恐行动，是应叙利亚政府的正式请求”。

二是决策迅速，行动果断。“伊斯兰国”肆虐西亚2年，叙利亚内战4年，伊拉克战乱12年，美国和西方束手无策。为了以最快速度向叙利亚调派50余架飞机和直升机，俄罗斯事先同伊朗、伊拉克和希腊达成默契，不惜耗费巨资密集出动载重150吨的战略运输机，派本国工兵抢修跑道和指挥塔，部署歼击和强击航空兵团、摩托化步兵、海军陆战队，数千兵力在十天内悉数部署到位。9月30日，西方未及摸透俄罗斯动机，俄军在叙利亚的反恐袭击即已开始。叙利亚国防部副部长说，从行动效果看，俄罗斯空袭数天胜过国际联军忙乎一年。

三是时机合适。难民潮激起世界对叙利亚的同情和对“伊斯兰国”的怒火，俄罗斯出兵占据了道义制高点。德国被美国用移民问题和大众汽车“排放门”整得狼狈，欧美不和。东乌克兰冲突平息，国际社会的注意力集中到叙利亚。俄罗斯稳控离叙利亚很近的克里米亚，可调运有战斗经验的黑海舰队官兵。俄罗斯判定中印等非西方大国会给予道义支持。

四是目标明确。俄罗斯达到了如下目标：消除西方军事干涉叙利亚的威胁；通过消灭反对派在叙利亚政府军后方控制的飞地，稳定并加强阿萨德政权的军事地位；对“伊斯兰国”形成军事压力，迫其把财力和兵力用于自保，阻止其向俄罗斯和中亚的扩张；通过空袭歼灭外国雇佣军，特别是其中战斗力最强的来自俄罗斯和中亚国家的七八千雇佣兵。

想消灭“伊斯兰国”，俄罗斯起码要投入三倍于现在的空军兵力，要大规模出动地面部队，要有西方反恐联盟协作。这些条件现在都不具备，俄罗斯只想把“伊斯兰国”武装逼近叙利亚和伊拉克沙漠，巩固军事胜利，启动叙利亚和平进程。

五是争取同盟，孤立敌人。普京在联大发言时再提反恐联盟议题。俄罗斯客机在埃及上空被炸毁，巴黎遭遇恐袭，俄罗斯抓住时机与法国商定情报交换和协调行动。为孤立“伊斯兰国”，俄罗斯放弃打击叙利亚温和反对派，为“自由军”的行动提供空中支持；宣布与塔利班交换情报，促进塔利班与阿富汗当局和谈。为牵制土耳其，俄罗斯外长 12 月底高调会见土耳其库尔德人民民主党主席。

六是军事为政治服务。军事行动的最终目的，无非是获取政治和经济成果。俄罗斯在叙利亚近期难以获取经济利益。

直接政治成果是制止叙利亚解体，保持其世俗、多宗教、多民族统一国体。间接政治成果有八项。

其一，制止美国在叙利亚（以及俄罗斯周边其他地区）复制利比亚模式——设立“禁飞区”，推翻合法政权，迫使美国不再阻挠阿萨德参加叙利亚政治进程。

其二，向美国显示，俄罗斯同样具备打“不接触战争”的能力——用空袭消灭敌人军事基础设施，支持代理人出动地面部队实现军事目标。

其三，扩大在叙利亚的军事基地，巩固本国在中东的政治和军事存在。

其四，增添普京政绩，缓解民众对经济恶化而引起的社会问题的注意。

其五，转移对乌克兰问题的注意力，为俄罗斯在保持对东乌克兰影响的前提下从乌克兰脱身创造外部条件。

其六，让美国不得不同俄罗斯恢复接触，甚至赞赏俄罗斯对叙利亚和平进程所作的贡献，为俄罗斯同西方关系回暖准备基础。

其七，促成叙利亚难民回归。联合国11月10日称，俄罗斯军事行动开始以来，已有百万叙利亚难民回国。

其八，打破美国充当“世界宪兵”的特权。冷战结束后，美国在世界上立下“规矩”：不论哪国发生内战，只要美国人不喜欢该国政权，就可以给它扣上“残酷镇压本国人民”的帽子，判定它“丧失合法性”，责令“国际社会”对它实行孤立。

如今美国失去在世界上为所欲为的特权。同解决伊朗核问题一样，美国不能说一不二，而要与其他国家协商。由安理会批准和平解决叙利亚问题的计划，开辟了国际热点调解的新时期。

看透美国用心，沉着冷静应对

俄罗斯虽然放弃了社会主义，但是领土太大，资源太丰富，核武库太强，美国不放心。

美国前国务卿基辛格2015年8月发表看法，乌克兰危机表明，西方对俄战略目标已经由模糊的融合转为扼杀[①]。

布热津斯基 2014 年提出两项“大策划”来对付俄罗斯。

第一项是“分而治之”。对美国来说，俄罗斯最好分裂成“莫斯科公国”（欧洲地区）、“西伯利亚共和国”和“远东共和国”，至多让它们结成松散的邦联，这样俄罗斯就无法崛起为世界一流大国，难以挑战“要领导世界一百年”的美国。

普京在第一任期就镇压了车臣叛乱，废除了地方法高于联邦法的反常现象，制止了俄罗斯解体危险。俄罗斯 2014 年“收回”克里米亚，2015 年出兵叙利亚反恐，激发了国民的爱国热情，把普京的支持率推高到异乎寻常的 88.9%，朝野形成“有普京就有俄罗斯，没有普京就没有俄罗斯”的共识，让美国的分裂阴谋胎死腹中。

第二项大策划是“离岸平衡”。美国推动北约东扩，借乌克兰危机激活北约军事机制，鼓动“非北约成员的友好国家”，即俄罗斯西部三国和西南三国，特别是乌克兰、格鲁吉亚和摩尔多瓦，去“平衡”俄罗斯。

普京的大战略，一是“釜底抽薪”，让北约的东扩对象无法达到入约标准：乌克兰有克里米亚领土问题，还有擅自独立的“顿涅茨克人民共和国”和“卢甘斯克人民共和国”，摩尔多瓦有“德涅斯特河沿岸共和国”，格鲁吉亚有“南奥塞梯共和国”和“阿布哈兹共和国”，阿塞拜疆和亚美尼亚则有纳戈尔诺—卡拉巴赫地区领土之争。

---

① Vz. ru/news/215/8/19/762145. html《Киссинджер：Целью Запада является разрушение России》.

二是公开挑战美国主导的世界秩序，在乌克兰、叙利亚、中东、欧洲等多条战线，在金融和意识形态领域，争取同盟者，同美国顽强对抗。

近年来，美国想让俄罗斯同时在五条战线作战，耗尽国力。

第一条战线是对俄罗斯的“混合战争”，既使用制裁、禁运、金融等经济手段，也使用唱衰俄罗斯、“妖魔化”俄罗斯、豢养俄罗斯非政府组织、施加压力等政治手段。

第二条战线是乌克兰。东乌克兰的冲突处于冻结状态，一旦美国需要，军事冲突随时可以重新爆发，甚至演变成后果难以预料的血腥战争。

第三条战线是叙利亚。对俄罗斯来说，这是对抗各种极端分子和恐怖分子、保卫本国利益、保护盟友阿萨德的“神圣战争”。

第四条战线是土耳其。美国诱使俄罗斯把土耳其作为攻击对象，让北约集团中兵员数额仅亚于美国的土耳其军队对抗俄军，迫使俄罗斯把驻叙利亚的航空兵集群扩大一倍，部署 C－400 防空系统和海军集群，增强在该地区的打击力量。土耳其尽管没有得到北约盟国的支持，但已经把近 1000 件装甲兵器部署到叙利亚边界附近。

第五条战线是让俄罗斯与总人口超过 10 亿的逊尼派国家为敌，制造“俄罗斯向伊斯兰世界宣战”、“俄罗斯对逊尼派发动十字军远征”的舆论。

美国估计，这五条战线每天能耗费俄罗斯 10 亿～15 亿卢布，是拖垮俄罗斯的有力手段。

在这一“多层次战争”中，北约获得壮大，最近开始第四轮东扩，要把黑山拉进集团。

俄罗斯见招拆招，应对有方。

在第一条战线，俄罗斯在话语权上争取主动，积极展示本国正面形象，宣示本国政策，顺利运作5年的“今日俄罗斯”媒体集团是成功范例，其英语电视频道的受众面已经不亚于美国CNN。

在乌克兰战线，俄罗斯的对策是既抛弃东乌克兰军事财政经济包袱，又保留政治影响，依据明斯克协议，坚持东乌克兰高度自治，把它作为影响基辅政策的工具，作为同北约与欧盟之间的“隔离墙”。乌克兰政府军同民兵在东乌克兰的冲突已经造成约9000人死亡，其中多数是平民。双方2015年9月达成停火协议，12月中旬暴力活动再次加剧，22日达成新年停火协议。

在土耳其战线，抢先明确宣布“不战”，同时保持和加强经济和军事压力，在中东和西方争取同情。

俄罗斯北高加索和中亚国家是逊尼派穆斯林聚居地，俄罗斯努力改善同逊尼派伊斯兰世界的关系。

俄罗斯将集中力量于一条战线——叙利亚，努力方向是，稳定并巩固阿萨德政权，把“伊斯兰国”武装逼近叙利亚沙漠和美国“责任区”伊拉克，把来自俄罗斯和中亚的恐怖分子“消耗”在叙利亚，支持库尔德武装牵制土耳其，体面地结束这场战争，主导叙利亚问题的和平进程，为本国争取最大利益。

2014年3月起，西方国家以俄罗斯吞并克里米亚和支持东乌克兰分裂分子为由，开始对俄实施制裁。12月1日，欧盟决定将对俄制裁延长6个月到2016年7月31日。12月22日，美国宣布对俄罗斯的新制裁，新列入34名自然人和法人为制裁对象。俄罗斯总统新闻秘书说，俄罗斯将作出“原则性的、对等的反击”。俄罗斯国家杜马经济政策委员会第一副主席叶梅良诺夫建议提高对汽水的消费税，打击可口可乐和百事可乐公司；限制威士卡和万事达卡在俄罗斯的使用，少进口波音飞机[1]。

以这种措施反击西方制裁是否合理，俄罗斯政治学家有不同看法。他们认为，最近两年来，俄罗斯经常地发表跟本国实力不相称的好战言论，受到惊吓的首先不是西方，而是本国民众。“打自己的孩子吓唬邻居”，变成“打自己的孩子让邻居笑”，使本来就相当困难的本国经济雪上加霜，让本来就生活不富裕的本国公民加重生活成本。

俄罗斯经济实力薄弱，不足以用对等方式反击西方。为反击西方的第一波制裁，俄罗斯对西方关闭了本国食品市场，甚至焚烧非法进口的西方食品。为反击土耳其，俄罗斯禁止进口土耳其食品和纺织品。如果西方再搞新花样制裁，俄罗斯恐将无招可施。

俄罗斯对美国不会一味对抗。叙利亚和平进程，显示了俄美共同调解国际热点的广阔空间。

---

① 《Почему наши ответные меры и в политике, и в экономике бьют все больше по своим》, 《Газета. Ru》23. 12. 2015.

东方外交最大亮点——对华战略协作

2015 年 10 月 22 日，普京在瓦尔代国际俱乐部年会上回答笔者提问时，重新排定了俄罗斯外交优先。他说："俄罗斯发展同邻国和重要组织的关系，首先是发展同欧亚经济联盟成员国的关系，发展同俄罗斯伟大邻邦、最大贸易伙伴中国的关系，同伟大的印度、同上海合作组织国家和金砖国家发展关系，同拥有共同的基督教文化的欧洲、同伊斯兰世界发展关系。当然，也要同美国发展关系。"

俄罗斯主导的欧亚经济联盟 2015 年起正式运作，成员国即将扩大到 6 个。

乌克兰危机恶化了俄罗斯同西方的关系，俄罗斯顺势加快"转向东方"的步伐。原因显而易见：亚太是世界经济增长最快的地区，俄罗斯要搭上这列快车发展经济；俄罗斯亟须与亚太密切经济联系，开发远东；俄欧能源合作呈现颓势，俄罗斯要开辟亚洲市场。

2015 年，俄罗斯东方外交的最大亮点是对华外交。虽然双边贸易额下降约 30%，但是中俄在各领域的战略协作取得突破，政治互信进一步增强。

第一，两国元首互为主宾出席对方纪念二战胜利 70 周年庆典，显示了维护二战胜利成果、应对新挑战新威胁的共同价值观。

欧洲和亚洲都有一股歪曲二战史、美化战犯的势力。中俄对二战胜利成果的立场一致：中国一直视俄罗斯是欧洲主战场，俄罗斯承认中国是亚洲主战场，中俄都主张维持二战胜利成果和由联合国主导国际事务。习近平主席前往莫斯科出席“5·9”胜利日庆典，普京总统前来北京出席“9·3”庆典，表明中俄共同发扬二战期间同抗顽敌的精神，继续为世界和平作贡献，也显示了中俄合作的密切程度，对维护对方核心利益具有特殊的现实意义。

第二，中俄元首作出战略抉择，共同开启“丝绸之路经济带”同欧亚经济联盟对接之门。俄罗斯起初对丝绸之路经济带持怀疑态度，担心它冲击俄罗斯主导的欧亚经济联盟。普京总统高瞻远瞩，看清中国向西开放战略同俄罗斯“向东看”战略之间、“一带一盟”之间能形成合作共赢关系，认为“对接”既有助于深化两国在中亚地区的战略协作，也有助于中俄共同推进与欧盟国家的合作。“对接”将开拓亚欧大陆经济的新增长点，推进地区经济合作，是“一带一路”倡议的重大进展。

第三，启动基础设施项目合作。莫斯科—喀山高铁勘探和设计合同于5月18日在圣彼得堡经济论坛开幕日签署，目前勘测和设计工作正在紧张进行中。这是2014年签署备忘录的莫斯科—北京高铁首段。莫斯科—喀山高铁总长770公里，设计最高时速为400公里，列车运行后莫斯科至喀山的运行时间将由现在的11小时缩短到3个半小时，拟于2018年世界足球杯赛在喀山举办之前通车。俄罗斯滨海边疆区与中国吉林省探讨建珲春—符拉迪沃斯托克高铁的问题。此外还有五十多个重大产业合作项目的研讨。

第四，能源合作进度加快。俄罗斯即将成为中国第一大进口油源，11 月日均对华输油近 95 万桶，高于沙特的 88.7 万桶。中俄东线天然气管道建设加快。

第五，金融合作迈出一大步。两国提倡本币结算，增加货币互换额，俄罗斯发行人民币债券。2015 年第三季度，在俄罗斯对外融资成本越来越高的情况下，中国慨然向俄罗斯石油公司提供 9965 亿卢布（约合 972.6 亿人民币）的石油预付款。

第六，积极探讨合作开发俄远东地区。俄罗斯对中国参与远东开发曾顾虑重重。现在俄罗斯民调显示，约 70% 的俄罗斯人赞同与中国合作开发远东。俄罗斯把太平洋舰队基地符拉迪沃斯托克定为自由港，从 2016 年 1 月 1 日起在实施外国人免签证入境制度。在远东设了几个超前开发区，提供优惠，吸引投资开发能源、发展商贸和基础设施建设。9 月初，符拉迪沃斯托克举办首次东方经济论坛，普京作主旨讲话，希望中国积极参与远东开发。中俄探讨在远东合作建设港口等交通基础设施，扩大农业合作。中国设立 18.5 亿美元的农工发展基金，用于投资远东地区的农业项目。

第七，军事和军事技术合作取得突破性进展。2015 年 4 月，中俄签署俄罗斯向中国出售 S－400 “凯旋” 防空导弹系统的合同。这是俄首次向国外提供这一先进防空系统，中国成为第一个购买 S－400 的国家。在美国大力构建包括亚太地区在内的全球反导系统的背景下，获得 S－400 有利于加强中国的防御能力。11 月 17 日，中俄签署俄售华 24 架苏—35 战机的合同，这是俄罗斯首次向国外出口该款先进战机。两国还在探讨展开一系列武器的联合研制。在面对西方军事技术封锁的情况下，中俄加深军事技术合作有利双方。中俄两军各出112名官兵组成的方队出席对方纪念二战胜利阅兵式，这是两国军人首次参加对方阅兵式。5月，中俄海军首次在地中海举行联合军事演习；8月，中俄海军在日本海举行合演。这些都是深化军事合作的标志性事件，是增强政治互信的重要表现，是深化战略协作的实质举措。

第八，人文合作促进民心相通。2014年，中国在最受俄罗斯欢迎的十大出境方向中名列第三，仅次于土耳其和埃及。由于俄土关系恶化，埃及安全欠佳，中国对俄罗斯旅游者的吸引力越来越大。为了把双边游客人数增加到每年500万名，中俄在2015年8月达成简化入境手续的协议。两国开设“红色旅游”和特色游吸引游客，2016年将开通上海—符拉迪沃斯托克游轮。

如今，深化对华关系，加强对华合作，不仅是俄罗斯领导和智库的主流意见，也是俄罗斯民间共识。俄罗斯2015年民调结果显示，美国是大国中对俄“最敌对的国家”，对美国持负面看法的居民高达84%，而1991年对美国持正面看法的人高达79%；中国成为俄罗斯的“战略友邦”，与白俄罗斯和哈萨克斯坦共同构成俄罗斯“三大友邦”。

但是，俄罗斯外交战略重心仍在前苏联国家与欧洲。俄罗斯从民族、历史和文化看是欧洲国家，政治、经济、文化、军事重心都在欧洲部分，当前和今后面临的主要外部威胁来自美国为首的北约。在此情况下俄要在东方开辟新的能源市场，使能源出口多元化。俄罗斯“转向东方”是在力争保持并发展对欧合作而不是在收缩对欧合作的前提下实施的。

外交的坚强后盾，俄罗斯军事力量今非昔比

经济是“俄罗斯木桶”最明显的短板，难以支撑强硬的外交行动。作为俄罗斯强势外交的坚强后盾，军事是“俄罗斯木桶”仅次于外交的一块“长板”。

俄军今非昔比，武器装备仅次于美国，军费世界第三，作战决心、作战能力和战争经验不亚于美国。在俄罗斯民众中，军队的威望和信任度仅次于总统。参军光荣的好传统已经恢复。

2008 年俄罗斯开启了“武装力量新面貌”改革，到 2012 年取得初步成果，俄罗斯兵不血刃收回克里米亚，就体现了军事改革的成就。在国防部长绍伊古主持下，俄军改革继续前行。

首先，加强军事领域的顶层设计，完成《军事学说》、《海洋学说》和《2016 ~ 2020 年国防计划》的制订，正在制订新版《国家安全战略》、《国家武器装备发展计划》和《信息安全学说》。针对西方国家积极利用军事和非军事手段相结合的新对抗方式，俄罗斯将在政治、外交、经济、军事、信息、社会等领域全方位抵御国家安全面临的威胁。

其次，优化军兵种结构，组建新军种——由总司令部、远程航空兵、运输航空兵、4 个空防集团军、1 个防空与反导防御集团军和 1 个空天集团军，以及 1 个国家航天试验场组成的空天军，实施空天侦察并及时发现攻击企图，反击空天领域的入侵，

保卫国家工业经济地区、重要设施与部队集群免受空天打击，摧毁敌方重要设施与杀伤敌军，确保航天器的发射并控制其轨道飞行。在军事威胁最严重的西北方向组建坦克集团军，在国际争夺新领域——北极建立联合战略司令部，并将在北极地区的新地岛等地直接部署军队集群。以空降兵为基础组建快速反应部队，作为陆军集团编成独立执行任务，拓展空降兵任务范围，成为一支“无须签证”、迅速到世界任何地区执行任务的部队。

其三是加强质量建军。俄军兵员充足率提高到92%，合同制军人达35.2万（2016年增至38.4万）名，人数首次超过征兵制军人。95%以上的战略导弹发射装置处于应战常备状态。陆基战略核力量的现代化装备率达到51%。空基战略核力量新增10架改进型战略轰炸机，海基战略核力量新增2艘战略核潜艇，现代化武器装备率达到56%。无人机从2011年的180架增加到1720架。

其四是增强部队的实战能力。每年举行覆盖全军的突击综合战备检查5次，军区和兵种司令部都能远程调集部署部队并在陌生地域执行任务。叙利亚行动再次检验军事改革成效。俄军两个月内空运与海运21.4万吨军用物资，首次使用空基和海基高精度巡航导弹对1500公里远的目标实施密集打击，战斗航空兵出动4000架次，消灭敌军设施9000个。

其五是提高军队和军人的威望和生活水平。越来越多的青年渴望成为职业军人。由26所高校和8所分校组成的国防部高等军事院校体系，报考与录取比高达9∶1。国防部创造良好服役条件，提高义务兵个人能力素质。

俄罗斯在叙利亚的军事行动，修正了世界力量对比，改变了解决重大国际冲突的前景。今后俄罗斯可能继续凭借超强的军事力量和外交能力主动设置世界议程。

总的说来，2015 年俄罗斯外交的种种举措，无不符合普京十年前提出的外交三原则：外交服务于本国安全和经济利益、外交可预测和国际法至上。后两项原则必要时势必为第一项让路，当经济利益与安全利益发生冲突的时候，经济肯定服从安全。记住这三条原则，分析和预测俄罗斯外交路数就不是难事。

俄罗斯出兵叙利亚的双重效果

◎ 田文林

俄罗斯军事介入叙利亚有助于中东格局恢复力量平衡，避免了中东地缘格局塌方式崩溃。目前已取得积极效果。巴沙尔政权生存状况大为改观，“伊斯兰国”扩张态势得到遏制，俄地区主导权和话语权增强，提高了俄在中东地区的影响力。但军事介入加重了俄经济负担，增加了遭受恐怖袭击的风险，与美国的正面对抗风险加大。仅仅通过军事行动是难以解决叙利亚问题的，唯一出路是通过外交和政治途径结束叙利亚冲突。

2015 年 9 月 30 日以来，俄罗斯军事介入叙利亚，并对叙境内“伊斯兰国”（IS）等极端组织目标持续空袭。这是俄罗斯在冷战后首次在原苏联领土外展开重大军事行动。此次军事行动是“好棋但也是险棋”，效果明显具有两重性。

一、多重积极效果

俄罗斯在叙利亚展开军事行动，有着多重利益考虑。通过长达数月的军事打击，此次行动已经产生预期的多重积极效果。

1. 巴沙尔政府生存状况大为改观

经过四年多血腥内战，叙利亚政府军伤亡惨重，巴沙尔政府岌岌可危。2015 年 7 月 28 日，巴沙尔公开承认，因阵亡、变节和逃避服兵役等情况，拥有近 30 万军队的叙政府军规模减小近半。据国际战略研究所（IISS）称，2015 年叙利亚政府军人数为 17.8 万人[①]。兵员紧张导致政府军只能不断收缩战线。2015 年春天以来，叙政府军在多条战线连吃败仗：3 月，反对派武装联盟“征服军”攻占叙北部伊德利卜省；4 月，南部与约旦接壤的陆路口岸城市纳西卜告失；5 月，中部历史古城台德穆尔（又名巴尔米拉）被“伊斯兰国”夺去。政府军死守的“大马士革—霍姆斯—沿海地区”战略核心区受到严重威胁。“支持阵线”头目阿布·朱拉尼 6 月在接受半岛台专访时宣称，他将率“支持阵线”攻占阿拉维派聚居地、总统巴沙尔家族的老家拉塔基亚[②]。目前，叙利亚政府军控制的领土不到全国 25%（还有报道称是 17%），而“伊斯兰国”控制面积超过 50%。因此，如果没有外力强援，巴沙尔政府倒台只是个时间问题。

巴沙尔政府存亡对俄罗斯至关重要。从地缘政治看，叙利亚是俄罗斯在中东为数不多的忠实盟友，塔尔图斯港是俄罗斯在海外唯一军港，巴沙尔垮台将使俄罗斯在中东失去重要的立足点。巴沙尔政府还是遏制“伊斯兰国”等极端势力向北高加索地区

① AFP, Who is fighting the Islamic State in Syria and Iraq? Al - Monitor, November 23, 2015.
② 杨臻，“大马士革街头‘挺俄’气氛浓”，《国际先驱导报》，2015 年 10 月 23 日。

扩张的重要屏障。如果巴沙尔政府垮台，叙利亚很可能完全被极端恐怖势力占据，并将直接威胁俄罗斯南翼的安全。俄罗斯《专家》周刊网站2015年10月5日刊文认为，如果巴沙尔政权倒台，“伊斯兰国”将获得出海口和拥有石油、运输线、数百万人口的战略基地。它将成为真正的恐怖国家。由此很可能在中亚地区引发动荡，进而使俄南部边境出现难民潮、骚乱和崩溃。因此，对俄罗斯来说，在叙利亚不是“是否参战”问题，而是“何时参战”问题。当前巴沙尔处境岌岌可危，迫使俄罗斯最终选择了高调军事介入。

而俄罗斯军事介入叙利亚，不啻为巴沙尔政府续存注入一剂强心针，极大改变了四年多来美欧及土耳其、沙特等“群殴巴沙尔”的一边倒状况。有分析称，俄参与叙利亚空袭行动，不仅强有力地支持了巴沙尔政府，还向叙反对派发出猛烈军事打击的信号[①]。在俄罗斯持续空袭的鼓舞下，叙利亚政府2015年10月中旬宣布组建人数超过四万的第四军团，主要任务就是利用俄罗斯空袭，乘势发动地面进攻。目前，叙政府军开始逐步收复西部地区的多处失地，并从叛军手里夺回哈马省、伊德利卜省和拉塔基亚省的一些城镇和村庄，接近反对派控制的叙第二大城市阿勒颇。

从更大范围看，俄罗斯军事介入叙利亚，有助于中东格局恢复力量平衡，避免了中东地缘格局塌方式崩溃。中东地区本来存在温和（实际是亲美）与激进（实际是反美）两大力量。2011

① David Rothkopf, Putin and Politics Are Behind Obama's Decision to Send Troops to Syria, ForeignPolicy. com, October 30, 2015.

年中东剧变以来，在美西方强力干预下，中东日趋成为亲美势力大本营，地区格局因力量失衡而动荡加剧。此次俄罗斯强力介入叙利亚事务，并且与叙利亚、伊朗、伊拉克组成四国情报中心，极大增强了中东什叶派阵营的力量和士气，避免了中东地缘秩序继续崩塌和局势持续恶化。巴沙尔总统 2015 年 10 月 4 日就表示，俄军事介入对整个中东至关重要，否则整个地区将彻底遭到破坏。

2. 有效遏制“伊斯兰国”持续扩张态势

俄罗斯出兵叙利亚，一个重要原因就是担心“伊斯兰国”持续扩张引发本国穆斯林群体联动效应，危及俄罗斯自身安全。俄境内约有 2000 多万穆斯林，占总人口 19%，且绝大部分穆斯林生活在北高加索地区。历史上，该地区屡屡出现反俄伊斯兰主义，最明显的就是数年前穆斯林反对斯拉夫人的车臣战争。与车臣毗邻的鞑靼斯坦同样是个火药桶，其境内部分圣战分子自称是高加索的“哈里发”。2014 年 6 月“伊斯兰国”兴起后，其不仅在叙利亚和伊拉克肆虐，还不断向外扩张。该组织因不满普京支持巴沙尔政府，曾扬言要打到俄罗斯，解放车臣和整个高加索地区。该组织还出资 7000 万美元在中亚开辟新战场。“伊斯兰国”的扩张一定程度上已经与俄境内穆斯林群体产生共振与共鸣。据报道，俄境内不少穆斯林对“伊斯兰国”相当同情，极少数极端分子还直接参加该组织。据俄联邦安全机构（FSB）估计，截至 2015 年 1 月，约有 1700 名极端分子赴叙利亚参加“伊斯兰国”。普京 2015 年 10 月称，约有 5000 ~ 7000 名来自俄罗斯和中亚邻国的极端分子加入“伊斯兰国”[①]。一旦这些极端分子返回国内或内外共振，将对俄安全形势构成极大威胁。因此，普京在接受 CBS 采访时表示，俄罗斯之所以在叙利亚动武，“最重要原因”就是担心这股势力“反过来威胁我们”。

俄罗斯军事打击“伊斯兰国”的效果直接而明显。自 2015 年 9 月底开战以来，俄罗斯对“伊斯兰国”的指挥所、军工厂、后勤仓库等要害部位持续打击。据俄罗斯军方消息，截至 2015 年 11 月 30 日，俄罗斯已经摧毁 4000 处恐怖设施，极大震慑“伊斯兰国”的嚣张气焰和蔓延势头。俄新社称，因担心遭叙政府军和俄空袭，3000 多名极端分子正在从叙南部向邻国约旦转移。另据报道，自 10 月 3 日起，叙东部拉卡省部分“伊斯兰国”分子撤离战场指挥部，部分开始向伊拉克方向转移；极端势力“支持阵线”下属的“法塔赫军”也将兵力从伊德利卜等城市撤出，部分武装分子撤向叙土边境。《简氏防务周刊》2015 年 12 月 21 日报告称，“伊斯兰国”侵占的区域面积在 2015 年缩水 14%，从 9. 08 万平方公里下降至 7. 8 万平方公里。

3. 极大增强了俄罗斯的地区主导权和反恐话语权

自冷战结束后，美国就长期主导中东事务，尤其垄断了使用武力的“专利”。近年来，美国在中东软硬实力受损，主导中东能力下降，加之奥巴马急于战略东移，因此在中东只能寄望低成本维系主导权，但这显然是不可能的。正是在这种背景下，俄罗

① Dan De Luce, Will Islamist Blowback Derail Russia' s Gambit in Syria? ForeignPolicy. com, November 2, 2015.

斯在中东转守为攻，不断扩大影响力。近年来，俄罗斯与埃及、伊拉克、叙利亚乃至沙特、以色列等国关系都在不断加强。而军事介入叙利亚更是俄在中东挤压美国影响力的强烈信号。德国《明镜》周刊称，俄罗斯帮助叙利亚的背后是其新的中东战略。在美国即将举行大选、欧洲陷入难民危机之际，俄罗斯在叙展开军事行动，就是与西方争夺中东秩序的主导权。

从实际效果看，俄罗斯的军事行动成功提高了俄罗斯在中东的地区影响力，尤其打破了美国长期主导的反恐话语权。美国自2001 年“9·11 事件”后就在中东祭出“反恐”大旗，先后发动两场地区战争。但美国的反恐政策并不成功，“越反越恐”趋势日趋明显。而2014 年6 月极端组织“伊斯兰国”的异军突起，某种程度上就是美国反恐战争的最终结果。“伊斯兰国”兴起后，美国虽然组建了由 60 多个国家参加的国际反恐联盟，但对打击“伊斯兰国”出工不出力，原因就是要使其与叙利亚政府军相互消耗，以便使美国坐收渔翁之利，“美国并不在乎该组织在叙利亚活动。美国仍允许土耳其开放边境，以便为 IS 提供人员和物资。美国还允许 IS 以及‘基地’组织等极端组织获得武器（包括反坦克武器）”①。由此不难理解，美国打击“伊斯兰国”的规模与强度均很有限。据统计，美国对叙伊境内的“伊斯兰国”空袭每天只有 10～15 架次，相比之下，1999 年北约发动科索沃战争时每天空袭 250 架次，2001 年美国发动阿富汗战

① Nicolas Davies, Syria at a Crossroads: Carrying on With the War? “The US and the Saudis are Still Working Together”, Global Research, November 2, 2015.

争时每天110架次[①]。另有报道，在过去13个月时间中，美国共出动战机2642架次，日均出动量仅7架次，这种打击强度使消灭“伊斯兰国”极端分子的速度，始终赶不上该组织招募新成员的速度。据报道，叙伊境内的“伊斯兰国”武装人员已从2014年近3万人，发展到目前约5万人。叙利亚分析人士称，仅叙利亚境内的“伊斯兰国”武装人员就达5万人。俄罗斯外长拉夫罗夫公开指出美国只是“假装”空袭IS，实际上是在变相支持叙反政府武装和“伊斯兰国”反对巴沙尔。与此同时，美国通过援助与培训反对派的策略也宣告失败。此前，美国花费5亿美元，打算培训5000名反政府军以推翻阿萨德政权，但只剩下四五名战士在战斗。美国防部2015年9月25日承认，美军训练的叙反对派武装，在进入叙境内后将四分之一的美军装备交给“基地”组织叙利亚分支。甚至连奥巴马也不得不承认，打击“伊斯兰国”战略缺乏全面性和完整性[②]。因此，指望美国领导的国际反恐联盟剿灭“伊斯兰国”根本不可能。

相比之下，俄罗斯军事介入叙利亚是“真刀真枪”地反恐，而且俄罗斯还与伊朗、伊拉克、叙利亚等什叶派组成情报分享中心；在独联体国家间加强反恐合作；分别与土耳其、沙特、以色列、伊朗、伊拉克、埃及等就叙利亚问题协调立场。俄罗斯这些举措赢得广泛好评，有效争夺了反恐话语权。俄罗斯舆论研究中心2015年10月17日和18日民调显示，普京支持率从6月份的89.1%升至89.9%。伊拉克、伊朗、埃及、阿尔及利亚等中东

---

① Many players, divergent interests in anti – IS fight, Yahoo News, *November* 26, 2015.

② 用反恐战争叫卖武器：俄空袭IS中国军工遭殃，2015 – 11 – 11。

国家同样支持俄罗斯。叙利亚民间掀起“捧俄”热潮，市场上带有俄罗斯元素的商品成为热销品，社交网络上关于普京的漫画受到网友点赞和转发。就连“叙利亚自由军”前发言人法赫德·马斯里也在10月8日称，“叙利亚自由军”愿与俄高层接触，希望俄军空袭范围从“伊斯兰国”扩大至穆兄会支持者的阵地。在伊拉克，包括总理阿巴迪在内的许多什叶派政治家呼吁，既然美国反恐政策已经失败，伊拉克应该借助俄罗斯之力打击IS。伊拉克报纸*Al－Mada*2015年10月8日报道，由安全顾问法耶德率领的代表团将访问莫斯科，探讨俄罗斯在伊拉克空袭IS的可能性。10月13日，伊拉克国防部长欧拜迪在接待俄方军事官员时，也探讨了俄罗斯武装、训练伊安全部队打击“伊斯兰国”事宜①。即便部分相对亲美的阿拉伯国家，如阿联酋、埃及、约旦等国也乐见俄在叙利亚展开军事行动。俄罗斯在中东的地区影响力极大提升，而美国在中东的形象则相形见绌。

目前，越来越多的阿拉伯国家开始质疑美国在中东的反恐策略。许多人认为，美国在中东的真正目的不是打击IS，而是在中东制造可控的混乱，以实现其地缘政治和地缘经济目标②。愿意跟着美国跑的阿拉伯国家越来越少。据《纽约时报》2015年11月8日报道，美国主导的空袭基本成了“孤军奋战”，阿拉伯国家朋友“悄悄地撇下美军”：巴林2015年2月停止对叙利亚IS据点空袭，阿联酋在3月、约旦在8月、沙特在9月也相继停止

---

① Y. Graff，In Iraq，Public Debate Over Russian Involvement，Disappointment At U. S. Failure Against ISIS，The Middle East Media Research Institute，November 2，2015.

② IRNA，Arab allies have no wish to support Washington' t ‘Game’ in Syria，Nov 10，2015.

执行空袭任务，只有卡塔尔战机仍在叙利亚巡航，但作用有限。

同时，欧盟国家也逐渐与美国拉开距离。俄罗斯军事介入叙利亚之际，欧洲正面临二战以来最大难民潮。这些难民绝大部分来自战乱不断的西亚北非，其中80%难民来自叙利亚。源源不断的难民潮涌向欧洲，使欧盟国家焦头烂额，并被迫考虑从源头解决问题。欧洲难民潮源于西亚北非动荡，而这些国家之所以陷入战乱，又与包括欧盟在内的西方国家推行的颠覆性政策有关。此前，欧洲国家推行既反对“伊斯兰国”，又反对巴沙尔的政策，但这种政策使欧盟深受殃及。痛定思痛，欧洲国家开始反思对叙政策，朝着“劝谈促和”，反对美国强行干预他国内政的方向转变。俄罗斯借机对欧盟因势利导，分化欧美同盟。早在叙展开军事行动前（9月4日），普京就开始对欧盟发动“攻心战”，称难民潮是欧洲国家在中东和北非错误政策的“必然结果”，正是由于欧洲国家外交政策“对美国亦步亦趋”，最终才自食其果。俄知名主持人迪米特瑞·卡萨洛夫称，俄罗斯在叙利亚的战争，是第4次将欧洲从野蛮人中拯救过来，之前是蒙古人、拿破仑、希特勒，这次则是“伊斯兰国”[①]。俄罗斯9月底开始的军事行动，就是引导叙利亚局势朝着维护巴沙尔政府、优先打击“伊斯兰国”的方向发展。

在这种外交和军事攻势下，欧洲立场加快松动。法国民族阵线的Marine Le Pen、英国独立党党魁Nigel Farage以至美国共和党总统候选人Donald Trump，先后表达了愿与普京合作解决叙利

① Marvin Kalb，in' s Muslim Nightmare，ForeignPolicy. com，November 2，2015.

亚问题。法国一名领导人认为："巴沙尔或者普京都将不会像圣战分子那样派遣人员前往法国制造袭击。从欧洲安全角度考虑，'伊斯兰国'代表着更大的危险。无论我们是否高兴，我们将不得不同叙利亚政权打交道。而我们在没有普京的前提下是无法解决叙利亚或者乌克兰问题的。"① 尤其 2015 年 11 月 13 日法国巴黎发生数百人伤亡的恐袭事件后，法国、德国、英国均明显加大对"伊斯兰国"打击力度，这在客观上强化了与俄罗斯的立场协调，加速了美欧间的立场分化，尤其是美国领导的倒叙联盟。

在此背景下，美国处境十分被动，既定战略部署面临何去何从的两难选择。2009 年奥巴马上台后，在中东战略收缩加快，更多转向防范和遏制中俄等传统大国。这次俄罗斯在叙利亚高调展开军事行动，使美国重新面对"重返中东，还是战略东移"，"先解决俄罗斯，还是先解决中国"等战略困扰。10 月 27 日，美国国防部长卡特宣布，美国正考虑在叙利亚和伊拉克采取"地面直接行动"，以更好打击"伊斯兰国"②。10 月 30 日，美国宣布派遣 50 名特种部队进入叙利亚，担任军事顾问，这与 2013 年 9 月奥巴马宣称"不会向叙利亚派遣地面部队"的承诺截然相反。可以肯定的是，俄罗斯在中东折腾得越欢实，美国"战略东移"的既定战略受到的干扰就越大。2015 年 12 月，美国共和党参议员麦凯恩访问伊拉克期间宣布，美国将派遣 1 万名士兵部署到伊拉克。这从侧面说明美国在中东面临进退两难的处境。

---

① Hazem Sabbagh, French Politicians Call on Francois Hollande to Reconsider France's Foreign Policy towards Syria, Global Research, November 16, 2015.

② Michel Chossudovsky, "Boots on the Ground" Inside Syria? The Pentagon Comes to the Rescue of the "Islamic State", Global Research, October 28, 2015.

二、风险与挑战

俄罗斯军事介入叙利亚具有很强的冒险成分，其潜在风险不容低估。

1. 经济负担日趋加重

俄罗斯在叙利亚展开军事行动，正值经济加剧恶化之际。受油价下跌、欧美制裁等因素影响，当前俄罗斯经济非常不景气。一是经济增长持续下降。二是资本外逃加剧。从 2014 年 7 月到 2015 年 1 月，卢布对美元汇率下跌近五成。2015 年以来，由于国际金融市场动荡，欧美对俄经济制裁未放松，俄资本外逃、汇率贬值等仍将持续。三是财政和外汇收入大幅减少。2014 年以来，国际油价跌幅超过 50%。而俄罗斯出口约 70% 是油气，油气收入占俄财政收入一半，全球油价每减去 1 美元，俄预算收入就损失约 20 亿美元。俄财政部长西卢阿诺夫表示，油价下跌每年给俄造成损失高达 1000 亿美元。由此造成俄财政紧张，入不敷出。

现代战争消耗巨大，在某种意义上，打仗就等于“烧钱”。俄罗斯在经济非常困难的情况下在叙利亚发动大规模军事行动，使本就孱弱的国内经济更加虚弱。英国《金融时报》10 月 27 日就质疑：“衰退中的俄罗斯靠什么对叙利亚用兵？”目前，俄罗斯在叙利亚空袭的军事消耗尽管低于美国，但总量相当可观。据英国《简氏防务周刊》估算，俄空袭行动每天大约花费 400 万美元。根据俄罗斯媒体《商业咨询日报》计算，俄军在叙利亚军事行动每日至少耗资 250 万美元。照目前军事行动速度，到年底俄军事开支将达到 180 亿卢布（约合 2.8 亿美元）。

沉重的经济负担，决定了俄罗斯在叙利亚的军事行动，只能是速决战，而不是持久战。但目前俄罗斯在叙利亚的军事行动正面临两难选择：如果现在停止军事打击，叙利亚稍有改观的战场形势将重新逆转，“伊斯兰国”等极端武装气焰将更加嚣张，俄此前战果也将功亏一篑；继续打下去则意味着继续“烧钱”，俄经济负担将越来越严重。需要指出的是，俄军事行动虽然可以将巴沙尔从岌岌可危中解救出来，却不能解决其面临的结构性困境——巴沙尔政府依托的阿拉维派仅占人口 12% 左右，其缺乏足够的兵员参加战斗，这种人力资源的匮乏，迫使巴沙尔政府有效控制的领土面积日渐缩小[①]。在这种背景下，俄罗斯在叙利亚的军事行动如何收场，成为一大难题。

2. 俄罗斯遭受恐怖袭击风险加大

“伊斯兰国”等极端势力本质上是一种非传统威胁，而且该组织产生有着深刻的地缘政治、社会经济和意识形态根源。指望仅仅通过军事手段将其彻底剿灭是不可能的。当年美国在实力最鼎盛时期，在中东进行了长达十年的“反恐战争”，最终结果是“越反越恐”，自己软硬实力严重受损。当前俄罗斯在叙利亚的

① Jonathan Spyer, Russian Intervention in Syria Isn' t a “Game Changer”, *The Strategist*, October 30, 2015.

反恐军事行动，尽管不能与当年美国“反恐战争”简单类比，但可以肯定的是，俄罗斯同样无法仅靠军事打击剿灭“伊斯兰国”。有分析认为：“问题既不在伊拉克，也不在叙利亚，而在于全球性的伊斯兰原教旨主义。无论是俄罗斯还是国际联盟都不能通过军事力量来打败‘伊斯兰国’。我们需要的是一项带来外交和政治解决办法的真正的国际战略。但到目前为止，它并不存在。”①

相反，高调反恐打击反使俄罗斯面临恐怖袭击的威胁明显增大。在某种程度上，普京在叙利亚的军事行动等于捅了“马蜂窝”，包括普京在内的每个人都可能被蛰。这种袭击仅仅是个时间问题②。美国官员认为，俄罗斯的军事行动将激发针对俄罗斯的恐怖袭击浪潮，这堪比当年苏联入侵阿富汗后的处境③。从现实看，俄军事行动已经激起伊斯兰极端分子强烈反应。2015 年 10 月 12 日，“基地”组织叙利亚分支“支持阵线”头目阿布·穆罕默德·朱拉尼在录音中，公开鼓动支持者袭击俄罗斯目标，以报复俄在叙空袭、支持巴沙尔政权。10 月 16 日，俄罗斯东正教不恰当地将俄罗斯在叙军事行动称为“圣战”，由此在伊斯兰世界激起极大争议。“穆斯林运动”呼吁对俄发动伊斯兰圣战；“支持阵线”悬赏 100 万叙镑（约合 5300 美元）绑架一名俄罗斯士兵④。素来关系不睦的“基地”组织与“伊斯兰国”也开始

---

① 伊莎贝尔·拉塞尔：“俄罗斯在叙利亚采取军事行动的后果是什么?”，《费加罗报》，2015 年 10 月 19 日。

② Marvin Kalb，in’ s Muslim Nightmare，ForeignPolicy. com，November 2，2015.

③ Dan De Luce，Will Islamist Blowback Derail Russia’ s Gambit in Syria? ForeignPolicy. com，November 2，2015.

④ Sami Nader，Syria’ t ‘holy war’，Al – Monitor，October 28，2015.

相互走近。2015 年 9 月“基地”头目扎瓦赫里还指责“伊斯兰国”头目巴格达迪不合法，但 9 月底俄罗斯空袭叙利亚后，扎瓦赫里 11 月初就发布录音呼吁，“基地”组织和“伊斯兰国”支持者要团结一致，共同应对来自西方国家和俄罗斯在叙利亚和伊拉克对他们构成的威胁。沙特有 55 名萨拉菲学者发表公开申明，呼吁所有穆斯林对俄罗斯发动圣战①。

自俄罗斯 9 月底在叙展开军事行动后，其面临的恐怖袭击危险日趋增多。10 月 12 日，俄罗斯驻叙利亚使馆遭受迫击炮袭击；10 月 31 日，一架俄罗斯客机在埃及坠毁，机上 224 人全部遇难，“伊斯兰国”已宣布对此负责。2015 年 11 月 13 日巴黎枪击案发生后，“伊斯兰国”通过视频发出警告，为报复出兵叙利亚，将很快血洗俄罗斯。

俄罗斯对付外部威胁历来是“以超强硬对强硬”。“伊斯兰国”等极端组织针对俄罗斯的报复行动，进一步激怒了俄罗斯。在确认“伊斯兰国”炸毁俄客机事实后，总统普京和总理梅德韦杰夫表示，将要求俄罗斯军方不惜一切代价，对盘踞在叙利亚和埃及等国境内的“伊斯兰国”极端组织目标痛下杀手②。但由于极端分子无处不在但又无法辨识，因此俄罗斯对“伊斯兰国”的复仇，很大程度是在“与影子作战”，由此使俄罗斯面临陷入反恐泥潭的危险。

---

① Madawi Al – Rasheed，Saudi religious scholars enraged over Moscow ‘s recent Syria strikes，Al – Monitor，October 7，2015.

② David Francis，Disaster Could Sink Egyptian Tourism，Push Putin Deeper Into Syria，Foreign-Policy. com，November 1，2015.

3. 俄美正面对抗风险增大

美俄在叙利亚问题上的较量，实际是按照何种思路解决叙利亚危机，乃至如何重塑中东秩序的重大战略问题。美国政策优先重点是推翻巴沙尔政府，其次才是打击“伊斯兰国”，甚至有意借“伊斯兰国”之手消耗叙政府军实力。而俄罗斯则恰恰相反，其优先目标是维护巴沙尔政府，并将其作为打击“伊斯兰国”重点依靠力量。当前俄罗斯军事介入叙利亚，某种程度就是为了使叙利亚局势乃至中东秩序向自己希望的方向发展，由此与美国目标冲突明显加剧。据报道，俄罗斯首先打击的是阿勒颇附近及叙西部的反政府武装，而这些力量正是美国及其盟友倾力支持的对象。这意味着美国在叙利亚问题上的影响力和话语权也将随之丧失。

但美国不可能轻易任由俄罗斯摆布，与俄对抗和博弈日益增多。一是反对俄提出的政治解决叙利亚方案。奥巴马公开称，俄力挺巴沙尔的政策“是一个巨大错误”。美国不仅拒绝与俄罗斯共享在叙利亚的军事情报，还拒绝了俄罗斯派团赴美共商叙利亚事宜的提议。为争夺叙利亚问题主导权，美国还宣称将向叙反对派提供更多武器。美国暗示，在放弃耗资 5 亿美元培训叙叛军项目后，美国并不打算叫停另一个项目，即 2013 年启动的用反坦克系统装备反对派的项目。“叙利亚自由军”战地指挥官称，他们借助美制 BGM－71 “陶” 式反坦克导弹摧毁了政府军装备的大量俄制装甲设备。在外交领域，美国处处与俄罗斯作梗。11 月 20 日，美国总统奥巴马仍然声称，要结束叙利亚内战或达成政治和解，前提是叙利亚总统阿萨德必须下台。2015 年 10 月 23 日和 30 日，有关各方在维也纳两次举行政治解决叙利亚问题国际会议，但由于美俄在叙利亚问题上立场分歧明显，会谈未达成实质性成果（2015 年 12 月，美在巴沙尔问题上立场有所松动）。

二是鼓动地区盟友参与阻挠。为防止伊拉克被俄罗斯“拉走”，美参联会主席约瑟夫·邓福德 10 月 20 日突访伊拉克，要求阿巴迪总理既不要从俄获取军事援助，也不要邀请俄罗斯打击境内“伊斯兰国”[①]。此前，美国曾劝阻海湾国家向叙利亚反对派提供肩扛式导弹，以免落到极端分子之手，击落阿拉伯或西方战机。但俄开始在叙空袭后，叙反政府武装获得肩扛式导弹的可能性增大[②]。美国在中东的主要盟友沙特坚持巴沙尔必须下台。10 月 30 日举行的叙利亚问题会议，沙特外交大臣朱拜尔公开称“阿萨德必须下台”[③]。12 月 15 日，沙特宣布组建由 34 国组成的伊斯兰反恐联盟，但伊朗并未出现在该名单中，这意味着沙特仍对包括巴沙尔在内的什叶派势力充满敌对。

土耳其的反应最值得关注。土耳其对打击“伊斯兰国”态度暧昧：土耳其长期开放叙土边境，任由“伊斯兰国”人员和物资自由往来；“伊斯兰国”在土耳其招募新兵并进行训练；土耳其总理埃尔多安之子比拉勒参与同“伊斯兰国”的石油走私，土安全和情报机构则为其提供方便。据伊拉克政府一位前顾问表

---

① Y. Graff, In Iraq, Public Debate Over Russian Involvement, Disappointment At U. S. Failure Against ISIS, The Middle East Media Research Institute, November 2, 2015.

② Dan De Luce, Will Islamist Blowback Derail Russia's Gambit in Syria? ForeignPolicy. com, November 2, 2015.

③ Nicolas Davies, Syria at a Crossroads: Carrying on With the War? "The US and the Saudis are Still Working Together", Global Research, November 2, 2015.

示，过去 8 个月中，“伊斯兰国”在土耳其黑市出售了价值 8 亿美元的石油[1]。此外，土耳其还治疗受伤的“伊斯兰国”成员，据说“伊斯兰国”首领巴格达迪在受伤后就是先到土耳其就医，然后又逃往利比亚。而俄罗斯对“伊斯兰国”打击，尤其是切断该组织石油走私通道，不啻是断了土耳其“财路”。因此土耳其反对俄罗斯在叙军事行动。2015 年 11 月 24 日，土耳其以俄战机闯入其领空为由，公然将一架苏 24 战机击落。这一突发事件使俄土矛盾骤然升温，俄罗斯进退两难：如果不对土耳其进行强有力的军事报复，俄在中东积累超高威望将明显下降，土耳其等与“伊斯兰国”暗中联系将使反恐难以根本奏效；如果对土耳其进行大规模报复，则可能陷入“四面出击，四面树敌”的困境。目前乌克兰问题尚未完全解决，叙利亚反恐正如火如荼，如果再与土耳其正面冲突，不啻是开辟“第三战场”，则面临“敌人越打越多”的被动局面。目前，尽管俄罗斯声称不会对土耳其开战，但俄土关系降至冰点，使双方合作解决叙利亚问题已经不可能。俄在叙军事行动的不确定因素增多。

前景展望

俄罗斯要想体面退出叙利亚战场，唯一办法就是“以打促谈”，通过战争创造有利于政治解决的条件，最终政治解决叙利

① Stephen Lendman, Turkey Refines and Sells Stolen Syrian and Iraqi Oil for ISIS, Global Research, November 30, 2015.

亚危机。由此不难理解，自军事行动展开以来，俄罗斯积极推动政治解决叙利亚问题。10 月 28 日，普京给沙特、约旦、土耳其、埃及领导人打电话，准备以外交方式结束叙利亚冲突。俄罗斯还积极与沙特、土耳其、美国等国协商，推进叙利亚危机政治解决程序。从目前看，叙利亚危机确实出现了政治解决的迹象。2015 年 12 月 18 日，安理会通过由美国和俄罗斯牵头的 17 国提出的叙利亚和平进程决议，支持在叙利亚全国实现停火，呼吁叙在 18 个月内进行选举，但没有谈巴沙尔去留问题。这在某种程度使俄罗斯的意志占了上风。

然而，深入剖析，当前叙利亚实现政治解决的条件仍不具备。叙利亚已经成为各种势力激烈博弈的交汇点和主战场。从宏观层面看，参与叙利亚危机博弈的力量至少有三组：最上层是美俄，中层是区域国家（如伊朗、沙特、土耳其等），最下面才是巴沙尔政府和反叛力量。从微观层面看，叙利亚战场上至少存在五种冲突：巴沙尔政府与逊尼派反政府武装间的冲突，库尔德“人民保护联盟”（YPG）与“伊斯兰国”的冲突，反叛武装与“伊斯兰国”的冲突，叙政府军与“伊斯兰国”的冲突，以及土耳其与 YPG 之间的冲突[①]。目前叙利亚国内有 1000 多个反对派组织，这些组织主张各异，彼此相互征战，这些力量形成统一谈判力量几乎不可能[②]。因此叙利亚真正实现政治解决仍路途艰难。在可见的未来，叙利亚仍将动荡不止，俄罗斯军事行动将左右为难。

① Jonathan Spyer, Russian Intervention in Syria Isn' t a "Game Changer", *The Strategist*, October 30, 2015.

② Daniel L. Davis, Is a Syrian Ceasefire an Impossible Dream? The National Interest, November 26, 2015.

叙利亚局势发展带给我们的思考

◎ 杨　俊

叙利亚危机的持续既有其国内民族教派复杂的内因，也有世界大国和地区大国相互博弈的外因。旧秩序旧体制一旦被削弱或者被摧毁，其带来的连锁反应必将改变地缘政治的格局和强弱对比。在分析叙利亚危机爆发和演化原因的同时，不妨也对这个地区的未来做一些预言。

自2011年3月以来，叙利亚危机已经持续了将近五年。悲观地说，在近五年的时间里，解决这一问题的曙光始终未曾出现，叙利亚国内局势可以用没有最糟，只有更糟来形容。叙利亚内战的画面已经从最初的酷刑和虐囚而演变成为化学武器袭击和各种中世纪后已经消亡的变态处决方式。小难民浮尸海滩的画面更是让世人之心为之颤动。

叙利亚被认为是阿拉伯之春中多米诺骨牌的最后一块，但就像好戏总要留到最后一样，阿萨德家族的坚持加上阿拉维人的坚韧，这块骨牌在晃晃悠悠多次后依然未倒。人类社会中所有的大事件都有它的历史必然和偶然，关于叙利亚危机的历史必然性和偶然性，在这近五年的时间里讨论得已经足够多，不必累述，本文想探讨的是叙利亚危机对我们理解中东这个地区有什么新的启发，有什么新的思路，对它的未来有什么新的判断。

一、摒弃教派差异的民族主义业已失去风采

阿拉伯复兴社会党思想是阿拉伯民族主义思想的一支，诞生于20世纪二三十年代前后，40年代开始走强，从一个默默无闻的小党派变成政治舞台上的狮子。在这一历史时期内，阿拉伯地区从奥斯曼帝国的殖民地变成了西方列强的殖民地，经历了一次被以英法为代表的西方国家坑骗的历史过程。英法先是以民族独立欺骗他们起来反对奥斯曼苏丹的统治，然后在奥斯曼帝国垮台后背弃承诺，武力并吞了这些殖民地。

反帝反殖民是这一时期阿拉伯政治舞台的主线。民族自决与民族自省成为当时大部分阿拉伯精英阶层的共识，民族主义大旗下聚拢了跨越宗教、职业和出身的一大批有志中青年。刚刚崩溃的奥斯曼帝国的晚期历史让很多阿拉伯人，尤其是已经接收西方思想的阿拉伯人意识到，单纯依靠宗教是不能救亡图存的，这点连奥斯曼帝国的直接继承者土耳其都已经意识到。西方化、现代化被认为是最有效也是唯一的可以解决社会问题的办法和途径。

尽管关于民族国家起源和定义的政治学和社会学理论至今没有统一的说法，但毫无疑问民族国家概念对阿拉伯人而言是一个“舶来品”。今天阿拉伯国家之间笔直的国境线，狭义上说是赛克斯—皮科协定的恶之花，广义上说是西方政治资本利益在中东

地区结出的恶之果。

这种民族国家边界的划分其弊端和不合理性有目共睹。微观处可以是一个村落的果园分布在两个国家境内，一个部落的头羊和尾羊分踏在两个国家境内。宏观看则是一个民族或一个教派的跨境分布。

但就像在中国，寄予在“洋务运动”上的强国梦也被甲午战争的惨败所击碎，阿拉伯人寄予在“民族主义”和“民族国家”上的强国梦被中东战争的连续惨败所击碎。尽管战争之后作为民族国家的埃及、叙利亚等国其国家形式、政治结构都还健在，但民众甚至知识阶层对这些政府能否实现富国强民、洗雪犹太复国主义者给阿拉伯人带来的耻辱，已经产生了怀疑。随着这些政权的日益腐朽，阿拉伯民族主义者的领袖们纷纷堕落成为终身制和世袭制总统，民众对他们最后的一点信心消失殆尽。阿拉伯之春最终既是偶然也是必然地席卷中东大地，将已经堕落的阿拉伯民族主义者扫进了历史的垃圾堆。

叙利亚的巴沙尔政府之所以没有像突尼斯的本·阿里、利比亚的卡扎菲和埃及的穆巴拉克那般被一阵“春风”就吹下台，恰恰是因为其国内一直存在可供利用的、尖锐的教派矛盾和宗教分歧。没有任何一个分析评论认为今天的巴沙尔政府是由于对阿拉伯复兴事业的执著与虔诚而团结一致抵御反对派的进攻。阿拉维派、德鲁兹派和基督徒这些少数派因惧怕迫害，而拼死拒绝国家政权落入占人口多数的逊尼派手中似乎才是今天叙利亚胶着局面的内因。复杂教派导致的尖锐矛盾曾是老阿萨德总统治理下叙利亚中央政府的巨大威胁，但今天恰恰是这些可以利用的矛盾聚拢了誓死捍卫阿拉维政权的力量。

叙利亚危机让阿拉伯民族主义失去了最后的光环。

二、强调宗教认同的伊斯兰极端主义风头正盛

如果说本·拉登领导的基地组织还只是让世界意识到伊斯兰极端主义的存在，阿富汗塔利班政权强化了这种意识，伊斯兰国的出现则让世界切实感知到了什么是伊斯兰极端主义。

伊斯兰极端主义并非在一夜之间出现，它的发展和崛起有着复杂的历史背景和社会原因。在阿拉伯世界的精英之中，始终有一批人坚持认为西方社会所代表的工业文明是反人类的，是堕落的，是不可接受的，这些人坚定地认为伊斯兰教是解决人类社会所有问题的钥匙，是人类社会发展的终极模式，直到世界末日宗教审判之时。这一思想在穆兄会精神导师赛义德·库特布以《路标》为代表的一系列著作中得到了系统而全面的阐述。

在阿拉伯民族主义占据阿拉伯世界理论高地的20世纪中叶，持伊斯兰极端主义观点的政治人物和组织，比如赛义德·库特布、哈桑·班纳和他们的穆斯林兄弟会，受到来自世俗政权的严厉打击。但随着民族主义带给普通阿拉伯民众的不再是尊严，而是屈辱之时，伊斯兰极端主义思想从20世纪后期开始逐渐获得了自下而上的支持。

借由科学技术的发展，伊斯兰极端势力对西方文明所发动的“圣战”借由网络和自媒体的发展，其影响呈放大效应。很多穆

斯林青年对中东战争的惨败印象来自于书本和父辈的讲述，虽然知道割地求和的屈辱结果，但对美国和以色列的强大缺乏感官认知，没有直接认识。“9·11”的巨大“成功”和随之而来被神化了的本·拉登形象，都为极端主义思想披上了神圣的罩袍。在阿拉伯青年中逐渐出现了两个观点，一是西方世界并非强大到不可战胜，二是只有坚持主道才能战胜西方。所谓坚持主道就是坚持伊斯兰信仰。这从理论和实践上否定了阿拉伯民族主义的历史作用和价值。

在正常情况下，原教旨主义并非一个贬义词，作为目前最为世界所熟悉伊斯兰原教旨主义代表的萨拉菲主义和瓦哈比主义，他们原本所追求的回归本质的宗教主张并不应当受到激烈的谴责和非议。但由此所派生出的包括“定判”等理论在内的极端思想，却不得不引起我们的关注，甚至是戒心。

党同伐异是人类社会发展中不可避免的现象，天下穆斯林皆兄弟是这一现象在伊斯兰教中的具体体现。在叙利亚危机爆发之后，宗教认同概念在被复兴党思想压制近半个世纪后再度兴盛起来。对共同价值体系的认同是“伊斯兰国”国家构成的基础。来自伊拉克、叙利亚、其他阿拉伯国家、欧洲、中亚外高加索甚至中国新疆的圣战者，他们都可以成为“伊斯兰国”的居民，因为他们都是逊尼派。在他们眼中，阿拉伯民族主义和阿拉伯复兴党思想都不值得反对，甚至很多人都不知道这是什么。他们反对的是在宗教上与他们不同的什叶派及阿拉维人，当然还有基督徒。

而与之相抗衡的巴沙尔政府和盟友，也并非真的是因为捍卫世俗化政权等原因而团结一致，阿拉维、德鲁兹、基督徒这些宗教上的少数派联合自保才是实质。

三、地区内新的国家版图呼之欲出

尽管国际社会还在为保证叙利亚的主权和领土完整而努力，但在理智的分析后不难作出判断，那就是维持了大半个世纪的西亚版图已经很难恢复到叙利亚内战爆发前的样子了。

伊斯兰国能够轻易建立起一个横跨伊拉克和叙利亚的国家，并非其控制能力有多强，而是伊叙边境的管控实在是松散。一望无际的沙漠边境，政府能控制的仅仅是沿着几条跨境的战略公路所设的陆地口岸检查站，如果不是开汽车而是骑骆驼，避开这些检查站并非难事。沙漠地区的政治和军事控制方式是绿洲模式，即谁控制了散布在沙漠中的绿洲，谁就控制了这片绿洲周边的沙漠地区。而诸如拉卡等看似符合现代意义的城市，其实质也是建立在大绿洲之上的现代居民定居点。广袤的沙漠作为边境根本无法守卫，更适合作为腹地来经营。

早在伊拉克战争之后，伊拉克就已经呈现出碎片化的趋势，库尔德、逊尼派和什叶派三派已成鼎足之势，但由于人口和萨达姆负面政治遗产的原因，伊拉克逊尼派的势力和地盘都最小。事态在伊斯兰国诞生后出现了变化，以伊拉克逊尼派为主体的伊斯兰国早期力量跨过松散的沙漠边境，到叙利亚逊尼派聚居区谋求联合，力量迅速发展。逊尼派再不是任由什叶派巴格达政府欺负的弱小族群，而是动辄就要兵临巴格达城下的强悍武装。

再观叙利亚，库尔德人借机割据了哈塞克省北部的卡米什利；靠近伊拉克的逊尼派地区成为伊斯兰国的“领土”中北部逊尼派和极少量什叶派混居的哈马、霍姆斯、阿勒颇地区成为基地组织领导下的努斯拉阵线的地盘；拉塔基亚、塔尔图斯、苏伟达几省是阿拉维派、德鲁兹派、基督教徒的传统地盘，这些叙利亚少数派聚在一起抱团取暖。

做个大胆的猜想：未来伊拉克和叙利亚地区内北部将出现库尔德国，首都埃尔比勒（注：库尔德是民族概念，虽然也属于逊尼派，但由于其分布于四国境内，历史成分和政治矛盾复杂，其特殊性本文不再赘述，留以后探讨）；中部是一到两个逊尼派国家，也就是以摩苏尔为首都的伊斯兰国和以阿勒颇为首都的努斯拉阵线建立的北叙利亚政权；东南部的伊拉克什叶派将并入伊朗；西部沿地中海东岸，经霍姆斯南部延伸到大马士革和苏伟达省将是以阿拉维为主体，包括德鲁兹和基督徒在内的“智慧叙利亚”；原叙利亚南部的德拉省就近并入约旦。

这个猜想看似不可思议，但却是目前局势发展最有可能出现的结果。

盘点2015年欧洲形势和中欧关系

◎ 梅兆荣

本文概述2015年的欧洲形势和中欧关系的特点，指出欧洲经济复苏仍缓慢乏力，各国发展不平衡突出，欧盟成员国之间在一系列问题上矛盾加剧，一体化进程停滞不前。更令人瞩目的是，这一年欧洲备受多重危机困扰，主要是五大问题，即乌克兰危机、难民潮的冲击、恐怖分子袭击、希腊债务问题发酵以及英国退欧公投问题提上议程。与此不同，中欧关系亮点纷呈，出现了英、法、德三大国竞相谋求同中国合作的态势，中国—中东欧国家苏州会晤取得重要成果，中欧“一带一路”建设、战略对接、国际产能合作初显成效。展望2016年，中欧关系可望保持积极发展势头，但欧方对华政策中的两面性不容忽视，我应保持清醒头脑和警惕。

2015年，对欧洲来说是备受多重危机困扰的“多事之秋”，而中欧关系却是亮点纷呈持续看好的“热络年”，但两者之间没有直接的因果关系。

一

冷战结束后，欧盟经济一度平稳看好，90年代初以马斯特里赫特条约为标志，亮出了建立政治联盟的雄心壮志，接着实施大步东扩计划，先后接纳了15个新成员国，包括12个东中欧国家，当时各国内部社会和外部环境相对稳定。但2008年受美国次贷危机引发的国际金融危机冲击之后，2009年欧洲爆发了主权债务危机，欧元区面临严峻考验。经过多年艰苦努力，欧洲经济总算走出了谷底，但迄今复苏缓慢乏力。除德国和北部欧洲国家相对较好外，南欧国家不同程度上受财政赤字和债务困扰，失业率居高不下，法国、意大利问题更多。与此同时，欧盟成员国经济发展不平衡突出，一体化进程停滞不前，短期内难有重大进展。

更令人瞩目的是，进入2015年以来，多重危机接踵缠绕欧洲，这是冷战后欧洲历史上罕见的现象。主要表现为五大问题。

一是乌克兰危机持续发酵。这场危机不仅关乎乌克兰作为独立主权国家的前途命运，而且关系到欧洲的和平与稳定，对全球战略格局和大国关系的演变也具有不容忽视的深远影响。欧美官方强调俄“吞并”克里米亚和支持乌克兰东部“分裂势力”破坏了国际法，据此对俄实施“经济制裁”，但客观地观察这场危机的起源，实际是美西方挤压俄战略空间，威胁到俄核心安全利益，迫使俄进行反击。这场危机诚然有乌内部不同利益集团相互争斗的内因，但发展到今天这个地步却是外部势力干涉的结果，而美欧作为始作俑者难辞其咎。对欧洲来说，与俄这个大邻国、潜在的大市场和天然气的重要供应者交恶，不符合其战略利益，是欧洲周边环境恶化的表现。问题还在于，欧盟在乌克兰问题上的应对受多方力量左右，充满了矛盾。从乌克兰的国情和地缘政治处境看，它应成为促进东西方沟通的桥梁，而不应充当一方反对另一方的桥头堡，这样才有利于欧洲和平与稳定，促进东西方之间的合作，对乌克兰本身也有利。但欧盟内部在此问题上存在着不同的利益和图谋。在欧盟内起主导作用的大国如德法一方面力图把乌克兰纳入欧盟势力范围，另一方面又希望同俄保持正常的合作关系，这两个方面构成一对既相互对立又相互制约的矛盾。另一些欧盟国家如波兰和波罗的海三国出于同俄的宿怨以及为了改善自身战略安全环境，而力主对俄采取强硬措施政策，把乌克兰纳入北约，成为他们抗衡俄的缓冲地带。更为重要的是，美国表面上退居二线，让欧盟国家在第一线同俄博弈，实际上仍是乌克兰危机的主要推手和后台，其目的除挤压俄战略空间和遏止俄崛起外，还有阻止欧俄靠近和合作并强化欧洲对美战略依赖的用心。正是在这样的背景下，乌克兰危机解决前景渺茫。虽然德、法、俄、乌四国通过“诺曼底会晤”达成了明斯克协议，包括停火，后撤重武器、给予乌东部两个“独立共和国”以特殊地位等等，但落实中各取所需，相互指责对方未履行协议，因此制裁与反制裁的对抗态势难以解除。

二是来自中东北非难民潮的压力。从 2015 年下半年起，欧洲受到中东北非战乱地区来势凶猛的难民潮冲击，这是美、西方为输出西方民主而推行“政权更迭”造成的恶果。作为经济条件最好、对难民态度“最宽容”、保障难民权益的法律“最完整”、提供难民待遇“最优厚”的德国，自然成了难民或非法移民最向往的目的地国。但由于默克尔总理开始时处置失当，德国也成了搅动欧盟内部矛盾的中心。9月初默克尔公开表示接受难民可“不设限”，作了敞开大门欢迎难民的姿态，她这样做既是为德国经济增长需要劳动力，也是为了迎合当时同情难民的心理，并从道义上塑造个人形象，以及洗刷德国历史的污点。但她未料到这一表态的严重后果：一是对涌向欧洲的难民潮起了推波助澜作用，统计显示，2015年进入德国的难民将超过一百万，相当于2014年的四倍多；二是导致被分派接受难民的地方当局不堪重负，民众中也出现了恐慌情绪，对难民的态度急转直下；三是引发了国内排外势力的抗议示威，袭击难民营和难民的事件急剧上升，原先不起眼的“另择党”的民意支持率骤升至10%左右；四是执政联盟伙伴基社盟主席带头公开批评她发出了“错误信号”，使德国“面临失控局面”，要求限制接受难民数量；五是默克尔的民意支持率明显下降。在欧盟层面上，也引起了东欧国家的强烈不满，一些国家不顾“都柏林协议”关于难民首入国应对难民进行登记的规定，纷纷顺水推舟把难民直接推向邻国特别是德国。即使欧盟理事会作出了按国内生产总值、人口数量、失业率和已接受难民状况按比例分摊滞留在意、希的十多万难民的决定，一些东欧国家也以各种理由拒绝执行。为从源头上堵截叙利亚难民，默克尔9月下旬紧急专访土耳其寻求配合，土借机提出了三个条件：一是给土提供30亿欧元安置难民；

二是重启土入盟谈判；三是为土公民进入欧盟提供签证便利。这三条均非德国一家所能决定，当时舆论认为默使命失败，但不久欧盟被迫全部满足土方要求。难民潮给欧盟造成的困境由此可见。

三是暴力恐怖袭击威胁严重。继上半年巴黎《查理》周刊总部遭到恐怖主义分子血洗之后，下半年巴黎六个地方同时遭到恐怖主义分子有组织、有计划、有预谋地袭击，人员伤亡空前，被喻为又一次“9·11”事件。法国总统宣布同伊斯兰恐怖主义处于“战争状态”，欧洲其他大国的不安全感也骤然上升，纷纷强化反恐措施。值得注意的是，参与实施巴黎暴恐袭击的部分极端分子是欧洲内生的恐怖主义者，有的还是在“伊斯兰国”接受培训后混在难民群中进入欧洲的，由此人们更加担心大量无序涌入欧洲的难民中可能混入了伊斯兰武装分子，这将构成无穷的安全隐患。

四是希腊债务争端再度爆发。希腊政府债务总额高达 3250 亿欧元，占其 GDP 的 175%，并呈现继续攀升势头，从希腊经济结构和资源条件看，在可预见的将来是无法还清的。希腊人口一千万左右，相当于德国巴伐利亚一个州，其经济总量占欧盟和欧元区的比重仅为 1.3% 和 1.7%，就欧元区或欧盟的实力来说是可以消化的。但如何处理希腊债务问题，一方面会在欧盟内部引发多米诺骨牌效应，特别会引起西班牙、葡萄牙等南欧重债国援例仿效；另一方面，在一些欧盟富国的选民中会产生内政上的效应，比如德国的民众强烈反对政府用纳税人的钱为超前消费的希腊人“买单”，谁要是这样做就会丢失选票；此外，保住希腊的欧元区地位也关系重大，一旦希腊被迫退出欧元区，对南欧一些处境相似的国家对欧盟一体化的信念将产生极大的消极影响力。而且，希腊宣告破产，德国将损失 700 亿 ~ 800 亿欧元，法国也将损失 500 亿欧元；从地缘政治上看希腊可能向俄罗斯靠拢，而希腊是欧洲南端的北约重要基地，美国也不允许让俄在希腊得势。因此，由德国主导的“三驾马车”债权方，即欧洲央行、欧元集团和国际货币基金组织，一方面提出严苛的援助条件，包括实行紧缩政策和改革，这也有警示其南欧国家的用意，另一方面也想方设法把希腊留在欧元区。专业人士认为，最理想的解决办法是：希腊切实履行改革和紧缩开支承诺，给予希腊很长的宽限时间，同时减记即免除希腊部分债务。但德国带头反对减记债务，理由是这不符合欧盟原则。2015 年 1 月希腊激进的左翼联盟大选胜出后，齐普拉斯总理誓言要为希腊争取比上届政府更好的债务偿还条款，于是同以德国为首的债权方再度爆发争斗，7 月齐普拉斯打着为“希腊的尊严而奋斗”的口号组织全民公投，61% 希腊人反对接受债权方条件，政治上强化了自己在国内的地位，但德国主导的“三驾马车”仍坚持只有希腊实施改革才能获得援助，希腊别无出路只好屈从，整个过程折腾了大半年时间。最后的妥协是，希腊以承诺改革换取时间并赢得救助，避免债务违约，而欧盟以时间买希腊改革，即给希腊一个较长的改革期限，避免希腊破产退出欧元区。具体办法是，欧盟在希腊同意改革和节支的前提下，给希腊提供为期三年的 860 亿欧元分期贷款，以使希腊银行业重新转动起来，政府开支得以维持，但累计债务依旧，不确定性依然存在。

五是英国退欧公投提上议程。随着英国保守党在 2015 年大选中胜出，卡梅伦首相早先作出的承诺提上日程，即最迟于 2017 年就英国是否退出欧盟举行公投。这是卡梅伦玩弄的一个把戏，旨在取得两个效果：一是缓解保守党内和民众中的疑欧情绪，二是借以与欧盟讨价还价。英不愿加入欧元区，也反对欧盟进一步一体化，却想在欧元区事务中拥有话语权，并谋求欧盟在某些核心问题上给予英国例外待遇，比如欧盟其他成员国公民移居英国后四年之内不能享受英国的社会福利待遇，允许成员国有选择地参与一体化项目，欧盟成员国议会可以对欧盟决议行使否决权，等等，其中有些是其他欧盟成员国难以接受的。德国前总理施密特指出，英国所提要求的本质是“双速欧洲”，这既是欧元区和欧盟不同步发展的结果，也是欧盟内部生活条件和文化差异的必然要求。据分析，英国工党、经济金融界以及卡梅伦本人都希望留在欧盟，因这符合英国利益，否则伦敦金融中心的地位将严重受损；德、法也不希望英国脱欧公投；美国也要求英国留在欧盟内起某种“特洛伊木马”作用。但英国保守党内一部分议员，特别是民众中退欧情绪强烈。一般估计，英国大多数人在正常情况下将会是理性的，他们要的是改变而不是退出欧盟，因此公投结果将在很大程度上取决于英国与欧盟即将开始的谈判结果。但不能排除发生意外，特别是 2015 年出现的难民潮已对民调结果产生效应，使主张退欧的人数超过了赞成留在欧盟的人数，这对欧盟来说又是一个不祥之兆。

总的来看，欧洲虽然是发达国家集中的地区，凭借其经济科技实力和在国际规则方面的影响力，尚有老本可吃，但面对经济全球化、国际格局多极化、新兴力量崛起以及美国左右国际事务的能力下降和欧盟东扩过快等所带来的后果，目前面临的困难和挑战增多，亟须在经济、社会、体制以及对外政策等方面进行反思、改革和调整，但西方的民主选举制度不允许他们彻底地反思和实行大刀阔斧地改革，欧盟内部各成员国因处境、利益不同而难以达成一致意见，因此，欧洲的困境在新的一年里仍将会延续，我们应密切跟踪观察，并从中得出恰如其分的结论。

二

尽管欧洲总体上陷入了上述困境，但由于中欧之间没有地缘政治上的直接利害冲突，也不存在历史遗留下来的宿怨或争端，加之得益于中国经济的良好发展和广阔前景，中欧经济结构互补性又很强，以及双方互有需求的一面上升，2015年中欧关系在广度和深度上都取得了令人瞩目的进展，并呈献出一些新的特点。

一是中欧关系的战略性凸显，务实合作精神上升，出现了英、法、德三大国竞相谋求对华合作的态势。习近平主席访英受到空前隆重热烈的接待，中英商定构建“面向21世纪全球战略伙伴关系”，英方表示愿意成为中国在西方的“最佳合作伙伴”，从而开辟了持久、开放、共赢的中英关系“黄金时代”；中法元首和政府首脑一年内互访，特别公认的是双方发表的《中法元首气候变化联合声明》为巴黎气候变化峰会取得成功做出了重要贡献；默克尔总理在其任内第八次成功访华，中德启动高级别财金对话及外交和安全战略对话。所有这些都表明，中国同欧洲三大国关系的热度上升。还值得注意的是：英国顶住美国压力率先加入亚洲基础设施投资银行，德、法等国随后跟进；捷克总统和法国外长等不向美国看齐而出席中国抗日战争胜利 70 周年纪念活动；德、法、英等国明确支持人民币加入国际货币基金组织特别提款权货币篮子，支持中国加入欧洲复兴开发银行，呼吁国际货币基金组织加快落实份额改革。

二是中国—中东欧国家领导人苏州会晤取得重要成果，发表了《中国—中东欧国家合作苏州纲要》和首份《中国—中东欧国家合作中期规划》，并探讨建立 16 +1 金融公司和启动“三海港区合作”。此外，首届 16 +1 卫生部长论坛和 16 +1 合作旅游年成功举行，16 +1 虚拟技术转移中心成立，以及为中国—中东欧国家合作提供智力支撑的第三届中国—中东欧国家高级别智库研讨会也开得很成功。还需要指出的是，欧盟及奥地利、希腊、欧洲开发银行的代表作为观察员参加了上述苏州会晤，标志着欧盟内部对中国—中东欧国家合作作为中欧关系重要组成部分的认知趋向理性。

三是推进“一带一路”建设，对接中欧发展战略，促进国际产能合作，挖掘中欧合作新增长点的努力渐显成效。在战略对接方面，第十七次中欧领导人会晤决定加快“一带一路”与欧洲投资计划对接，建立中欧共同投资基金和互联互通平台；匈牙利、捷克、波兰、斯洛伐克、保加利亚和塞尔维亚等国同中国签署了共建“一带一路”的政府间谅解备忘录；中英同意将“一带一路”与英国基础设施升级改造计划和“英格兰北路经济中心”对接；中法签署了第三方市场合作联合声明；中德为“中国制造 2025”和德国“工业 4.0”对接建立了副部级政府间协商机制。在重点项目合作方面，中法企业就英国欣克利角核电站项目签署了协议，开创了中国核电进入发达国家的先河；中远集团参与的希腊比雷埃夫斯港私有化第二轮招标工作正式启动，中远比港 3 号码头扩建项目稳步推进；中欧班列实现双向对开；中国同罗马尼亚、塞尔维亚、波黑等国商定在基建、能源等领域开展系列重要产能合作；匈塞铁路建设以中匈、中塞分别签署协议为标志进入新阶段。在金融合作方面，中英决定扩大双边本币互换规模，匈牙利将发行人民币主权债券，中国在英国发行首支绿色债券，上交所、中金所同德交所共建离岸人民币金融工具交易平台，等等。在人文交流方面，中欧在文化、科技、教育、旅游等领域的合作也持续扩大，有利于进一步夯实中欧合作的民意基础，比如英国宣布颁发中国公民二年多次入境签证，中欧达成便利人员往来谈判路线图。

展望 2016 年，中欧关系可望继续保持积极发展的势头，主要依据是：中国深化改革开放，经济结构将改善，产品质量会提高，增长率虽有所下降，但在世界大国范围内仍居榜首，欧洲多数人看好中国市场和投资场所，并日益正视和接受中国的崛起；随着全球性挑战的增多，中国在国际格局中的影响力和话语权日益彰显，欧洲人越来越多地认识到，解决全球性问题需要中国的积极参与和合作，这就为中欧合作提供了新的动力和空间；从过去的正反两方面经验中，欧洲人日益觉悟到，以意识形态画线，根据社会政治制度的异同决定国家关系好坏的做法越来越行不通，务实合作是大势所趋。欧洲作为发达国家集中地区，经济技术水平总体上较高，有不少发展理念可为我国借鉴，欧洲的高科技和高端产业相对较为开放，在中国实施“十三五”规划和实现第一个百年目标的进程中，欧洲市场、技术、资金和经验对中国的意义更加凸显。

在看到中欧关系良好的同时，对一些欧洲国家对华政策中的两面性仍需保持清醒头脑。这不仅是因为在意识形态和涉我核心利益的敏感问题上仍存在分歧，而且随着双方利益交织的更加深入，经贸摩擦和“中国威胁论”也将不时出现。一些人出于其大西洋情绪或受结盟政策制约，在诸如南海问题上有时要跟着美国的调子“跳舞”，从而损害中国利益，对此我们必须始终保持警惕。

多重危机叠加作用下的欧盟

◎ 丁原洪

2015 年，欧盟危机不断：乌克兰危机、希腊主权债务危机、非法移民潮等接连强烈地冲击欧洲。在这多重危机叠加作用下，欧盟内部矛盾激化，分裂加剧，“疑欧”思潮弥漫，分离势力增长。欧盟今日的困局，虽有外部因素，但主要的原因还在其内部。此种状况，将对欧盟一体化进程产生不容小视的消极影响。

欧盟作为世界上经济实力最强，一体化程度最高的主权国家联合体，在世界舞台上发挥着重要作用，也曾是世界其他地区推进一体化的样板。但对欧盟来说，2015 年流年不利。屋漏又逢连阴雨，一场危机接着一场危机，乌克兰危机尚未平息，希腊主权债务危机再度爆发。当希腊债务问题引发欧盟内部关系紧张刚刚有所舒缓，前所未有的非法移民潮又强烈冲击欧洲，迄今未见解决。在多重危机叠加作用下，欧盟内部政治、经济、文化、外交等各种矛盾激化，成员国之间公开争吵，使一贯以“团结一致”为标榜的欧盟出现明显的裂痕，从而使欧盟的声誉和国际影响力受到损害。欧洲一体化进程陷于十分严重困境。

欧盟遭遇今日的困局，虽有外部因素，但更重要的原因在其内部，或者更确切地说在于其主权国家联合体的政治体制和“超国家”的治理模式。在如今经济全球化和政治多极化快速发展的国际大环境下，欧盟这种特有的体制和模式越来越不能适应，各种固有弊端凸现。这一切的导火线始于 2008 年的全球金融危机。

二战以后，欧洲推行罕见的高福利经济制度。这虽对欧洲战后经济迅速发展起到积极作用，但也为日后的发展埋下祸根。“高福利”带来的后果是增加了国家财政负担，削弱了国际竞争力，给各国的长远发展造成不利影响。日积月累，一些经济实力基础较差的国家不得不靠举债维持。高福利、高失业率、高债务成了这些国家的常态。为了应付 2008 年一个世纪来最为严重的全球金融危机，欧盟投入了 3 万多亿欧元资金，以支撑岌岌可危的金融系统，引发欧洲一些中小国家的主权债务危机，其中以希腊最为严峻。

欧盟成员国的“身份”本就不尽一致，一部分参加了欧元区，一部分没有加入。债务危机又使欧元区国家分成“债权国”和“债务国”。由于利益不同，对解决债务问题的主张出现了分歧。18 个成员国有时开会都得分着开。有关解救债务国的方案实际上更多地照顾到债权国的利益，特别是经济实力最强的德国。欧盟这几年针对债务国制订的救助方案基本上都是根据德国的主张，即以“紧缩换援款”。几年下来，欧洲主权债务危机总的来看虽有所缓解，但却拖累了欧盟整体的经济复苏，去年它被世界银行视为“拖累全球经济的主要因素”。

欧洲债务危机使欧元区南北分裂为“债务国”和“债权

国”，而在解决债务问题主张上又出现“紧缩与增长”之争。德国与法国这两个一体化“火车头”为此争执不下。这次在讨论第三轮解救希腊债务危机方案时，德国坚持实施更为苛刻的紧缩措施，甚至不惜将希腊踢出欧元区，而法国则坚决反对“希腊脱欧”。最终，希腊虽得以留在欧元区，但不得不接受连国际货币基金组织都认为不会解决问题的方案。

欧洲债务危机已折腾了五年多，根本问题没有解决，但却增添了成员国之间的利益矛盾，相互间离心离德。

如果说债务危机使欧元区一分为二，形成南北分裂，而且加重了欧元区成员国与非欧元区成员国之间的隔阂和疑虑，而乌克兰危机的演绎则尖锐地反映出东西欧国家或者说“新老欧洲”国家之间难以弥合的固有矛盾。

以波兰为首的中东欧国家虽已加入欧盟，由于与俄罗斯毗邻，怀有历史宿怨，将俄罗斯视为自身安全的主要威胁；而“老欧洲”国家由于经济上的利益和安全上的考量，始终认为与俄罗斯保持相对稳定的关系关乎欧洲的长治久安和可持续发展。东西欧之间的这种差异，随着俄罗斯国内形势的变化和普京总统的执政而越来越明显。为促使乌克兰、格鲁吉亚倒向西方阵营，波兰在西方策动乌克兰、格鲁吉亚“颜色革命”活动中，起到了很大的推波助澜作用。在 2008 年俄罗斯与格鲁吉亚交战导致阿布哈兹和南奥塞梯地区从格鲁吉亚分离出去之后，波兰联合瑞典，不顾德、法等国的反对，倡议召开欧盟伙伴国峰会，试图与乌克兰、格鲁吉亚等国签订“伙伴关系国联系协定”，以准欧盟成员国身份将它们拉入欧盟范畴。这次乌克兰危机的爆发就源于西方国家借口亲俄的乌克兰总统亚努科维奇拒绝签署拟议中的“伙伴关系国联系协定”而再次策动“颜色革命”将其推翻而造成的。

令美欧等西方国家始料未及的是，乌克兰东部俄罗斯族民众居多的顿巴斯地区的德涅斯克和卢甘斯克州自行宣布独立，而克里米亚地区更通过全民公投形式决定回归俄罗斯。为此，在美国主导下，西方国家对俄罗斯施加多轮经济制裁，虽给俄经济造成严重困难，但并未能动摇俄罗斯的强硬立场。尽管外有美国压力，内有波兰等东欧国家的敦促，欧盟虽不得不对俄坚持经济制裁措施，但在俄反制裁措施影响下，一些欧盟成员国也蒙受不小的损失。欧盟内部在对俄政策上的固有分歧再度显露。不仅越来越多的欧盟成员国反对继续对俄制裁，而且德、法不顾美国、波兰的不悦，出面撮合，建立“诺曼底协商机制”（欧盟、俄罗斯、乌克兰三方），后又签署德、法、俄、乌四方《明斯克协议》。《明斯克协议》实际上将美国撇在一边，而且明确认同俄罗斯一直坚持的它不是乌克兰东部冲突的交战一方；乌克兰中央政府允诺就东部德涅斯克和卢甘斯克地区的自治地位问题与该地的武装力量直接商谈；对克里米亚回俄问题也未再提及。乌克兰中央政府对此虽然气恼，但由于内讧，乌克兰内部政治、经济形势危殆，欧盟又自顾不暇，无力救助，而美国也因中东形势日益严峻，亚太地区也不平静，无意也无力直接卷入乌克兰这一既非北约成员国，又非涉及美国核心利益的地区事务。乌克兰无奈之下，只好吞下苦果。在非法移民潮冲击欧洲并促使中东战乱，尤其是叙利亚内战成为国际关注焦点的情况下，乌克兰危机已不在美欧等西方国家的重要议程之上，将会长期拖下去。

东西欧国家的利益分歧在乌克兰危机之后，更导致双方在应付非法移民潮问题上公然对立、相互攻击。非法移民问题在欧洲非自今日，之所以演变成如今这种严峻地步，其根源在于美欧等西方国家这些年来在北非、中东地区肆意干涉别国内政，以反独裁、促民主的名义推翻一个又一个国家的合法政府，造成空前的人道主义灾难。加之，经济全球化导致全球范围的贫富差距进一步拉大。欧洲高福利的发达国家就成为各种移民趋之若鹜的地方。像德国、瑞典这些国家因为人口老化、劳动力短缺，出于私利，对于有技能的外来移民又持欢迎的态度。这无异于诱导、鼓励世界各地，尤其是欧洲巴尔干地区、北非中东动乱地区，以及南亚一些较贫穷国家的民众到欧洲移民。随着移民数量的增多，审核手续又很繁琐，因而就出现越来越多的人冒着生命危险，横跨地中海非法进入欧洲。

为了有选择地接纳移民，欧盟订立了《都柏林协议》，确定由移民到达的第一个欧盟国家予以集中收容，甄别合格后再送往其他欧盟成员国安置。这一决定不啻是把沉重负担加在意大利、希腊这些濒临地中海国家。它们本身由于债务危机而面临困境，根本无力应对移民潮的涌入。成员国在安置经甄别的移民问题上，出于各自的私利，又互相推诿，不肯承担相应的责任。加之，对大批非法进入欧洲的移民，很难区分是因战乱或政治原因申请避难的“难民”还是出于其他原因而想定居欧洲的“移民”。因为按照联合国的有关规定，前者要收留，后者可以遣返原居国，故绝大多数抵达欧洲的人都自称是“难民”，以期留下。在这种情况下等待安置的难民越来越多。欧盟委员会为了安置业经甄别的 16 万难民，在德国、法国支持下，试图采取“摊派”的办法，甚至扬言不接受者将予惩罚（罚款国内生产总值的0.02%），但同时又允许英国、爱尔兰、丹麦因特殊理由（实因未参加《申根协定》）不参加“摊派”。捷克、斯洛伐克、匈牙利、罗马尼亚等中东欧国家本就不同意“摊派”，对东西欧国家不一视同仁的做法更加恼火，公开表示抗拒“摊派”；斯洛伐克领导人甚至声称将向欧洲法院投诉。

当前滞留在匈牙利、克罗地亚、塞尔维亚一带的非法移民，多来自叙利亚难民营，经土耳其、希腊边境，经前南斯拉夫地区，通过匈牙利赴奥地利、德国。由于德国、奥地利先开放边界，后又关闭边界这种变化不定的做法，使这批人“走投无路”。这一事件也反映出欧盟在移民问题上没有从全局出发的协调一致的对策所造成的后果。德国媒体评称，在难民问题上的欧盟已变成一个“利己主义者俱乐部”，多少有点道理。

根据联合国难民署 10 月 1 日宣布的数字，今明两年将共有 140 万人到欧洲寻求避难，2017 年还会更多。欧盟目前为安置业经甄别的 16 万难民就已经吵得不可开交，对安置政策、办法达不成一致。面临更加严峻的非法移民潮该怎么办？谁也无法给出明确答案。非法移民问题正成为撕裂欧盟的一大难题，短时间内无望解决。它正考验着欧盟。

非法移民潮的一个严重后果，就是大大提升了弥漫欧洲的“疑欧”思潮。形形色色的“反移民、反欧洲一体化”的政党纷纷崛起，在各国政坛起着越来越大的影响，甚至可能改变欧洲战后各国的政治生态。英国最新民调显示，主张脱离欧盟的人数首次超过主张留在欧盟的人数。英国已决定在 2017 年底前进行“脱欧公投”，欧盟内讧更刺激了英国国内主张脱欧的势力。一旦“脱欧公投”演变成“公投脱欧”的结果，其对欧盟的损害是灾难性的。已在苏格兰议会 59 席中占据 56 席的苏格兰民族党日前宣布将在 18 个月后举行第二次“独立公投”。西班牙加泰罗尼亚地区主张独立的党派在 9 月底的地区选举中赢得绝对多数。这些都表明在危机叠加作用下的欧洲大环境，分离主义势力在明显增长，将会对欧洲一体化进程产生不容小视的消极影响。

主权国家联合体的欧盟曾经风光一时，但国际形势的重大改变，尤其是欧盟自身内外政策失当，正在导致它走上日渐衰落的下坡路。尽管这一过程会是漫长的，但它要想重新焕发昔日的荣光则是不大可能的。

欧洲能源联盟建设的战略背景与实际进展分析

◎ 张　敏

继容克计划推出之后，欧盟提出建设能源联盟。实现能源联盟必须达到相互关联的五大战略目标：保障能源供应安全；建立完全一体化、具有竞争力的内部能源市场；降低能源需求，提高能源效率；加大可再生能源的利用和开发；加强对绿色能源技术的研究与创新。作者认为当前欧盟启动和加快能源联盟建设，恰逢其时，具有重大战略意义。为此，本文探讨了欧盟提出能源联盟建设的战略背景，从五大战略目标出发，跟踪分析能源联盟实施一年来取得的最新进展，展望了 2016 年能源联盟建设情况，提出了未来面临的多重挑战。

一、欧盟提出能源联盟建设的战略背景

2015 年 2 月，欧盟正式启动能源联盟建设，该计划是容克

张敏：中国社会科学院欧洲所研究员，科技政策研究室主任。

委员会本届任期内与容克投资计划、数字一体化市场并列的最为重要的三大优先行动。2014 年 11 月 26 日，容克制定并提出了一项旨在全面提振经济、提升竞争力和扩大就业的新计划，即“欧洲投资计划”（即容克计划）。紧接着在 2015 年 2 月 4 日，欧盟正式启动能源联盟，2015 年 2 月 25 日，欧盟发布了“前瞻性气候变化政策下的可持续能源联盟框架战略”①，明确了能源联盟建设的战略目标。在 2015 年 3 月的欧盟春季首脑会议上，能源联盟被列为会议主要议程，凸显了建设能源联盟的紧迫性和重要性。欧盟认为，实现能源联盟必须达到相互关联的五大战略目标：①保障能源供应安全；②建立完全一体化、具有竞争力的内部能源市场；③降低能源需求，提高能源效率；④加大可再生能源的利用和开发；⑤加强对绿色能源技术的研究与创新。当前欧盟启动能源联盟建设，恰逢其时，具有重大战略意义。

1. 减少欧盟对外能源高度依赖性，防范地缘冲突风险

长期以来，欧盟能源对外依存度较高，对单个国家，特别是对俄罗斯能源的高度依赖，造成欧盟能源供应面临短缺风险。2013 年欧盟 28 个成员国能源总需求量的 53% 依赖进口，进口额约为 4000 亿欧元，继续保持世界能源最大进口地位。欧盟有 6 个成员国的天然气供应 100% 依赖单一进口渠道，存在着严重的供应中断隐患。75% 的家庭住宅为高能耗建筑，94% 的交通工具

① “前瞻性气候变化政策下的可持续能源联盟框架战略”的英文全称为“A Framework Strategy for a Resilient Energy Union with a Forward - Looking Climate Change Policy”。

使用石油燃料，其中 90% 依赖进口[①]。

欧盟 28 个国家对俄罗斯天然气的依赖程度并不相同，依赖程度居前的国家分别是斯洛伐克（依赖度 98%）、立陶宛（92%）、波兰（91%）、保加利亚（90%）、匈牙利（86%），依赖度较小的国家分别是爱尔兰（1%）、奥地利（9%）、丹麦（10%）、葡萄牙（10%）、英国（13%）、西班牙（14%）[②]。乌克兰危机爆发后，俄罗斯一度中止向乌克兰输送天然气，严重影响了欧盟成员国天然气的供应，因为欧盟国家约四分之一的天然气从俄罗斯进口，其中约 80% 经由乌克兰输送。欧盟从 2014 年 7 月起对俄罗斯采取制裁，2015 年 6 月又宣布对俄罗斯经济制裁延长。这些制裁措施势必会影响到欧盟部分成员国的天然气供应。因此，提出建设能源联盟在一定程度上可以减少对俄罗斯的能源依赖度，应对未来地缘政治风云突变带来的能源供应短缺风险。

实现能源供应渠道的多元化一直是欧盟面临的瓶颈之一。加快能源联盟建设将有助于实现能源的多元化供应。从 2014 年起，波罗的海国家从俄罗斯以外地区获得了天然气供应—克莱佩达新开的液化天然气管道（liquefied natural gas，LNG，Klaipeda）。借助这条运输管道，立陶宛开始每年从挪威进口 5 亿立方米的天然气，爱沙尼亚和立陶宛燃气公司因此终止了与俄罗斯天然气工

① European Commission，*A Framework Strategy for a Resilient Energy Union with a Forward - Looking Climate Change Policy*，Brussels，25. 2. 2015，COM（2015）80 final，pp. 2 - 3.

② Harold James，*Completing the Union：Is the European Energy Union Really Real?*，Swedish Institute for European Policy Studies，http：//www. sieps. se/sites/default/files/2015 _ 25epa _ eng _ 0. pdf，P. 7.

业股份公司（Gazprom）的长期合同[①]。这一新的液化天然气管道对俄罗斯天然气工业股份公司形成一定的竞争压力，为未来爱沙尼亚和立陶宛这两个国家与俄罗斯签署新协议增加了讨价还价的砝码，或许今后这两个国家从俄罗斯进口天然气可以获得价格上的优惠。

2. 改变欧盟在能源基础设施领域投资严重不足现状，提升欧盟能源产业的国际竞争力

为应对欧洲债务危机，前些年欧盟国家普遍采取紧缩财政政策，削减了基础设施投资。2013 年欧盟投资占 GDP 的比重约为 19.3%。与 2007 年相比，投资降幅达 15%，部分国家的投资水平更低，主权债务重灾国的投资降幅更大，意大利降幅为 25%，葡萄牙、西班牙和爱尔兰降幅分别为 36%、38% 和 39%，希腊降幅高达 64%。就欧盟总体而言，与历史峰值时期 3700 亿欧元的年投资规模相比，当前投资缺口高达 2300 亿欧元[②]。为弥补这些缺口，欧盟认识到刺激欧洲经济增长，必须要加大投资力度，通过调动储蓄和银行流动性，吸引资本投入生产性项目。

实现能源联盟战略，投资至关重要，欧盟每年至少需要投入 1000 多亿欧元，才能确保实现 2030 年的减排目标：具体包括

---

① Agnieszka Łada，Magdalena Skłodowska，Melchior Szczepanik，Łukasz Wenerski，*The Energy Union：Views From France*，*Germany*，*Poland and The United Kingdom*，http：//www. ifri. org/sites/default/files/atoms/files/the_ energy_ union_ -_ views_ from_ france_ germany_ poland_ and_ the_ united_ kingdom. pdf，P. 12.

② European Commission，*An Investment Plan for Europe*，Brussels，26. 11. 2014 COM（2014）903 final.

890 亿欧元用于改进家庭住宅能源利用率，190 亿欧元用于提升工业能源使用率。但目前这一领域的投资额还不到计划规模的一半[①]。

能源基础设施老化陈旧，严重影响可再生能源生产规模的提高，目前的市场实际容量和各国政策对加大能源基础设施投入刺激动力不足，难以吸引潜在的投资者，能源孤岛现状在一段时期内仍将存在，一些能源市场无法供应相应的邻国。这给消费者增加了能源消费成本，对能源安全供应带来了风险。与其他国家相比，当前欧盟电价普遍较高，高电价削弱了欧盟能源集约型产业的国际竞争力。欧盟的批发电价已降至低位，但仍高于美国 30%，2012 ~ 2013 年税后居民电价上调了 4. 4%，天然气批发价是美国的 2 倍之高。零售电力市场受限于成员国之间不同的规定限制，许多家庭用户无法自由选择电力供应商，电价上涨时只能被迫消费高电价，部分家庭难以支付不断上涨能源使用费。

欧盟在创新和可再生能源领域具有全球技术领先地位，在可再生能源技术方面，欧盟企业拥有全球 40% 的技术专利。欧盟可再生能源年均产值为 1290 亿欧元，吸纳就业人员为 100 多万[②]。但由于对可再生能源产业投资不足，当前世界主要经济体大幅度节能增效和加大对新能源技术的研发创新投入，呈现奋起急追势头，直接挑战欧盟低碳经济的世界领导者地位，目前欧盟

① 新华网："欧盟大力投资能源设施推动欧洲能源联盟建设"，http：//www. cpicorp. com. cn/zhxx/201508/t20150831_ 252551. htm，2015 年 8 月 31 日，上网时间 2016 年 1 月 16 日。

② European Commission，*A Framework Strategy for a Resilient Energy Union with a Forward - Looking Climate Change Policy*，Brussels，25. 2. 2015，COM（2015）80 final，P. 3.

在清洁、低碳技术方面开始落后。

因此，在能源联盟战略下，具有全球竞争优势的欧盟高科技企业应加大研发投入和投资，为欧洲经济增长和扩大就业提供动力和创造条件。新的行业与部门、新的商业模式以及新的就业岗位就会不断出现。这种转变将会影响到能源行业中的所有参与者。因此，现在提出能源联盟建设战略，改变因循守旧的做法，减少未来欧洲向低碳社会转型过程中，由于成员国能源市场分割造成更大的经济、社会、环境等领域代价、风险和挑战。

3. 协调欧盟层面上能源法规与成员国层面上能源监管体系之间的不匹配问题

迄今为止，欧盟层面上已颁布了一系列能源法规，但在实际运行中，欧盟 28 个成员国具有各自独立的能源监管规制体系，欧盟层面上统一能源法规与成员国层面上各自为政的能源监管体系之间的相互矛盾和不匹配性日益突出，严重影响了欧盟能源法规的落实与执行效果。欧盟成员国在分布式能源（Distributed/Decentralized Generation，DG）[①] 监管政策的诸多方面（包括分布式能源市场占有情况、配电网运营商监管框架、市场准入、电网准入等）存在较大差异。例如，市场准入是分布式能源市场化的先决条件。在北欧市场和英国，最大的电力生产商只有 15%～20% 的份额。而在其他国家份额较高，比利时、法国、爱尔兰达

① 分布式能源系统是相对传统的集中式供能的能源系统而言的。该系统直接面向用户，按用户的需求就地生产和供应能量，具有多种功能，可满足多重目标的中、小型能量转换利用系统。

到85%，希腊达到96%[①]。

因此，应逐渐协调欧盟法规与成员国监管体系之间的差异性，更大程度地实现两者之间的匹配和优化。通过建立一体化的能源市场，不断提升能源产品、市场、服务的竞争力，更好地利用和优化欧盟能源生产设施，生产价廉质优的能源产品，提高能源市场使用效率。

二、实现能源联盟的战略目标

欧洲能源联盟旨在为欧盟消费者提供安全、可持续、有竞争力和价廉的能源供给。为实现这一目标，欧盟将采取如下行动计划。

1. 加强能源安全供应，重点在于加强天然气供应渠道的多元化

实现天然气供应渠道的多元化，将在以下几个方面实现突破：加快发展南部天然气走廊项目，确保中亚地区天然气顺利运达欧盟；建立液化天然气中心，将欧洲中部、东部以及地中海地区众多的液化天然气供应商连接起来；采取措施消除从美国以及其他供应商进口液化天然气上存在的各种障碍；欧盟将在2015年和2016年提出多样化的天然气供给方案，并制定液化天然气运输和储存综合战略。欧盟还将考虑：一旦能源危机爆发或者欧

① 能源观察网："欧盟国家分布式能源监管政策比较"，http：//www. chinaero. com. cn/zxdt/djxx/byxx/zcdt/2012/11/130591. shtml。

盟成员国对单一国家能源供应过度依赖，造成需求集中时，是否具有自愿集体采购天然气的可行性。

2. 加强内部能源市场互联互通，打造单一能源市场

建立单一能源市场面临许多瓶颈，成员国之间电网、天然气输送管道之间的不衔接是障碍之一。因此，建立单一能源市场，首先应加快内部电网的互联进程。欧盟于 2015 年提交了新的电力市场规划方案，并于 2016 年提交电力供给安全立法提案，争取在 2020 年前实现 10% 的电网互联，2030 年达到 15%①；其次要加强能源基础设施建设，实现能源互通互联项目融资方式的多元化，特别要借助欧洲战略投资基金平台的融资功能。欧盟还将定期对大型在建的能源基础设施进行评估，尤其是公共利益项目，并召开专门的能源基础设施论坛。

3. 加强能源治理体系，推动能源市场制度建设

能源治理涉及法规建设和成员国能源监管体系的改革，应加快落实以下举措：一是欧盟成员国应严格执行欧盟现有能源相关立法，并全面落实执行欧盟第三次能源改革方案；二是进一步优化能源市场监管框架，提高欧盟能源监管合作署的权力和独立性，有效监督内部能源市场发展及相关规则，更好地处理建立无缝内部能源市场所需解决的跨国问题；三是增加能源成本及价格的透明度，欧盟将每两年发布一次能源价格报告，就能源税政

① European Commission, *A Framework Strategy for a Resilient Energy Union with a Forward – Looking Climate Change Policy*, Brussels, 25. 2. 2015, COM (2015) 80 final, P. 8.

策、价格机制影响等问题进行深入分析；四是敦促部分成员国逐步取消价格管制制度；五是在成员国和地方层面制定社会机制以确保弱势群体能源需求，特别是公共福利手段。

4. 加强欧盟成员国之间的合作

为应对欧洲中部及东南部地区国家能源系统的脆弱性问题，欧盟将出台应对“供给冲击”的区域性行动计划，并确保此类计划符合欧盟统一能源市场进程要求。同时，继续推动如德国、法国、比利时、荷兰以及卢森堡等国组成的五国能源论坛以及波罗的海能源市场互联互通等区域性能源行动计划的有效落实。

5. 提高能源效率

按照欧盟 2030 年能源与气候变化政策框架，欧盟在 2030 年应达到至少提高 27% 的能效目标，为此，欧盟将重点整改建筑和交通两大高耗能部门，首先要提高建筑部门能源效率。目前欧盟建筑部门能效改造远远不足，供热与制冷仍是主要能耗环节，欧盟将对建筑能源效率以及能源性能指标进行评估。其次，继续推动发展可再生能源和促进低碳经济的“市长公约”以及“智能城市和社区”倡议，欧盟还将推出“全球卓越节能政策制定”倡议以支持 G20 节能行动计划。第三，欧盟将进一步简化融资模式。欧洲交通部门能耗占总能耗比超过 30%，推动交通部门节能减排，欧洲能源联盟将根据能耗和污染情况制定道路收费标准，并加快推进欧盟交通部门电气化，倡导替代燃料的研发和使用。

6. 向低碳经济转型

除了提高能效目标外，欧盟2030年气候与能源政策框架明确提出：2030年欧盟温室气体排放量较1990年降低至少40%，这对于建设欧洲能源联盟具有指导意义。欧盟将通过碳排放交易体系制定有效的碳排放价格，并对非欧盟碳排放交易体系的行业和部门的减排目标进行系统评估，将土地、森林等纳入非欧盟碳排放交易体系内。此外，还将大力发展可再生能源技术。欧盟计划在2020年前将可再生能源占比提高至20%，2030年达到27%以上。为保持欧盟可再生能源领域的全球领先者地位，欧盟将于2016年至2017年提出新的可再生能源计划，包括生物燃料应用以及出台相关立法，同时整合可再生能源发电市场，提高可再生能源发电比重，进一步降低可再生能源项目的融资成本[①]。

三、能源联盟的进展及未来面临的挑战

1. 启动一年来的最新进展

能源联盟启动近一年来，受到欧盟及其成员国高度重视，欧盟委员会副主席于尔基·卡泰宁（Jyrki Katainen）以及欧盟气候变化和能源委员阿里亚斯·卡内特（ Arias Cañete）走访欧盟各国，与成员国政府、议会、欧洲议会和利益攸关者、公民进行了

---

① European Commission, *State of the Energy Union* 2015, Brussels, 18.11.2015 COM (2015) 572 final, P.12.

有效对话与沟通，对于成员国认识和推动能源联盟建设起到了建设性的作用。迄今为止，能源联盟建设的进展体现在以下几个方面。

（1）容克计划的首批项目重点投入能源联盟建设

能源联盟建设工作紧随欧洲投资计划被提上议事日程。欧洲投资计划中提出的欧洲战略投资基金（European fund for structural and Investment，EFSI）将为能源基础设施改造，电力、天然气管网的升级换代和互联互通提供资金支持。容克计划前期上马项目中就包括能源项目。在欧洲战略投资基金正式创建之前，欧洲投资银行于 2015 年 5 月批准的四个项目均与能源联盟建设相关。欧洲战略投资基金为法国一项住宅改造项目提供融资，帮助当地从事家庭住宅能源改造的企业获得足够资金。通过对高能耗建筑的改造，预计将使 4 万个法国家庭受益。与此同时，首批项目中还包括支持丹麦创立可再生能源基金，为西班牙的天然气管道项目提供长期贷款，为西班牙一家可再生能源技术公司的研发活动出资，帮助芬兰一家纸浆厂实施工业流程升级再造。

欧洲战略投资基金启动后，重点在能源、互联互通等领域开展项目。欧洲投资银行在基础设施和创新领域审批通过了 32 个项目，由欧盟战略投资基金作担保。参与这些项目的国家有奥地利、比利时、丹麦、法国、芬兰、德国、爱尔兰、意大利、荷兰、斯洛伐克、西班牙和英国。其中大约 50% 项目是支持可再生能源、能源效率和其他有助于欧盟向低碳经济转型的投资项目。另外的 50% 的项目集中在研发、产业创新、数字化和社会基础设施、交通和小企业创业融资方面①。

（2）在欧盟层面上，欧盟宣布启动195个关键能源基础设施项目

欧盟宣布启动的195个关键能源基础设施项目，统称为共同利益项目（Projects of Common Interest，PCIs）。这些项目作为能源联盟建设的基础工程，项目的完成将有助于尽快结束欧盟部分成员国的能源隔绝现状，提高可再生能源在电网中的输送比例，实现能源供给的多元化。195个共同利益项目是对2013年10月首批立项项目的增补，其中包括108个电力项目、77个天然气项目、7个原油项目、3个智能电网项目。

通常情况下，能源基础设施建设依靠市场融资和用户付费进行融资。为了在短期内获得巨额投资，共同利益项目将借助“联通欧洲基金项目”（the Connecting Europe Facility，CEF）资金，加快项目审批程序，吸引更多投资者。2014～2020年期间，联通欧洲基金项目下对泛欧能源基础设施的总预算为53.5亿欧元。2014年和2015年共投入7.97亿欧元，用于共同融资研究和项目的启动工作②。

自2013年欧盟启动第一批共同利益项目以来，按照工程进度，在2015年应完成13个项目，到2017年将完成62个项目，欧盟委员会为推动这些项目的落实发挥了积极的作用。这些项目

---

① Brussels，26.11.2015 COM（2015）690 final，*Annual Growth Survey 2016 Strengthening the recovery and fostering convergence*，P.7.

② *Commission unveils key energy infrastructure projects to integrate Europe's energy markets and diversify sources*，https：//ec.europa.eu/energy/en/news/commission－unveils－list－195－key－energy－infrastructure－projects），上网时间2016年1月10日。

每两年更新或扩充一次，在纳入急需新项目的同时，淘汰一些过时或无法落地的项目。

（3）成员国之间签署能源基础设施联网协议，推动泛欧能源网络的建设

在成员国之间能源管道的联网建设上，波兰—立陶宛天然气管道项目协议的签署具有特殊意义。2015 年 10 月 15 日，波兰、立陶宛、拉脱维亚、爱沙尼亚与欧盟共同签署了波兰—立陶宛天然气管道项目（Gas Interconnector Poland – Lithuania，GIPL，简称波立项目）融资协议。该协议要求在 2019 年 12 月之前完成该地区天然气管道的施工建设，终结波罗的海三国在能源领域长期依赖单一供应来源的历史，对能源供应安全、多元化供给意义重大。这是欧盟在《波罗的海地区能源市场互联互通计划倡议》（BEMIP）框架下取得的一项地区合作成果。项目建设总费用为 5.58 亿欧元，欧盟通过联通欧洲基金已在 2014 年拨付 3.05 亿欧元给波兰—立陶宛天然气管道项目，这是欧盟对此类项目最大的一笔投资。

波兰—立陶宛天然气管道直径为 70 厘米，总长度为 534 公里（357 公里在波兰境内，177 公里在立陶宛境内），建成后的初始输气规模为波兰至立陶宛每年 24 亿立方米、立陶宛至波兰每年 10 亿立方米。考虑到芬兰和爱沙尼亚之间的输气管道正在建设，波兰—立陶宛天然气管道项目不仅可惠及波罗的海三国，还可打通与芬兰之间的输气渠道①。

① 江舒桦，“欧盟加强能源联盟建设：签署波兰—立陶宛天然气管道协议”，中华人民共和国驻欧盟使团，http：//www.fmprc.gov.cn/ce/cebe/chn/kjhz/kjdt/t1307247.htm。

（4）建立能源联盟进展指标评价体系

能源联盟建设启动9个月后，2015年11月欧盟对能源联盟的实际进展情况进行了首次综合评估。为了比较科学地跟踪能源联盟建设五大目标的具体落实情况，在这份报告中欧盟提出了一个包括23项指标的评价体系[①]。设立评价指标体系，旨在及时反映能源联盟年度进展与欧盟能源联盟目标之间的差距，预测未来战略目标发展走向及对欧盟及成员国能源政策制定可能产生的影响，为欧盟在能源联盟建设具体措施的及时调整，提供翔实的量化依据。

在五大目标领域，主要的评价指标体系的设计大致如下：在能源安全方面，监督欧盟成员国对特定能源或能源贸易伙伴的能源依赖程度，以及能源供应系统的安全可靠性；在内部能源市场方面，从市场竞争、跨国能源贸易和消费权益等方面评价欧盟能源内部市场建设进程；在能源效率方面，从宏观经济和部门层面上，包括跟踪交通部门，分析节能和能源密度改善等情况；在去碳化进程方面，监督成员国减排、可再生能源和温室气体密度状况；在研究、创新和竞争力方面，监管研究、发展和创新活动，监督欧盟与主要能源贸易伙伴之间的能源价格和成本之间的差距变化情况。

根据首次评价结果，欧盟能源联盟在五大领域均取得了一些进展。在去碳化方面，欧盟正在逐步降低依靠化石燃料对经济的

---

① 有关这23个评价指标体系的详细规定可参考：European Commission，*Monitoring progress towards the Energy Union objectives – Concept and first analysis of key indicators*，Brussels，18. 11. 2015 SWD（2015）243 final，P. 17.

拉动作用。2015 年欧盟在构成去碳化的三个关键环节——欧盟碳排放交易体系、可再生能源、低碳技术和能源效率上均加大了投资力度。2015 年 7 月，欧盟提出到 2021 年，欧盟碳排放交易体系进入第四阶段后，将创建一个碳配额市场稳定储备体系，实现自动有效调整碳配额的供需关系变化，尽量减少市场冲击带来的不利影响。

在提高能效方面，2015 年 7 月，欧盟提议修改能源标识指令，进一步规制能效标准。2015 年底，提出了新的绿色生态设计工作方案。在法国、意大利等国家开展了能源效率项目。

在能源市场一体化建设方面，电网和天然气管道是欧盟建立能源市场一体化的硬件基础。2015 年 4 月启动了意大利和马耳他之间的电网建设工程，未来将改变马耳他与欧盟电网隔绝的现状。2015 年计划完成芬兰和爱沙尼亚之间东部电网连接工程，以及立陶宛与瑞典之间北部电网的开工，实现波罗的海国家与北欧电力市场连通。2015 年 12 月立陶宛与波兰之间的立波电网连通项目也正式启动。2015 年新的法国与西班牙之间电网项目启动，两国之间的电力输送能力将实现翻番目标。欧盟委员会创建了能源基础设施论坛，2015 年 11 月 9 ~ 11 日在哥本哈根举行了首届论坛揭幕式，期间与会代表就能源市场现存规制壁垒、加快基础设施建设和吸引公共参与、加大能源领域投融资力度等问题开展了深入探讨。

在能源安全、团结和信任领域方面，欧盟成员国在外交和能源政策领域中加强协调，积极应对地缘政治的新形势及新变化。2015 年 7 月欧盟理事会就气候外交政策行动达成共识：加强多边和双边对话机制，利用外交政策工具，推行多元化、基于规则、透明和可持续的能源市场的建设。2015 年乌克兰危机造成俄乌关系持续恶化，油价持续低迷严重影响了世界能源市场。从各方利益考虑，欧盟认为乌克兰仍然是重要的天然气输送过境国家，欧盟将会继续支持乌克兰天然气市场的深层改革。在 2015 年期间，欧盟积极参与俄乌关系的斡旋和调停工作，确保乌克兰冬季的天然气供应。2015 年斯洛伐克向乌克兰输送的天然气大幅增加，乌克兰向欧盟进口天然气，减少了对俄罗斯的直接能源依赖。欧盟国家在确保能源安全上更加团结，增进互信。

在研发、创新和竞争力方面，在 2015 年 9 月，欧盟委员会提出了“走向一体化的战略能源技术计划”，这一计划将推动欧盟国家进行低碳技术的研发和试点工作，更好地协调成员国之间研发创新重点。融资是实现研发市场化的关键。因此，欧盟委员会和欧洲投资银行将在欧洲投资计划和欧洲战略投资基金框架下为研发创新筹集更多资金。创新芬兰示范项目以贷款、股本和担保形成获得风险融资，超出了传统意义上以提供援助为基础的项目资金支持。

2. 后续行动及面临的挑战

从 2016 年的情况看，欧盟已经在上述五个方面作了初步的规划。具体而言，在去碳化进程方面：巴黎气候变化大会召开之后，所有成员国应将其承诺落实到实际的政策行动上。在 2016 年上半年，欧盟就非欧盟碳排放交易体系内的行业和部门如何达到减排 30% 的目标（以 2005 年为基准年）提出具体措施和行动纲领，确定成员国应分担的减排任务。

在提高能效方面：从2016年起，欧盟将努力实现能效目标的法律约束性。“欧盟2020～2030年气候与能源政策框架”中提出了三大减排目标①：其中提高能效至少27%，能效目标是指示性的，不具法律约束性，因此受到了部分欧洲议员的批评。2016年欧盟计划修改能效指令，对能效目标提出立法建议。受限于信息不对称和融资能力不足等因素，当前欧盟的许多能效产品和能效技术还有待开发，2016年需要加大投资力度，欧盟将与成员国协商，争取启动更多小型能效项目。

在能源市场一体化建设方面：2016年所有成员国应加快能源基础设施建设，特别是共同利益项目应纳入各国政治议程中，并落到实处。按照计划，2015年应完成13个共同利益项目，仍还有大约100多个项目尚在项目许可阶段，大约四分之一的项目由于资金未能及时到位或融资出现问题而推迟开工，开工前期程序太多，严重影响了项目的及时落实。因此，在2016年期间，这些项目能够及时开工，需要各个成员国积极履行泛欧能源基础设施条例规定并付诸实践。

在能源安全、团结和信任方面：2016年欧洲依然会受到地缘政治的冲击，欧盟应推行其新的能源外交，以一个声音一致对外，因此需要制定适合自身的能源外交行动计划，通过外交政策工具提供能源的多元化供给。2016年将修订能源安全供应法规，

① 三大目标是温室气体减排目标、可再生能源消费比重和能效目标。到2030年，以1990年为基准年，将温室气体排放量减少40%，可再生能源目标在能源消费结构中的比重至少提高到27%，提高能效目标至少27%。前两项目标具有法律约束性，而能效目标是指示性的。

改善欧盟能源供应中的短缺风险，重要的是要加强成员国之间的地区合作，应对外部冲击，确保在能源供给危机状态下，成员国在能源外交上的协调一致，团结合作。

在研发、创新和竞争力方面：欧盟委员会提出了“一体化能源研究、创新、竞争力战略”（An Integrated Energy Union Strategy for Research，Innovation and Competitiveness），其核心内容是增加公共和私人的研发创新投入，突破私人投资中的各种壁垒，形成良性互动的欧盟成员国研发创新体系，进一步协调欧盟在能源联盟、单一数字化建设和循环经济领域中的研发创新活动。

未来能源联盟的建设并非一帆风顺，面临的挑战将来自多个方面，首先是解决能源“孤岛”问题，必须加强欧盟与成员国之间的沟通，进一步提高成员国对能源联盟建设的认识。欧盟成员国能源基础设施和能源网络发展水平存在较大的差异性，成员国对建设能源联盟的主观意愿和迫切性并不相同。有效解决个别国家长期居于能源孤岛的现状，加快实现欧盟内横贯东西、连接南北的电网和天然气管道，对此，欧盟成员国加深认识，加快共同利益项目的开发至关重要。其次，资金依然是能源联盟建设的主要瓶颈。能源基础设施的投资需要借助欧洲战略投资基金的融资担保，因此，为确保欧洲在能源基础设施建设上的可持续投资，未来欧盟应吸引更多的私人资本，通过公私伙伴关系，达到融资目标。第三，除了资金和共同利益项目外，成员国应加快能源监管治理体系改革，推动欧盟层面上能源法规的有效落实，消除欧盟能源市场一体化建设中的制度壁垒，有序推动能源联盟建设。

中英关系回顾与展望

◎ 杨　芳

习近平主席访英开启中英关系的“黄金时代”，中英全面战略伙伴关系正在驶入发展的“快车道”。“大合作”带动中英迈向“利益共同体”，中英在贸易、投资、金融与服务业及发展战略对接等方面的合作取得积极进展并有全面开花之势。密切中英关系日益成为英国主动战略选择。但中英之间结构性难题、两国多方面的差异以及意外事件等将可能影响双边关系的稳定。

2015 年可谓中英关系的“大年”，在近年来中英关系诸多积极变化之上，习近平主席访英开启中英关系“黄金时代”，合作的维度更为宽泛，互惠性增强，且出现了诸多积极的模式、领域上的创新，正成为中国与西方国家关系的新“典范”。英国对华更趋积极主动，既为国家利益所驱动，也是其近年来外交战略逐步调整的结果。2016 年，中英关系将在迈向开放、持久、共赢的轨道上继续前行，创新与合作意识会在一定程度上弥合双方的诸多差异与分歧，但在全球经济企稳与力量格局变化的大背景下，关系深耕依然不易。

一、中英关系步入新阶段

首先，双边关系发展提速，战略定位提升。2015 年 3 月，习近平主席在接见来访的威廉王子时强调，目前中英关系很好，中英全面战略伙伴关系正在驶入发展的“快车道”①。近年来，一向“重商”的英国保守党政府开始重新定位对华政策，在“共同增长与改革的伙伴关系”的基础之上，强调“中英合作关系远不局限于经济领域”②。

实际上，中英关系重新走上利益与战略双驱动的健康发展之路，恰是重回正轨。英国是率先同中国建立全面战略伙伴关系的欧盟国家。2015 年，正值中英“全面战略伙伴关系”步入第二个十年，习近平主席访英期间，双方共同发表《关于构建面向 21 世纪全球全面战略伙伴关系的联合宣言》，对近年来中英关系所取得积极进展做出总结，将双边关系定位提升至“面向 21 世纪的全球全面战略伙伴关系”，赋予中英关系更强的时代感与全球性意义，从时间和空间上突出了中英战略合作的新维度。中国是一个新兴的古老大国，英国也一直是一个力求创新的传统西方强国，在共同应对全球秩序变迁，以及恐怖主义、气候变化、国际发展等全

① “习近平会见英国剑桥公爵威廉王子”，http：//news. xinhuanet. com/2015 - 03/02/c_1114486366. htm（上网时间：2015 年 8 月 9 日）。

② “David Cameron and Li Keqiang press conference”，https：//www. gov. uk/government/speeches/david - cameron - and - li - keqiang - press - conference - june - 2014（上网时间，2015 年 8 月 9 日）。

球性挑战的大背景下，两国增进互动不仅具全球性代表意义，也体现了双方并非仅为一时利益所驱，而是着眼长远的战略选择。

其次，“大合作”带动中英迈向“利益共同体”。正如习近平主席在英国议会演讲中所言，“中英越来越成为你中有我、我中有你的利益共同体”[①]。可以说，2015 年的高层互动，使中英利益共同体开放、持久、共赢的特色更趋鲜明，远超出了简单意义上的“订单外交”。

一方面，大项目拉动。2014 年 3 月，习近平主席在海牙会晤卡梅伦首相时，两国领导人对“搞好投资大项目”达成共识。此后，核电、高铁、高技术、金融等领域示范性强的“旗舰项目”不断浮出水面，中英经济合作渐步入“大项目”时代。此次习近平主席访英期间，中国企业签署协议，决定投资英国 21 世纪第一所新建核电站——欣克利角核电站，被称是英国最大单笔投资，也是中国核工业进军欧洲的成功范例。此外，英国石油和中国华电集团公司签署销售和采购协议，决定未来 20 年英国石油将每年向华电销售最多 100 万吨液化天然气，价值最高达 65 亿英镑。嘉年华英国与中国船舶工业公司同意对半出资组建一家规模为 26 亿英镑的合资公司，在未来 10 年购买或建造 7 艘邮轮。中英在核电等基础设施领域的合作，体现了英国对华的开放性。这些项目规模大，资金投入大，建设周期长，中英在这些领域有益探索的成功，无疑将夯实两国长期合作的基础。

---

① “习近平在英国议会发表讲话”，http：//www. fmprc. gov. cn/web/ziliao_ 674904/zt_ 674979/dnzt_ 674981/xzxzt/xjpdygjxgsfw_ 684283/zxxx_ 684285/t1307733. shtml（上网时间，2015 年 10 月 25 日）。

另一方面，互惠合作多方并举。在贸易领域，2010～2014年英国对华货物和服务出口增加了84%。仅2015年10月国事访问中签署的贸易和投资协定就达到400亿英镑[①]。2004年，中英货物贸易额达197亿美元；2014年，中英货物贸易额达809亿美元，10年间增长了3倍多。2015年，在全球经济增速不稳、贸易形势低迷的大环境下，中英经贸往来依然活跃。据英国税务与海关总署统计，仅上半年，中英两国双边货物贸易额428.3亿美元，增加3.4%。其中，英国对中国出口135.9亿美元，增长10.1%，占英国出口总额的5.9%，增加1.1个百分点；英国自中国进口292.3亿美元，增长0.6%，占英国进口总额的9.3%，增长0.9个百分点。英方贸易逆差为156.4亿美元，下降6.4%。截至6月，中国为英国第五大出口市场和第三大进口来源地。习近平主席访英两国更是签署了超过300亿英镑的贸易投资协议[②]。作为全球第二大经济体，中国将与英国在包括创意产业、零售、能源、卫生和科技、金融服务、航空航天和教育领域展开广泛合作。

在投资领域，英国是中国对欧投资最受欢迎的目的地之一。自2012年至2014年，中国对英投资额较之前7年的总和翻了一番，甚至比之前30年的总和都多。与此同时，中国对英投资更趋多元，从最开始的石化、制造、银行等行业，发展到后来的电信、医药、基础设施、房地产、物流、食品甚至核电和文化创意

---

① National Security Strategy and Strategic Defence and Security Review 2015, https://www.gov.uk/government/uploads/system/uploads/attachment_data/file/478933/52309_Cm_9161_NSS_SD_Review_web_only.pdf（上网时间：2015年11月30日）。

② 本段数据来自中国驻英国大使馆经商处网站，请参见http://gb.mofcom.gov.cn/（上网时间：2015年10月26日）。

产业。可以说，中国对英投资正在较为成功地走向提量增质的发展新阶段[①]。

在金融与服务业，自 2011 年中英“财金对话”启动伦敦离岸人民币市场以来，伦敦离岸人民币市场建设成绩斐然，在签署双边本币互换协议、获得人民币合格境外机构投资者（RQFII）初始额度、指定人民币清算行、发行人民币主权债券等七个领域创下“第一”，中国工行和建行已经获得了在英国开设分支机构的牌照，从而有望在英进一步开展商业贷款和资产管理业务[②]。2015 年 3 月，中国资产管理公司欧擎集团（Nord Engine Group）和嘉实（Harvest Capital Management）相继登陆英国，落户伦敦金融城[③]。6 月，中国银行宣布加入西方银行行列，参与伦敦市场黄金定价，既推动了人民币国际化进程时，也进一步巩固了伦敦作为全球外汇交易中心的地位。

在增进传统的贸易、投资与金融领域合作基础之上，中英还积极开拓新的战略增长点。中国推出“一带一路”倡议后，英国虽然不是沿线国家，但迅速作出反应，并热情参与，特别是 2015 年 3 月在西方发达国家中率先表示加入亚投行。此次习近平主席访英期间，总部位于伦敦的国际移动卫星公司宣布将与中方合作，为“一带一路”建设提供卫星导航。英国还积极将其新推出的英格兰北部经济发展计划与中国“一带一路”建设对

---

① “中国对英投资呈现多元化趋势”，http：//news. xinhuanet. com/ttgg/2014 – 10/08/c_1112735930. htm（上网时间：2015 年 10 月 25 日）。

② “驻英国大使刘晓明接受英国《议会》杂志专访”，http：//www. fmprc. gov. cn/ce/ceuk/chn/zygx/t1204138. htm（上网时间：2015 年 10 月 28 日）。

③ Chinese asset managers arrive in London，http：//www. ft. com/cms/s/0/cd7c06ac – d952 – 11e4 – a8f1 – 00144feab7de. html（上网时间：2015 年 6 月 28 日）。

接，凸显了“一带一路”全球性合作的开放性。

最后，除了战略性的提升与利益互动之外，“惠民性”成为中英关系发展的一大方向。“人文”一直是近年来中英关系发展的重要标签。自 2010 年卡梅伦政府上台以来，无论是联合政府时期，还是保守党单独执政阶段，中英人文交流步入机制化轨道，发展深入。2011 年中英领导人峰会上，温家宝总理与卡梅伦首相共同启动了中英高级别人文交流机制。2012 年 4 月，中国国务委员刘延东与英国文化大臣亨特共同主持中英高级别人文交流机制第一次会议。2014 年 4 月、2015 年 9 月，中英高级别人文交流机制第二次、第三次会议顺利举行。中英文化、教育、卫生、体育等领域合作已成为中英高层会晤必谈重点，而且收获颇丰。

随之而来的一个渐进式变化是，在中英关系中，两国人民正从直接对话（people to people）的参与者转变为受益主体。例如，习近平主席 10 月访英期间，卡梅伦首相宣布，自 2016 年起，中国游客可以申请有效期为 2 年的全新英国访客签证。现有 6 个月多次入境的标准访客签证将延长至有效期为 2 年的多次入境签证，并且计划以同样价格推出全新的 10 年多次入境签证，指纹采集上门服务将会扩展至 50 个城市，使得申请签证更加便利。而就此次习近平主席访英，英政府网站新闻推广的重点则是中英新签合同协议将为英国就业市场的实际贡献[①]。由此可见，中英关系的“惠民性”日益为两国政府所重视，也正成为两国

① Joint press conference：David Cameron and President Xi Jinping，https：//www. gov. uk/government/speeches/joint－press－conference－david－cameron－and－president－xi－jinping（上网时间：2015 年 10 月 26 日）。

关系持久发展的内生性动力。

二、英国对华更趋积极主动

中英关系的新发展凸显英国对华外交的积极主动，对英国政府而言，密切中英关系日益成为一种主动的战略选择，“拥抱中国”被认为是其二战以来最大胆的外交政策改变。[①] 而这种改变并非一日之间，亦非英国外交的根本转型，而是其因应新的内外环境的适度调整，集中反映了英国外交战略前瞻性强、务实、重商等诸多特性。

首先，现实来看，密切对华合作对英国政府实现自身经济发展目标至关重要。近年来，中英双边贸易、投资及金融合作明显增多，英国经济中的“中国影响力”上升。2014 年，英国经济以 2.8% 的增长率名列 G7 之首，以卡梅伦为首的上届英国政府经过 5 年的努力，带领英国经济走出危机，步入了增长之路。经济治理的成功奠定了保守党在 2015 年大选中的胜局，使其阔别 18 年后得以再度独自主政英国。在这英国经济增长的关键时期，新一届保守党政府将保持经济持续增长作为其主要任务，甚至提出了超越法德、欧盟内领先的宏伟目标。但与此同时，全球经济仍待企稳，发达国家内部的波动、分化依然明显。鉴此，英国财

① Martin Jacques, “China is rising as the US declines. Britain can' t ignore this reality”, http: //www. theguardian. com/commentisfree/2015/oct/19/china – us – osborne – xi – jinping – visit – economic（上网时间：2015 年 10 月 21 日）。

政大臣乔治·奥斯本指出："英国长期经济计划的关键，是要增加英国对中国等快速增长经济体的出口，同时更多地吸引外商投资。"首相卡梅伦连任首相后再度提出，英国经济"要摆脱对传统欧洲市场的依赖"，大力开拓亚洲等新兴市场，以争取更多发展机遇①。普华永道分析认为，英国外贸对欧洲的依赖已然减小，对中国等新兴市场国家将明显上升②。

其次，战略层面上，加强中英互动可以在一定程度上弥补英国外交实力上的缺失，以提振国际影响力。

传统上，英国是一个外交大国，作为联合国安理会常任理事国，它依托战后丘吉尔开创的"三环外交"，凭借"英美特殊关系"、北约和欧盟的重要成员国身份、与英联邦国家的千丝万缕的"关系网"等诸多外交资源，一直以二等强国身份在国际事务中超实力发挥。但英国外交也长期面临实力下滑与国际格局变迁的双重调整压力，特别是2003年伊拉克战争之后，英国国内内倾乃至孤立主义的情绪有所上扬。而且，与其他西方大国一样，金融危机与经济危机加速了英国的实力下滑，使更多的英国人认为英已无力承担大国角色。与此同时，英国的苏格兰民族分离主义倾向和"疑欧"乃至"退欧"呼声在加大，而首相卡梅伦抛出了"公投"药方，又使英国的国家身份及在欧洲的地位陷入了巨大的不确定性之中。

---

① PM visits south - east Asia, July27, 2015, https://www.gov.uk/government/news/pm-visits-south-east-asia（上网时间，2015年7月29日）。

② 普华永道2015年11月发布的英国经济展望中，提出了E7的说法，即指7个最大的新兴经济体。该报告认为，从2013年到2030年，E7占英国出口的份额将从9%增至13%。而欧盟则从44%降至37%。UK Economic Outlook, http://www.pwc.co.uk/assets/pdf/uk-economic-outlook-full-report-november-2015.pdf.

在这一背景下，英国政府虽一再宣称外交上“不收缩”，但频受质疑。而且，关于英国外交，还产生了“退欧说”、“弃美说”乃至“退场说”等说法。因此，增进中英战略互动成为英国政府提升自身影响力、因应国际力量格局新变化的新路径。

2014 年 4 月 25 日，英国驻美国大使彼得·韦斯特·马科特专门就“中国，英国与更广泛的西方世界”议题发表演讲。他指出，像美国一样，英国也希望加强基于制度的国际体系，但这并不意味着将西方的观点强加于中国，而是通过双边和多边的国际机构合作，与中国共同塑造世界秩序①。

2015 年 11 月，英国著名智库皇家国际事务研究所网站发表多名英国国际问题专家联合撰写的报告，主张提升英国对全球事务的参与度。该报告分析称，过去 40 年来，英国外交政策的“双生之锚”——英美关系与英欧关系的稳固性下降。美国已更关注亚太，其国际行为亦更为受限；欧盟则面临从货币联盟到中东北非不稳定等系列危机。目前，西方主导力的下降和以中国为主的新兴大国的崛起标志着国际环境的改变。德国媒体甚至称，德国靠不住，美国靠不上，剩下的只有中国了。

第三，标新立异以摆脱英对华外交“掉队”的现实窘境。近年来，中英关系一度落后于法德等国，在对华需求上升的大背景下，英国改善自身处境的紧迫感明显增强。2014 年 3 月，习近平主席成功访欧，中欧关系与中德、中法等双边关系均得到了新的战略提升，对中英关系无疑是一大促动。

---

① Peter Westmacott，“Britain，China & The Wider West”，https：//www. gov. uk/government/speeches/britain – china – the – wider – west（上网时间：2015 年 9 月 8 日）。

在此背景下，英国对华外交开始发挥其创新驱动性强、擅于“营销”自身“特殊性”的一贯优势，开始调整和确立新的英国对华定位。2013 年底卡梅伦首相在中英关系转圜之后的首次访华时，提出要做中国“在西方最有力的支持者”，显示出英政府在发展对华关系上奋起直追、勇于争先的“竞争”意识，甚至有意凸显其与其他国家特别是西方国家的“特别之处”，如将英国定位为“欧盟中最开放的经济体，也是最欢迎中国投资的国家”。2015 年 3 月，英国在西方国家中率先公开表示加入亚洲基础设施投资银行，从而引发了其他发达经济体争相参与的多米诺骨牌效应。同时，英国政府还积极支持伦敦建设“西方的人民币中心”。2015 年 9 月，英国财政大臣奥斯本在访华之际提出英国要做“中国在西方最好的贸易伙伴”。

此外，英国国内政治环境发生改变，密切中英关系的主流政治与民意支持度增加。一方面，与上届联合政府内的各执一词不同，本届保守党政府占据议会多数，虽然优势不大，但其政治挑战主要来自欧洲和苏格兰等议题，各界对中国的认同感强，有利于保守党政府采取更为积极的对华政策。而在保守党内部，卡梅伦首相与财政大臣奥斯本以及党内高层在对华问题上较为一致。另一方面，2014 年 6 月，英国广播公司（BBC）所征集的民调显示，英国是西方国家中对中国正面看法最高的国家，英国民众积极看待中国的比例为 49%，同比增加 6 个百分点[①]。英国著名

① 2014 年 BBC 国际部委托 Globescan 做的全球民调，Negative Views of Russia on the Rise：Global Survey on Country Influence，http：//www. globescan. com/news – and – analysis/press – releases/press – releases – 2014/315 – negative – views – of – russia – on – the – rise – global – survey. html（上网时间 2015 年 8 月 26 日）。

民调机构尤戈夫 2015 年 10 月 15 日的民调数据显示，43% 的英国人支持密切中英经贸关系。29% 的英国民众认为，20 年后，中国将超越欧洲，成为英国最重要的贸易伙伴①。

三、前景展望

经过上个十年的磨合与接触，中英新型战略伙伴关系已步入新阶段，综上所述，2015 年作为“中英全球全面战略伙伴关系”的开端之年，为未来一个时期的双边关系发展奠定了基调。未来中英可以相互借重各自优势，保持战略性议题上的积极互动，密切全球性议题的联系与沟通。但也应当看到，两国发展水平、价值理念乃至文化传统仍差异较大，在很多领域的合作探索尚处于刚刚起步阶段，问题与不确定性仍在。

至少中短期内，密切经济合作仍是定义中英关系“黄金时代”的主要标签，若发展顺畅，将有贸易、投资、金融以及发展战略对接等全面开花之势，其中，增进中英双向投资、推动人民币国际化以及其他金融与服务合作将是重点。

2015 年底，英国政府出台了新的《国家安全与防务战略报告》，重申英国要当中国在西方领先的伙伴。强调加强对华经济联系，明确提出了“下一个十年，使中国成为英国第二大出口

① British public bullish on Chinese prospects，keen on closer partnership，https：//yougov. co. uk/news/2015/10/19/british – public – bullish – chinese – trade/（上网时间 2015 年 10 月 16 日）。

国”，以及“将伦敦建成为一个囊括银行、资产管理和保险业务的人民币产品和服务的全球领先中心”等两大目标。继而指出要扩大与印度和中国等新兴经济体“更强大的关系”，以构建全球的繁荣①。2016年伊始，英国外交大臣哈蒙德于1月5～6日访华，在与中国外长王毅的会谈中，重点探讨了加强“三大对接”，即“一带一路”倡议和英方基础设施建设升级改造计划对接、“中国制造2025”和“英国制造2050战略”对接、“长江经济带”和“英格兰北方经济中心合作”对接，进一步释放两国合作潜力，实现互利共赢②。

在增进中英双向投资方面，与两国自身发展的战略需求的联动性趋强。例如，为提升英国经济的长期竞争力，奥斯本提出了“北方经济中心”的建设蓝图，该项目规模宏大、周期长、资金缺口大，将在较长时期内成为英国对外引资的重点之一。而中国无疑是英国的主攻对象，奥斯本在2015年9月访华期间就把“北方”项目作为其推广的重点③。

在推动人民币国际化方面，随着人民币加入国际货币基金组织（IMF）特别提款权货币篮子（SDR），未来一段时期，伦敦作为全球主要离岸人民币交易中心，对人民币国际化的稳步推进

---

① National Security Strategy and Strategic Defence and Security Review 2015, https://www.gov.uk/government/uploads/system/uploads/attachment_data/file/478933/52309_Cm_9161_NSS_SD_Review_web_only.pdf（上网时间：2015年11月30日）。

② “王毅同英国外交大臣哈蒙德举行会谈”，http://www.chinese-embassy.org.uk/chn/zywl/t1329725.htm。（2016年1月8日）。

③ Chancellor speech in Chengdu, China, on building a Northern Powerhouse, https://www.gov.uk/government/speeches/chancellor-speech-in-chengdu-china-on-building-a-northern-powerhouse,（上网时间：2015年9月27日）。

兼具“试验场”与“引导员”作用。此外，英国还力求使“开放的英国成为正在开放的中国的创意伙伴”。随着中国资本与金融市场的发展，中国经济的“英国因素”也会增多。2014 年 7 月，在英国政府的推动下，“英国金融城”（CityUK）主席秦智涛牵头 40 多家总部设立在英国的跨国公司组建了国际专家咨询小组，以“促进英国在中国标志性政策如自贸区建设中的参与”。该专家咨询组对上海自贸区建设表现出极大热情，从 2014 年 6 月至今，已撰写了 12 篇相关报告，举办了 10 场相关研讨活动[①]。2015 年 9 月，中英第 7 次“财金对话”成果显示，中方欢迎英方为中国自贸试验区提供的政策建议，承诺在广东、福建和天津三个新的自贸试验区复制两国在上海自贸试验区合作取得的成功经验[②]。

作为第一个申请加入亚洲基础设施投资银行的主要西方发达经济体，英国政府十分看重这一身份，认为这是一个与亚洲国家构建更紧密的联系的机遇。英国国家安全战略报告指出，“从坐到谈判桌上的那一刻起，我们就在塑造这个机构。该机构已经承诺采用最高的国际标准，将会支持亚洲及区域外的经济发展，英国的企业也将从中获益”[③]。

---

① China Free Trade Zones Discussion Papers, http: //www. thecityuk. com/research/our - work/reports - list/FTZ/.（上网时间，2015 年 10 月 10 日）。

② Combined Policy Outcomes of the 7th. China - U. K. Economic and Financial Dialogue, 21 September, 2015, https: //www. gov. uk/government/uploads/system/uploads/attachment _ data/file/462160/EFD_ combined_ POP_ _ 21_ Sept_ web. pdf（上网时间：2015 年 10 月 16 日）。

③ National Security Strategy and Strategic Defence and Security Review 2015, https: //www. gov. uk/government/uploads/system/uploads/attachment_ data/file/478933/52309_ Cm_ 9161_ NSS_ SD_ Review_ web_ only. pdf（上网时间：2015 年 11 月 30 日）。

在全球性合作领域方面，作为其外交政策调整的重要组成部分，英国将继续投资深化与包括中国在内的新兴市场的关系，致力于利用英影响力构建开放的市场和鼓励新兴大国参与基于规则的国际秩序①。中英同为联合国安理会常任理事国，在推进联合国、国际货币基金组织以及世界贸易组织等多边机构的改革等问题上沟通合作机遇较多，且在金融与贸易多边合作、国际发展以及反恐等领域取得进展的可能性较大。例如，2015 年中英第 7 次“财金对话”中，英方已宣布支持中国 2016 年成功举办 G20 峰会，承诺会前举行两国财长与央行行长磋商，与 G20 其他成员加强宏观政策协调，推动全球经济实现可持续、强劲与平衡增长②。2016 年 1 月，外交大臣哈蒙德访华时则表示，卡梅伦首相将很高兴来华出席 20 国集团杭州峰会③。

结合近年来中英关系发展实践与当前两国情况来看，未来影响中英关系深入发展的问题大概可以分为三类：第一类是结构性难题。第二类是认知问题。第三是意外事件冲击。

所谓结构性的难题，一是指两国在现有国际力量格局中所处的地位不同，中国作为新兴大国的代表，英国则仍是西方主导体系内守成大国，中英关系的走近，并不单具双边意义，抑或受制

① National Security Strategy and Strategic Defence and Security Review 2015, https: //www. gov. uk/government/uploads/system/uploads/attachment_ data/file/478933/52309_ Cm_ 9161_ NSS_ SD_ Review_ web_ only. pdf（上网时间：2015 年 11 月 30 日）。

② Combined Policy Outcomes of the 7th. China – U. K. Economic and Financial Dialogue, 21 September, 2015, https: //www. gov. uk/government/uploads/system/uploads/attachment _ data/file/462160/EFD_ combined_ POP_ _ 21_ Sept_ web. pdf（上网时间：2015 年 10 月 16 日）。

③ “王毅同英国外交大臣哈蒙德举行会谈”，http: //www. chinese – embassy. org. uk/chn/zywl/t1329725. htm。（2016 年 1 月 8 日）。

于各方力量牵制。如英国著名智库皇家国际事务研究所（简称"皇研所"）报告强调，英国的利益是全球性的，在世界上大多数地区发生的事情都会对英国的安全或繁荣产生直接影响，如亚洲地区的战略竞争，看起来与英国关系不大，但如果中国与其邻国及美国之间的紧张现状和误解滑向更公开的冲突，将对英国产生政治、经济甚至是军事上的巨大影响。因此，英国应当继续关注东亚及南亚的安全，并主张达成促进该地区稳定的"西方共识"①。

另一是指，两国自身内部发展现状导致对双边关系投入的资源和能力受限。英国政府当前的政治重点仍是削减财政赤字，其国际影响力在很大程度上依赖于国内经济的发展。资源压力和必要的政治折中将长期存在，这将给中英关系带来双重影响。一方面，中短期内，英国对华的经济依赖仍将呈上升趋势，而围绕诸多中英"大合作"项目的启动与落实，中英相互依赖程度会进一步加深；另一方面，在全球性议题上，新的保守党外交正在形成过程中，其战略定位模糊，对全球事务资源投入有限，"以小博大"的惯性思维将长期存在，加之中英对相关领域问题的处理方式、价值取向以及关注领域并不相同，因此中英要切实推进全球性合作，仍须找到恰当的着力点。同比，对中国而言，英国寄予厚望的中国资本市场开放等也很难一蹴而就。

认知上，英国对华仍会在较长一个时期保持一种矛盾心态。英国《经济学人》的对华看法正是代表。该刊2015年10月发表

---

① "Strengthening Britain' s Voice in the World", https://www.chathamhouse.org/publication/strengthening－britain－s－voice－world（上网时间：2015年11月6日）。

了一篇的文章，模仿美国“重返亚太”战略提法，称《我们也能“转向”》[1]（We can pivot too），即“英国也转向了中国”，一方面支持英国拥抱中国，开启两国关系的“黄金时代”；另一方面，对中国的政治制度、经济、价值观等，依旧充满着成见。英国政府的总体对华外交虽然“重商”，但提升对外影响力与“价值观推广”仍是英国外交的主要使命。从思想源头来看，从苏格兰启蒙运动到撒切尔主义，英国是自由主义政治制度意义上的故乡，虽然自由主义的政党已经式微，自由主义的政治实践经过了诸多改良，但这种模式与惯性并没有改变。大国外交意识与强调价值观推广，重视制度与规则的约束力仍是英国外交的一个重要组成部分。2015/16 财年，英国外交部预算支出限额（Departmental Expenditure Limits，DELs）为 19.9 亿英镑，其中向战略与双边项目投入的资源中，安全类为 2190 万，繁荣项目为 3324 万，旨在提高英国的外交影响力与价值观推广的投入为 9600 万[2]。除原有的价值观分歧之外，还须警惕“心理失衡”新生。习近平主席访英受到的豪华礼遇之后，有英国学者就提出，“英国会在未来 10～20 年逐渐成为中国的小伙伴，但不能过分受制

---

① “We can pivot too”，http：//www.economist.com/news/britain/21676773 – government – makes – big – bet – asias – rising – power – we – can – pivot – too（上网时间：2015 年 10 月 27 日）。

② Foreign & Commonwealth Office Main Estimate 2015 – 16 Memorandum for the Foreign Affairs Committee，http：//www.parliament.uk/documents/commons – committees/foreign – affairs/FCO – 2015 – 16 – Main – Estimate – Memorandum.pdf.（上网时间 2015 年 11 月 1 日）。

于中国”[①]，“英国需要发展更平衡和巧妙的对华外交”[②]。

意外事件冲击的诱因则可能是多方面的，既可能是曾经影响双边关系的所谓西藏、香港乃至“人权”议题等，也可能是南中国海或网络攻击等热点。如果说结构性和认知问题对中英关系发展的负面影响是一种长期的潜在制约因素，那么意外事件则属于短期冲击，但可直接影响双边关系稳定，鉴此，避免在一些问题上的分歧的影响外溢，将直接决定中英关系能否可持续发展。

① 尼布莱特专访：“新伊丽莎白时代”的中英关系，http://www.bbc.com/zhongwen/simp/world/2015/10/151021_ana_interview_niblett_china_uk_relation，（上网时间，2015 年 10 月 24 日）。

② Getting the balance right on China，http://www.aljazeera.com/indepth/opinion/2015/10/balance-china-151007074316863.html（上网时间，2015 年 10 月 15 日）。

奋发有为全面推进中国特色大国外交
——2015 年中国外交述评

◎ 陈都明

2015 年是中国特色大国外交取得全面进展和丰硕成果的重要一年。在以习近平为总书记的党中央领导下，中国以崭新的面貌活跃于世界舞台。本文对 2015 年我重大外交活动和取得的成果作了较为全面的回顾，对提出的新的外交思想、理念进行了梳理。这些新思想、理念和具体务实措施获得国内外高度评价。中国日益成为国际外交舞台众望所归和引领推动的一个主导力量。

2015 年是中国特色大国外交取得全面进展和丰硕成果的重要年份。中国外交继 2013 年全面布局，2014 年确立中国特色大国外交战略后，以不断壮大的国家实力为基础，站在推动和引领世界和平与发展的新高度，积极迎合新机遇与挑战，结合十八届五中全会提出“十三五”规划的新理念，国内外两个大局互动配合，提出一系列增强全球治理和有利于世界各国互利共赢的中国方案及公共产品，完善对外开放战略布局，维护国家核心利益、重大利益和其他利益，展现中国特色大国外交的整体形态、重大作用和积极影响。中国领导人在参与重要国际活动中发表了一系列重要讲话，更加完整地阐述了中国特色大国外交新理念，对今后中国外交发展及对世界影响具有重要和深远的创新意义。

一、抓住维护世界和平与发展的新机遇，提出人类命运共同体意识，增强中国特色大国外交推动世界大势的影响力

2015 年是世界反法西斯战争胜利和联合国成立 70 周年的重要历史节点。在国际形势深刻演变的新形势下，9 月 3 日中国隆重举办中国人民抗日战争暨世界反法西斯战争胜利 70 周年纪念活动，首次举行胜利大阅兵。国家主席习近平发表重要讲话，提出为了和平，我们要牢固树立人类命运共同体意识。偏见和歧视，仇恨和战争，只会带来灾难和痛苦。相互尊重、平等相处、和平发展、共同繁荣，才是人间正道。世界各国应该共同维护以联合国宪章宗旨和原则为核心的国际秩序和国际体系，积极构建以合作共赢为核心的新型国际关系，共同推进世界和平与发展的崇高事业。习主席最后振臂高呼："让我们共同铭记历史所启示的伟大真理：正义必胜！和平必胜！人民必胜！"俄罗斯总统普京等 60 多个国家和国际组织的领导人、政府高级代表等应邀出席，17 国军队参与了胜利阅兵式。70 年前，人类社会取得了反法西斯战争胜利，正义终于战胜了邪恶，世界和平来之不易。为此，中国人民进行了长期艰苦卓绝的英勇奋斗，付出了重大民族牺牲，赢得了近代以来首次完全意义上的反侵略战争，成为五大

战胜国之一。然而，一段时期以来，随着国际形势和世界格局的深刻变化，有的国家否认侵略战争的罪恶历史，严重影响其未来走向。一些西方势力，以意识形态和价值观画线，贬低中国和苏联在反法西斯战争中的重大作用和历史功绩。这对“以史为鉴，面向未来”的世界和平事业是严重威胁，对中国和继承苏联的俄罗斯的国际形象及战胜国地位是严重挑战。中俄两国以全面深化战略协作伙伴关系为基石，首次携手隆重举办纪念活动，共同发出维护胜利成果的正义之声，对于坚决反对否认和篡改二战历史的卑劣行径，警示国际社会珍惜世界反法西斯战争的胜利成果，遏制和纠正有些国家偏离和平发展轨道，具有不容倒退的重要意义。

中国从年初举办以“亚洲新未来：迈向命运共同体”为主题的博鳌亚洲论坛，习主席发表题为《迈向命运共同体　开创亚洲新未来》主旨演讲开始，中国领导人在各种国际场合全面系统阐述人类命运共同体的重大主张，倡导建立平等相待、互商互谅的伙伴关系；营造公道正义、共建共享的安全格局；谋求开放创新、包容互惠的发展前景；促进和而不同、兼收并蓄的文明交流；构筑尊崇自然、绿色发展的生态体系，形成打造人类命运共同体“五位一体”的总路径和总布局。这与维护二战胜利成果相辅相成，提出了在新形势下推动和平与发展的道路及方法问题。在联合国成立70周年系列峰会上，中国围绕共同打造“人类命运共同体”的主题，提出了一系列务实举措，引起许多与会国领导人高度评价和热烈回应。习近平主席在联合国大会一般性辩论中发表题为《携手构建合作共赢新伙伴，同心打造人类命运共同体》的重要讲话，表示欢迎各国搭乘中国发展“顺风车”，认为大家一起发展才是真发展，可持续发展才是好发展。为支持联合国的工作，设立为期 10 年总额 10 亿美元的中国—联合国和平与发展基金。习近平主席在联合国发展峰会发表题为《谋共同永续发展，做合作共赢伙伴》的重要讲话，提出国际社会要以 2015 年后发展议程为新起点，共同走出一条公平、开放、全面、创新的发展之路，努力实现各国共同发展。中国将设立“南南合作援助基金”，首期提供 20 亿美元，支持发展中国家落实 2015 年后发展议程。中国将继续增加对最不发达国家投资，力争 2030 年达到 120 亿美元。中国将免除对有关最不发达国家、内陆发展中国家、小岛屿发展中国家截至 2015 年底到期未还的政府间无息贷款债务。中国将设立国际发展知识中心，同各国一道研究和交流适合各自国情的发展理论和发展实践。中国倡议探讨构建全球能源互联网，推动以清洁和绿色方式满足全球电力需求。中国也愿意同有关各方一道，继续推进“一带一路”建设，推动亚洲基础设施投资银行和金砖国家新开发银行早日投入运营、发挥作用，为发展中国家经济增长和民生改善贡献力量。习近平主席在全球妇女峰会发表题为《促进妇女全面发展，共建共享美好世界》的重要讲话，强调妇女事业的重要性。习近平主席在维和峰会发表讲话强调，中国主张恪守维和基本原则，继续坚持联合国宪章和哈马舍尔德原则。要完善维和行动体系，维和行动既要同预防外交、建设和平纵向衔接，也要同政治斡旋、推进法治、民族和解、民生改善等横向配合。习近平主席提出支持联合国维和活动的重要举措：中国将加入新的联合国维和能力待命机制，率先组建常备成建制维和警队，并建设8000人规模的维和待命部队；中国将积极考虑，应联合国要求，派更多工程、运输、医疗人员参与维和行动；今后五年中国将为各国培训2000名维和人员，开展10个扫雷援助项目，包括提供培训和器材；今后五年向非盟提供总额为1亿美元的无偿军事援助，以支持非洲常备军和危机应对快速反应部队建设；中国将向联合国在非洲的维和行动部署首支直升机分队；中国—联合国和平与发展基金中的部分资金将用于支持联合国维和行动。为纪念联合国成立70周年，习近平主席代表中国政府向联合国赠送一座“和平尊”。联合国秘书长潘基文表示，“和平尊”代表了中国同联合国的共同价值观和密切合作关系，2015年对全世界而言可谓改变历史的一年，中国是联合国必不可少的伙伴，所展现的领导力至关重要。

二、开拓和引领维护世界和平与发展的新途径，提出增强国际治理体系的中国理念和方案，推动和落实各项务实举措，争取与各国合作共赢，共同发展

当前，国际金融危机后遗症依然严重，世界经济整体动力不足、增长乏力。一些发达国家和多边国际机制无法有效应对危机，反而加剧了国家间发展不平衡。中国宏观经济步入新阶段，随着GDP减速及下行压力，引起有关国家的担忧。在世界经济发展遇到困境，各国举步维艰的压力面前，中国一方面在外交活

动中，特别是 G20、APEC、气候变化大会、世界互联网大会等重要会议上，站在推动全球治理体制变革的高度，深刻分析世界经济态势，提出综合施策解决问题的中国方案，增强国际社会对中国经济能够继续拉动世界经济发展的信心。另一方面，大力推动落实“一带一路”、亚投行、亚太自贸区建设的务实举措，加快经济一体化的步伐，为世界经济发展提供新的动力。2016 年中国经济仍将以 7% 左右的增速走在世界前列，贡献全球经济增量的三分之一，世界经济增长主引擎的地位无可替代。国际货币基金组织决定将人民币纳入特别提款权货币篮子，这是人民币国际化的一个重要里程碑，也是对中国改革开放成就、经济发展实力和国际影响力的认可。同时，中国以建设性和负责任态度面对世界安全问题，推动中东、非洲以及周边地区热点问题的政治解决，认真履行联合国维和行动，积极参与国际反恐合作，大力实施国际救援活动，全力保护海外公民安全，坚定维护国际核不扩散体系，推动构建和平、安全、开放、合作的国际网络空间平台，为稳定世界安全局势发挥重要作用。

在土耳其安塔利亚二十国（G20）领导人第十次峰会上，习近平主席发表题为《创新增长路径，共享发展成果》的重要讲话，为世界经济把脉，提出中国方案。在全球治理体制变革的历史转折点上，“中国智慧”昭示了新的希望。习近平主席提出，当前形势下，亟须我们回答两个问题。一是“怎么看”，要精准把脉世界经济形势。国际金融危机深层次影响还在继续，世界经济仍然处在深度调整期，复杂程度远超以往，解决起来需要综合施策。世界经济发展到今天，上一轮科技和产业革命所提供的动能已经接近尾声，传统经济体制和发展模式的潜能趋于消退。同时，发展不平衡问题远未解决，现有经济治理机制和架构的缺陷逐渐显现。这些因素导致世界经济整体动力不足，有效需求不振。其表象是增长乏力、失业率上升、债务高企、贸易和投资低迷、实体经济失速、金融杠杆率居高不下、国际金融和大宗商品市场波动等一系列问题。这就像一个人生了病，看起来是感冒发烧，但根子在身体机理出了问题。二是“怎么办”，要为促进全球经济增长和就业开出良方。加强宏观经济政策沟通和协调，形成政策和行动合力，推动改革创新，增强世界经济中长期增长潜力，构建开放型世界经济，激发国际贸易和投资活力，落实2030年可持续发展议程，为公平包容发展注入强劲动力。为表示中国有信心、有能力保持经济中高速增长，继续为各国发展创造机遇，习近平主席强调“两个信心”：我们的信心，来自于全面深化改革、建立开放型经济新体制的决心和行动。我们的信心，来自于中国经济强劲内生动力和中国政府坚强有力的政策引导。根据国际组织测算，中国是二十国集团全面增长战略的最大贡献者之一。中国提交的增长战略包括134项政策措施，充分展示了中国以改革促增长的决心、理念和行动。《二十国集团安塔利亚峰会公报》充分吸收反映了中方的观点和立场。在G20从危机应对机制向长效治理机制转型的关键时期，在各方强烈期盼中，中国接过了G20主席国重任，积极筹办2016年杭州G20领导人第十一次峰会。中方已将杭州峰会主题定为“构建创新、活力、联动、包容的世界经济”，致力于推动全球创新增长方式，完善经济金融治理，促进国际贸易和投资，实现包容和联动式发展。

2013年习近平主席首次亮相印尼APEC领导人非正式会议，提出和描绘了“亚太命运共同体”路线图，提振了世界对亚太作为全球经济增长引擎的信心。2014年在北京雁栖湖举行的APEC第二十二次领导人非正式会议上，习近平主席阐述了“亚太梦想”的概念，坚定不移推动亚太自贸区进程启动被誉为一大突破。2015年在菲律宾马尼拉亚太经合组织（APEC）第二十三次领导人非正式会议上，习近平主席发表题为《深化伙伴关系，共促亚太繁荣》的重要讲话，强调亚太合作要谋划大手笔、塑造大格局。2015年要继续致力于在多个领域制定战略框架和行动计划，确保重点领域的目标、举措、时间表。我们要加快建成亚太自由贸易区，要如期完成联合战略研究，得出符合各方长远利益的结论和建议，为转入下一阶段工作做好扎实准备。为使国际社会深入了解中国经济形势，习近平主席在工商领导人峰会上发表《发挥亚太引领作用，应对世界经济挑战》的主旨演讲，阐明了中国改革发展的新理念、新机遇以及推进亚太经济合作的思路和举措。习近平主席强调“四个没有变”：中国经济长期向好的基本面没有变，经济韧性好、潜力足、回旋余地大的基本特征没有变，经济持续增长的良好支撑基础和条件没有变。承诺“三个不会变”：中国利用外资的政策不会变，对外商投资企业合法权益的保障不会变，为各国企业在华投资兴业提供更好的服务的方向不会变。倡导“四个坚持”：坚持推进改革创新，坚持构建开放型经济，坚持落实发展议程，坚持推进互联互通。会议通过的《宣言》积极呼应习近平主席的主张，强调亚太自贸区是推动区域一体化的主要手段，欢迎中国2016年举办APEC城镇化论坛。与会国高度评价中国提交的北京会议成果落实进展报告，认为中国为扎实推动亚太自贸区建设发挥了负责任的表率作用。

中国为推动联合国气候变化巴黎大会取得成功，为达成公平合理、全面平衡、富有雄心、持久有效、具有法律约束力的史上第一份全球减排协定——《巴黎协定》作出了重要和积极的贡献。中国与美国率先达成气候变化联合声明后，又相继同欧盟、美国、法国、印度、巴西发表气候变化联合声明，系统提出应对气候变化、推进全球气候治理的中国主张。中国如期向《联合国气候变化框架公约》秘书处提交国家应对气候变化自主贡献文件，确立了中国到2030年单位国内生产总值二氧化碳排放比比2005年下降60%～65%、非化石能源占一次能源消费比重达到20%左右、森林蓄积量比2005年增加45亿立方米左右、二氧化碳排放2030年左右达到峰值并争取尽早实现的宏伟目标。这是中国统筹国际应对气候变化和国内可持续发展两个大局的战略选择。国际社会普遍赞赏，认为中国在气候变化问题上迈出了勇敢的步伐，为气候变化大会取得成功做出了重要贡献。习近平主席在气候变化巴黎大会开幕式上发表题为《携手构建合作共赢、公平合理的气候变化治理机制》的重要讲话，向国际社会传递了中国积极参与全球应对气候变化事业的坚定信心和充足诚意，为巴黎气候变化协议最后阶段谈判注入了强劲推动力。习近平主席宣布将于2016年启动在发展中国家建设10个低碳示范区、开展100个减缓和适应气候变化项目、提供1000个应对气候变化培训名额的合作项目，建立200亿元人民币的“中国气候变化南南合作基金”。在发达国家承诺对发展中国家提供资金迟迟未到位的情况下，中方的援助计划令人兴奋。联合国环境规划署非常赞赏中国的正确义利观，及为世界其他地区国家所提供的力所能及的帮助。

中国在乌镇举办以“互联互通·共享共治——构建网络空间命运共同体”为主题的第二届世界互联网大会，发布《乌镇倡议》、互联网金融发展报告、“互联网+扶贫”联合倡议、“数字丝路”建设合作宣言、海峡两岸及香港、澳门互联网发展倡议等20多项成果。习近平主席发表题为《实现互联互通，推动共享共治》的主旨演讲，提出国际社会应该在相互尊重、相互信任的基础上，加强对话合作、推动互联网全球治理体系变革，共同构建和平、安全、开放、合作的网络空间，建立多边、民主、透明的全球互联网治理体系。强调四项原则：推进全球互联网治理体系变革，应坚持尊重网络主权、维护和平安全、促进开放合作，构建良好秩序的原则。各国应该加强沟通、扩大共识、深化合作，共同构建网络空间命运共同体。提出五点主张：第一，加快全球网络基础设施建设，促进互联互通。第二，打造网上文化交流共享平台，促进交流互鉴。第三，推动网络经济创新发展，促进共同繁荣。第四，保障网络安全，促进有序发展。第五，构建互联网治理体系，促进公平正义。习近平主席的重要讲话引起了与会者的共鸣。他们表示，在网络发展时代当中，在乌镇举办的世界互联网大会是一个非常重要的突破，是里程碑式的会议。2014年首届世界互联网大会为国际互联网“公享共治”

搭建了新平台，中国已经准备好在互联网管理和发展方面承担更大责任。时隔一年，习近平主席再次强调推动互联网全球治理体系变革，是中国积极履行大国责任的体现。自20多年前接入国际互联网以来，中国已建成全球最大的4G网络，拥有全球最大的用户规模，移动互联网用户总数达到8.7亿；在全球十大互联网企业中，中国占有4席；2014年电子商务交易额突破12万亿元。中国通信技术发展迅猛令世界瞩目，在许多前沿尖端通信技术上走在了世界前列，在深化互联网事业交流合作上发挥着重要的影响力。

2015年是中国提出的“一带一路”构想完成规划并启动实施之年。在年初的博鳌亚洲论坛上，习近平主席指出，“一带一路”建设秉承的是共商、共建、共享原则，不是封闭的，而是开放包容的；不是中国一家的独奏，而是沿线国家的合唱；不是要替代现有地区合作机制和倡议，而是要在已有基础上，推动沿线国家实现战略相互对接、优势互补。这表明“一带一路”建设是推动沿线国家合作共赢和可持续发展的“高速路”，是与沿线国家的发展战略相对接，共同打造命运共同体的普惠共济与和平发展之路。中国提出的理念和原则得到国际社会的广泛认同，建设“一带一路”已获得60多个沿线国家和国际组织积极响应，已同20多国签署合作协议，加快与各国发展规划对接。充分利用上海合作组织、中国—东盟自由贸易区、亚太经合组织等多边机制，依托博鳌亚洲论坛、中国—东盟博览会、中国—阿拉伯国家合作论坛、中非合作论坛、中国—亚欧博览会、中东欧16+1等平台，推进“一带一路”在沿线国家落地生根。目前，

“一带一路”的话题已融入许多国际重要活动中，成为具有重要建设性意义的世界发展新机遇。以企业为主体，实现市场化运作，2015 年前 9 个月中国企业对“一带一路”沿线的 48 个国家直接投资额超过 120 亿美元。打造陆海内外联动、东西双向开放的全面开放新格局。推进基础设施互联互通和国际大通道，打造新亚欧大陆桥、中蒙俄、中国—中亚—西亚、中国—中南半岛、中巴、孟中印缅等国际经济合作走廊，形成丝绸之路经济带骨架。同东南亚的互联互通取得重要进展，中国印尼雅万高铁项目已经敲定，中老、中泰铁路已经开工，中越铁路加紧规划，各国期待已久的泛亚铁路网建设终于迈开步伐。加强能源资源合作，提高沿线国家就地加工转化率。共建境外产业集聚地，推动建立当地产业体系。开展教育、科技、文化、旅游、卫生、环保等领域合作，造福当地民众。加快共建服务“一带一路”建设的开放多元共赢金融合作平台，中国发起成立亚洲基础设施投资银行和丝路基金的金融机构。许多沿线国家和相关国家踊跃参与亚投行，意向创始成员国已达 57 个。中国还积极稳妥推动建立上海合作组织融资机构、金砖国家新开发银行，深化中国—东盟银行联合体、上合组织银行联合体等多边金融合作，进一步扩大与项目所在国金融机构的合作，汇集沿线国家金融资源，为“一带一路”建设提供了持续可靠的融资保障。

三、围绕推动世界和平与发展的大局，按照共同打造命运共同体的新理念，全面促进、拓展和深化合作共赢的新型国际关系

构建中美新型大国关系，是中国新一届领导集体处理中美关系及和平发展问题的外交宣言，具有深远的战略意义。2015 年 9 月习近平主席首次对美国进行国事访问，取得了再度确认构建中美新型大国关系的重要共识，积极对接各自发展方向和国家战略，深刻把握双方不断增长的共同利益，积极承担两国对人类社会应尽的国际责任，达成了 50 项重要共识和成果。在美国各界广泛传递中美世代友好、合作共赢的明确信息，描绘了推进各领域战略合作的新愿景，激发了发展中美关系的正能量，维护和增强了双边发展的正确方向。这是在中美关系发展处于关键时期的重大外交活动。2013 年习近平主席就任不久就顺访美国，与奥巴马进行庄园会晤，为构建中美新型大国关系定调。此后在多次重要国际场合，中美两国元首在会晤中不断加重构建中美新型大国关系的分量。然而，进入 2015 年以来，受中美两国实力变化与美国国内政治因素等的影响，美国战略界及一些强硬势力掀起了一股对发展中美关系的反思与质疑的思潮，认为中美对抗不可避免，并已到了“临界点”，要求对中美关系进行转折性的战略调整，有意淡化中美新型大国关系。这是对中美关系是前进还是倒退的又一次重大挑战和考验，从历史进程看也是不可避免的一

次重要较量。经过双方共同努力，克服障碍，增强了共识。美政府高调宣布“美方拒绝美中冲突不可避免”的观点，表示“支持一个强大、繁荣和负责任的中国崛起”，认为“美中关系是最重要的双边关系”。

中俄战略协作伙伴关系保持高水平运行，双方共同举办二战胜利纪念活动，发出坚定维护世界和平与发展、维护国际正义与良知的宣示，在新形势下双方政治互信进一步巩固和提升。习近平主席访俄并出席二战胜利纪念活动，双方签署了丝绸之路经济带同欧亚经济联盟合作对接联合声明。中俄作为欧亚大陆的两个大国进一步协调各自发展战略，组建对接协调工作机制，主张将上海合作组织作为推进这一目标的主要平台，带动了中亚国家积极参与，促进了“一带一路”倡议在欧亚大陆腹地的实施。中俄能源、航空、航天等领域大项目合作稳步推进，莫斯科—喀山高铁合作协议成功签署，远东开发合作进入新阶段。习近平主席在浙江乌镇会见总理梅德韦杰夫时指出：我和普京总统达成共识，无论国际和地区形势怎么变，我们坚持巩固和深化中俄全面战略协作伙伴关系的方针不会变，致力实现两国共同发展振兴的目标不会变，携手捍卫国际公平正义和世界和平稳定的决心不会变。俄总统普京来华参加二战胜利纪念活动前对记者表示，“西方制裁促使俄企业与中国建立稳固的商业关系，俄中关系现在大概达到了历史上的一个巅峰，并且在继续发展”。

2015 年是中欧建交 40 周年，是中欧全面战略伙伴关系开创新局面的一年。习近平主席对英国进行“超级国事访问”，开启中英关系“黄金时代”，为新兴大国与传统大国深化互信与合作树立了标杆。双方发表《中英关于构建面向21世纪全球全面战略伙伴关系的联合宣言》，“认同彼此对自身政治体制、发展道路、核心利益和重大关切的重视”。中英达成59项协议共识贸易投资协议，总额超过4000亿人民币。双方呼吁早日开展中欧自贸区联合可行性研究，以实现第十七次中欧领导人会晤联合声明中确立的长期目标，即在条件成熟时签订深入全面的自贸协定。这对中欧自贸区尚处于酝酿商谈阶段来说，是一个强力支持的表率姿态。英国首相卡梅伦明确表态：“我们想成为中国强有力的盟友，因为中国的经济在增长，而中国正日渐崛起成为世界强国。”要争做“中国在西方最好的朋友”，想成为“中国在欧洲的最好伙伴”。中英关系实现了质的飞跃，不仅引领了中欧关系的发展，而且对中国与西方整体关系是一个新突破，展现了世界格局的新变化。习近平主席访英后，德国总理默克尔、法国总统奥朗德又接踵访华，掀起“中欧季”交往热潮。默克尔年内两次访华，凸显“中德创新合作年”的重要性，双方先后签署10项经贸协议和推动“中国制造2025”与德国“工业4.0”对接工作稳步推进。中德两国举行首次外交和安全战略对话，开启首次高级别财金对话。中法就加强合作推动气候变化巴黎大会取得成功达成共识，双方签署《中法元首气候变化联合声明》。李克强总理年内三次访欧，举行欧盟换届后中欧新领导层首次会晤，勾画了中法、中欧合作新蓝图。经贸高层会晤，高级别人文对话相继举行。中国举办首次中国—中东欧领导人会晤，确认共建开放包容、互利共赢的伙伴关系和六大重点合作领域，中国—中东欧16+1合作进展迅速，形成了地区合作新格局，激活了“一带一路”连接欧洲地区的前沿板块，有利于促动与欧洲整体接轨。

中日关系逐渐回暖。习近平主席在雅加达应约会见日本首相安倍晋三时指出：处理中日关系的大原则，就是要严格遵循中日四个政治文件的精神，确保两国关系沿着正确方向发展。历史问题是事关中日关系政治基础的重大原则问题。希望日方认真对待亚洲邻国的关切，对外发出正视历史的积极信息。在北京召开的中日友好交流大会，是近年来中日两国民间交往的一次盛事。习近平主席发表重要讲话强调：“德不孤，必有邻。”只要中日两国人民真诚友好、以德为邻，就一定能实现世代友好。牢记历史，是为了开创未来；不忘战争，是为了维护和平。日本人民也是那场战争的受害者。中日双方应该本着以史为鉴、面向未来的精神，共促和平发展，共谋世代友好，共创两国发展的美好未来，为亚洲和世界和平作出贡献。日本自民党总务会长二阶俊博带领3000多位各界友好人士出席大会，中日各界人士共同发表了呼吁两国加强民间交流合作、为中日世代友好携手努力的《中日友好交流大会倡议书》。年内，双方重启执政党交流机制、中日高层安全对话等。中日联合调查显示：两国人民对彼此国家好感度有所上升。

在俄罗斯乌法举行的金砖国家领导人第七次会晤期间，习近平主席呼吁各成员国共同构建维护世界和平、促进共同发展、弘扬多元文明、加强全球治理的“四大伙伴关系”。在安塔利亚G20会议期间，金砖国家领导人再度聚首。为进一步落实金砖国家领导人第七次会晤成果规划具体路径，习近平主席提出四点建议：塑造有利外部发展环境，共同完善全球经济治理；就重大国际和地区问题发声，共同应对各种全球性挑战；推动互利共赢的国际发展合作，共同倡导新型全球发展伙伴关系；携手推进经济优化升级，共同实现长远发展。受世界经济疲软影响，金砖国家也面临许多挑战，一些人甚至质疑金砖国家机制，炒作“金砖褪色”。对此，习近平主席强调：真金不怕火炼，伙伴的意义和价值，不仅在于顺境中共襄盛举，更在于逆境中携手前行。只要坚定信心、加强协调，金砖国家合作就一定能乘风破浪、穿云破雾。经各方努力，金砖国家新开发银行已于 2015 年 7 月在上海开业，这是发展中国家和新兴市场国家金融合作的重要成果，也是对国际金融体系的完善和有益补充。英国《金融时报》评论指出，世界已经改变，基本上是越变越好，因为穷国与富国的差距越来越小。金砖国家新开发银行正体现了这一点。它是世界未来的一个缩影。

中国不断开拓深化与发展中国家的关系。习近平主席出席亚非领导人会议和万隆会议 60 周年纪念活动，为新形势下深化亚非合作、南南合作以及南北合作指明了方向。年初，中国—拉美和加勒比国家共同体论坛首届部长级会议在北京人民大会堂隆重开幕。习近平主席发表题为《共同谱写中拉全面合作伙伴关系新篇章》的重要讲话，强调中拉论坛首届部长级会议的召开标志着双方整体合作由构想变为现实，向世界发出中拉深化合作、携手发展的积极信号，并对促进南南合作和世界繁荣进步产生重要而深远的影响。双方就构建中拉平等互利、共同发展的全面合作伙伴关系达成新的共识，全面启动中拉整体合作机制。李克强总理出访拉美四国，积极对接中拉发展战略，推进“两洋铁路”

等中拉产能合作的标志性工程。2015 年是中非合作论坛成立 15 周年。在中非合作论坛约翰内斯堡峰会暨第六届部长级会议开幕式上，习近平主席发表题为《开启中非合作共赢、共同发展的新时代》的致辞，指出中非合作论坛已经成为引领中非合作的一面旗帜，为南南合作树立了典范，成为带动国际社会加大对非洲关注和投入的先锋。提议将中非新型战略伙伴关系提升为全面战略合作伙伴关系，并为此做强和夯实政治上平等互信、经济上合作共赢、文明上交流互鉴、安全上守望相助、国际事务中团结协作的“五大支柱”。习近平主席代表中国政府宣布同非方重点实施的“十大合作计划”，将为中非合作提供 600 亿美元的资金支持。该计划高度契合非洲大陆的发展需求，在更高层次、更广范围体现中非关系的平等互利的本质特征，赢得了非洲和国际社会的广泛赞誉。中国政府发表第二个对非洲政策文件，全面阐述新形势下中国对非政策新理念、新主张、新举措，以指导今后一段时期中非各领域交流与合作。中国已连续 6 年成为非洲第一大贸易伙伴国。2014 年中非贸易总额达到 2220 亿美元的新高，是 2000 年的 21 倍。2014 年中国对非直接投资存量达到 324 亿美元，是 2000 年的 60 多倍。超过 3000 家中国投资企业落户非洲，完成承包工程营业额 530 亿美元，占海外市场完成营业总额的近四成，聘用当地员工近 40 万人。

中国在周边地区加快建设更为紧密的命运共同体。习近平主席先后访问哈萨克斯坦、巴基斯坦、越南、新加坡等国，增强传统友谊和互利合作关系。李克强总理访问马来西亚并出席第十八届中国—东盟领导人会议、东盟 10 + 3 领导人会议和第十届东亚峰会。李总理在东亚峰会上发表重要讲话，就峰会未来发展方向，提出“四个继续坚持”：一是继续坚持“领导人引领的战略论坛”定位；二是继续坚持东盟主导地位；三是继续坚持发展和安全“双轮驱动”；四是继续坚持各机制协调发展。中国与东盟正式签署《中华人民共和国与东南亚国家联盟关于修订〈中国—东盟全面经济合作框架协议〉及项下部分协议的议定书》。这表明从2013年10月李克强总理在双方领导人会议上倡议启动中国—东盟自贸区升级谈判，经过近一年半四轮谈判，终于获得了升级谈判的成功。这将为双方经济发展提供新的助力，加快建设更加紧密的命运共同体，推动实现2020年双边贸易额达到1万亿美元的目标，并有利于促进《区域全面经济伙伴关系协定》谈判和亚太自贸区的建设过程。中国与东盟国家的合作共赢关系不断成熟发展，成为稳定和繁荣地区形势的主流力量。中国推出“双轮驱动”思路，有利于发展合作和稳定南海局势，得到大多数东盟国家的认同。李克强总理访问韩国并重启中断三年之久的中日韩领导人会议，就三方合作提出六点建议。三国发表了《关于东北亚和平与合作的联合宣言》，制定了加强合作的56项具体措施，务实扎实，令人关注。李克强总理主持在中国郑州举行的上合组织成员国政府首脑理事会第十四次会议，围绕在“一带一路”等区域合作倡议下，深入探讨深化各领域合作的新思路新举措的主题，李总理强调要打造六个合作平台。会议发表关于区域经济合作的声明，重申各方积极支持实施丝绸之路经济带等区域合作倡议，推进与各国发展战略以及欧亚经济联盟等本地区一体化机制对接，以贸易便利化、产能合作、基础设施建设、金融等领域合作为优先重点，推进区域合作迈向更深层次，并积极吸引观察员、对话伙伴参与合作。

中国外交从年初到年末，高节奏、高强度地运行，在充满紧张和繁忙的气氛中，在自信、智慧、创新、丰富、务实、奋发有为的进程中，在从点到面的全局覆盖中，从中国领导人获得国内外高度评价的点赞中，从中国外交界整体的振奋拼搏中，我们深切地感受到中国特色大国外交正在加快走向世界，日益成为国际外交舞台众望所归和引领推动的一个主导力量，并展现在实践中不断充实改革提高增强的创新活力。在国际力量对比发生重要变化，新兴大国及发展中国家整体力量明显上升的重要时期，中国特色大国外交代表着时代变迁和世界变革的前进动力，对在和平与发展的新形势下实现合作共赢，具有重大时代意义。

颠簸中缓慢复苏的世界经济

◎ 张　保

2015 年世界经济仍处于缓慢复苏之中，经济增速也延续了 2010 年以来逐年走低的状态。发达国家复苏步伐不一，发展中国家经济增速普遍放慢，部分国家已经或正在滑入严重的危机。大宗商品价格普遍出现暴跌，金融市场波动有所加剧。全球贸易增速下滑的背景下，多哈回合谈判进展缓慢，各类双多边自由贸易谈判却如火如荼，全球贸易体系和规则正面临重构。人民币加速国际化，促使国际金融体系同样处于深刻变革之中。在经济复苏的同时，风险也在慢慢积聚，2016 年我们需注意防范各方面风险，警惕世界经济再度陷入危机。

一、2015 年世界经济基本特征

1. 世界经济总体复苏乏力

根据国际货币基金组织 10 月最新预测，2015 年全球经济增速可能仅为 3.1%，比 7 月预测又下降了 0.2%。世界银行和经合组织的预测甚至还低于这个值。由于国际货币基金组织预测结果一向偏乐观，因此最终结果很可能比预测值更低。2008 年金融危机距今 7 年，世界经济既未回到 1980～2014 年 3.5% 的平均增速，也未回到 2008～2014 年 3.28% 的危机后平均水平，经济复苏仍显乏力。

其中，发达国家表现要优于发展中国家，经济增速在近 3 年稳步上扬。而发展中国家经济增速已连续 5 年下滑，经济增速方面的优势正在迅速缩小。2008 年，按照购买力平价法计算，新兴经济体和发展中国家 GDP 占全球总 GDP 的 51.1%，历史上首次超过发达国家。此后比例仍持续增加，2014 年占 57.1%，IMF 预计 2015 年为 57.6%。但从它们对世界经济增长贡献率上看，却从 2008 年的 93.8%，快速下降至 2014 年的 77.3%，预计 2015 年将继续跌至 73.1%。其中，2014 年中国对世界经济增长贡献率 27.8%，2015 年尽管经济增速有所下降，但是对全球经济贡献率仍有望达到 30%。

2. 世界贸易的增长速度继续降低

根据世界贸易组织 9 月末的预测，由于中国、巴西等发展中国家需求下滑，石油等大宗商品价格下跌、全球汇率和金融市场波动以及地缘局势紧张等影响，2015 年的全球商品贸易增速预计为 2.8%。这再次调低了此前预期，低于近 20 年（1995～2015 年）5% 的平均水平，也是 2012 年以来连续四次低于 3% 的增幅。预计 2015 年贸易增速与经济增速之比仍维持在 1∶1 的水平，在此前的几十年这个比例一直是 2∶1。但目前来看，实际情况可能还达不到预期水平，尤其是以美元计算时，情况可能更加糟糕。根据荷兰经济政策分析局的数据，2015 年 10 月的全球贸易量同比增加了 0.7%，而以美元计算的贸易额则同比下降了超过 16%，其他月份情况与此类似。中国社科院世经政所也认为，2015 年前九个月，全球贸易按美元计算下降了 12%，若按 SDR 计算，也下降了 5%。

根据世界贸易组织的数据，发达国家增速要略好于发展中国家，出口方面，2015 年前两个季度发达国家平均下降 0.2%，发展中国家下降 1.9%，其中欧洲反弹最快，其次是北美、亚洲、中南美和其他地区。进口方面，发达国家小幅上涨 0.1%，发展中国家下降 2.2%。若按地区增速排序则依次是北美、亚洲、欧洲和中南美及其他地区。

3. 大宗商品价格集体暴跌

截至 2015 年 12 月 18 日，在原油和铁矿石的带领下，追踪原材料期货价格的彭博大宗商品指数已经累计下跌 26%，创下 2008 年以来最大跌幅，并且 16 年来首次跌至 80 以下。22 种期货合约中有 21 种下跌，跌幅从蔗糖的 6% 到天然气的 50% 不等，石油、黄金等价格更是不断创出 2008 年以来新低。供求关系逆转和美元收紧是导致暴跌的主要原因。

物价水平总体偏低。由于大宗商品价格下跌的影响，消费和生产两端都出现了物价水平偏低的情形，有些国家的通缩压力明显。美国 11 月核心 PCE 同比增长 2%，达到美联储通胀目标，但是加上能源与食品之后 PCE 指数仅同比增长 0.5%。其他发达国家情况类似。11 月，德国 CPI 同比增长 0.4%，英国同比增长

0.1%，法国同比零增长，日本扣除生鲜食品之后的核心CPI仅上升0.1%，而此前已经连续3个月为负值。而PPI的情况更差，11月美国同比下降1.3%，德国下降2.5%，法国下降2.6%，英国下降0.2%，日本下降3.8%。发展中国家中的中国和印度与发达国家情况类似，中国11月CPI同比上涨1.5%，PPI则同比下降5.9%；印度11月CPI同比上涨5.41%，而批发价格指数则同比下降1.99%。与此同时，不少发展中国家却出现了通货膨胀的情况，其中不乏俄罗斯、巴西、阿根廷、土耳其这样的G20国家。例如俄罗斯2015年的通胀率普遍在15%以上，阿根廷通胀尽管一直处于下降趋势，但直到10月，CPI仍然高达14.3%，巴西11月的通胀率也已经超过10%。

4. 主要经济体货币政策出现分歧

2008年金融危机之后，各国普遍实施了扩张性的货币政策以对抗衰退、提振经济，但由于各国的复苏态势并不同步，这使得原本一致宽松的货币政策出现明显分歧。美联储在2014年11月停止第三轮量化宽松的一年之后，又在2015年底启动了10年以来的首次加息，市场预期2016年可能还将有3~5次加息，这将对世界整体流动性产生巨大影响。与美国类似，近几年英国经济复苏也较为强劲，市场对英国央行将在2016年加息的预期强烈。与此相比，欧日则显得复苏乏力。欧洲央行在12月会议后再次宣布降低存款利率，进一步扩大购债规模；日本央行则继续执行其扩大后的QQE政策，而且预计起码将持续到2017年。美联储加息的举动将很大程度上消解欧日宽松的效果，欧日为了达到相同的效果可能需要采取更大力度的宽松。

美元政策的收紧对新兴经济体影响更加明显，为了应对资金外流和汇率波动，各国普遍采取了不同程度的对冲措施。中国央行2015年分别进行了五次降准和降息，一年期贷款利率从5.6%下降至4.35%。印度央行对回购利率进行了4次下调，从8%下降至6.75%。俄罗斯央行则经历了五次调整，将一周回购利率从17%下调至11%，而在此前的一年，由于地缘政治危机的影响，为避免资金大量外逃，俄央行将回购利率从5.5%左右迅速拉升至17%，但这却引发了严重的通货膨胀。巴西2015年正面临同样的处境，由于经济衰退、政治动荡，为阻止资金外流，利率从11.2%上调至14.25%，但是通货膨胀也如影随形。还有一些国家为了避免外汇储备被耗尽，只能宣布本国货币与美元脱钩，如阿塞拜疆、哈萨克斯坦和阿根廷等，它们的货币都不可避免地遭遇暴跌。

央行间货币政策的分歧可能仍将持续相当长的时间，这可能导致不同市场参与者对未来预期的分歧，加剧市场的波动，而这又将反过来影响各国央行的决策，不确定性进一步加大。

5. 劳动生产率停滞不前

无论是发达国家还是发展中国家都正面临劳动生产率增长缓慢的问题，美国2015年的劳动生产率同比增长0.6%，英国几乎零增长，其他发达国家情况类似。这种状况已经持续多年，据大企业联合会报告显示，2014年全球劳动生产率增速为2.1%，与2013年相同，低于危机前（1999～2006年）平均2.6%的增幅。

其中成熟经济体增速从 2013 年 0.8% 下降至 2014 年 0.6%，新兴经济体和发展中国家生产率增速平均为 3.4%，同样低于 21 世纪前十年 5% ~7% 的水平。预计 2015 年劳动生产率增速将继续下滑至 2%。

而从计入技能水平、投资和工人数量的全要素劳动生产率来看，情况更加糟糕，全球已经持续三年在 0 上下，既低于危机后到 2012 年期间平均 0.5% 的增幅，更低于危机前（1999 ~ 2006 年）1% 以上的增长。美国 2014 年增长 0.1%，英国为 -0.1%，德国为 -0.3%，法国为 -0.6%，日本为 -1.2%，土耳其为 -2.3%，等等。不仅是发达国家，新兴经济体和发展中国家状况同样不佳。中国 2014 年全要素生产率增速为 -0.1%，为 1998 年亚洲金融危机以来首次出现负值。印度为 0.2%，墨西哥为 -1.7%，巴西为 -2.3%，阿根廷为 -5%，委内瑞拉为 -9.1%，等等。

生产率增长是推动经济增长的最重要因素，其增速放缓将导致生活水平下降和政府财政稳定性下降，这也是发达国家失业率下降的同时经济增速未见明显提升的原因。尤其是那些面临人口老龄化的国家，生产率提升显得尤为重要。麦肯锡估算，为了完全缓解就业增长放缓带来的负面影响，生产率增速需要比过去半个世纪提高 80%。但目前尚看不到生产率好转的迹象。

6. 世界贸易规则正在重构

现行的国际贸易体系和金融体系主要是以二战后成立的世界贸易组织（前身为关贸总协定）、国际货币基金组织和世界银行为核心建立起来的，由于新兴经济体的崛起等原因，这一体系正在经历一轮变革。在贸易体系方面，2001 年启动的世界贸易组织架构下的多哈回合贸易谈判目标是在全球范围内达成一个包括农业等八大方面的统一的贸易协定。但是由于谈判各方在农产品出口等问题坚持不让步，多哈进程一再受到阻滞，14 年来成果无多。在 2015 年 12 月 19 日的世贸组织第十届部长会上也首次没有重申“回归多哈回合谈判”，美国贸易代表弗尔曼更是公开呼吁放弃多哈回合谈判机制，否则世贸组织将滞后于全球经济发展。

在多哈谈判屡次陷入停滞的同时，世界各地的双多边自由贸易协定正在如火如荼地展开，其中尤以 TPP 和 TTIP 影响最大。12 个 TPP 谈判国中，美日两家独大，尽管议题也涉及农业、汽车等关键问题，但在强烈的政治意愿之下，各方终于 10 月 5 日达成基本协议。而 TTIP 谈判已经进行 10 轮，尽管也存在知识产权和争端解决机制等问题，而且还面临美欧大选等不确定因素，但美欧双方推动的决心都很明确。由于认为在现行的世界贸易规则中，中国等新兴经济体获益巨大，甚至开始有能力挑战自身地位，因此美国希望凭借这两个所谓“更高标准”的贸易协定来重构世界贸易规则的目的显而易见，而在谈判过程中始终模糊回应“是否接纳中国加入”的问题也充分说明这一点。尽管 TPP 和 TTIP 覆盖了全球经济的三分之二和全球贸易的二分之一，但以中印等新兴经济体和发展中国家当前的经济体量和地位而言，未来围绕世界贸易规则的斗争将长期存在。

7. 世界金融体系正在经历深刻变革

现行国际金融体系赋予了美国远超其他国家的美元霸权，美国可以在军事打击之外凭借美元这一国际货币对其他国家的政府和企业进行“长臂管辖”，制裁对象既包括所谓的“邪恶轴心”或“无赖国家”，也包括美国的盟国。除了有针对性的打击以外，美联储的货币政策也是对世界经济影响巨大的重要变量，美元政策的一松一紧常常伴随着世界经济的大起大落，甚至导致一些地区性的经济危机，尤其是那些经济对外依赖严重的国家，这一过程俗称“剪羊毛”。对此，世界各国都多有抱怨，也有过正面抗争，例如欧元的出现，但是都未能在根本上动摇美元的地位。

近年来，随着中国等新兴经济体的崛起，要求提升发展中国家在世界金融体系中地位的呼声不断提高，尤其是在中国加速推行人民币国际化之后，相关改革终于开始有了实质性进展。亚投行的成立是其中的一个标志性事件，相关国家态度的前后变化充分反映出各国实力间的此消彼长，也为之后的改革埋下了伏笔。2015 年 12 月，IMF 宣布将人民币纳入 SDR 货币篮子，所占份额在美元、欧元之后，位居第三，投票份额也同样上升至第三名。后者其实是 IMF 早在 2010 年就提出的改革方案，但此前一直未能得到握有否决权的美国的批准。尽管经过这轮调整，美元在 SDR 货币篮子中的比重仅从 41.9% 下降至 41.73%，投票权也仅从 16.7% 降至 16.5%，且仍拥有否决权。但只要以新兴经济体为代表的发展中国家的经济发展能够稳住，国际金融领域的改革就将不断取得新进展。

二、2016年需要重点关注风险

2008年金融危机爆发之后，世界各国纷纷采取对策，尽管目前对于美欧日的量化宽松和中国的“四万亿”等评价不一，但这些政策在当时对于防止危机继续蔓延和确保经济社会稳定仍发挥了非常积极的作用。然而七年之后，来自各个领域的信息似乎正在提示我们需要更多地关注风险。

1. 各国经济复苏水平不一，部分国家已经陷入衰退

尽管整体而言，发达国家复苏相对较好，但美国经济已经持续扩张超过78个月，超过1854年以来经历的33个经济复苏周期中的29个。日本则始终在衰退和复苏之间来回摇摆，欧洲内部差异巨大，部分国家债务高企、增长乏力。短期看，发达国家经济尽管面临通缩压力，但仍有望持续改善；而人口老龄化和劳动生产率增速低迷将限制发达国家经济的长期持续增长。

发展中国家的情况更是不容乐观，除印度表现抢眼外，中国经济的转型和结构调整带来的主动降速引发了国外对于“硬着陆”的担心。而由于大宗商品价格持续暴跌和地缘政治等原因，俄罗斯、巴西、委内瑞拉等国已经陷入衰退，南非25%的高失业率和经济减速已经引发社会动荡，低油价正在使沙特等国越来越无力支撑国内的高福利。冷战后，尤其是进入21世纪之后以

新兴经济体为代表的发展中国家的集体崛起可能已经告一段落，而且由于国际贸易规则和经济发展模式正在发生根本变化，如果各国无法在经济改革方面作出深刻调整，将很难重现此前的盛景。

2. 金融领域的风险正在不断累积

在货币领域，美元从 2014 年开始的升值幅度巨大，相对于主要发达国家货币升值 20% ~30%，相对于很多新兴市场国家更是升值了 50% ~80%。严重的货币贬值、资金外流和沉重债务负担已经或正在将更多的发展中国家推向危机。

在股票市场，美股此前已经经历了 6 年牛市，标普 500 指数从最低 600 余点涨至 2000 多点，涨幅巨大。但在 2015 年，由于美联储加息预期的影响，加上企业盈利下滑、估值缩水、大宗商品价格暴跌等，股市高歌猛进的步伐戛然而止。目前的市盈率为 22.5，已经超过最近十次牛市中的九次。此外，股市的联动和波动都在加剧，投资人情绪紧张，一有风吹草动就蜂拥外逃，2015 年 8 月中国股市连续暴跌以及之后欧美股市的跟跌就是一个例证。而大量的企业合并重组和高科技独角兽公司的估值下跌和融资变难都在表明，资本市场正在趋于谨慎和保守。

在债券市场方面，美股六年牛市期间债市发展同样迅速，美国债市的规模增至股市规模的 1.5 倍，流入债券基金的资金比流入股票类基金的多 80%。随着美联储货币政策收紧，债券价格将开始逐步走低，IMF 曾指出美联储的加息节奏应该非常缓慢，而大型债券基金应避免竞相抛售。但投资人似乎并没有如此的

“大局观”，12 月开始的高收益垃圾债抛售潮似乎正在加速，并开始向投资级债券蔓延。而新兴经济体的债券市场可能成为下一个灾区。据 IMF 统计，2004～2014 年新兴市场公司债规模增长了三倍。2015 年以来债务违约的公司数量比上年大增 40%，创下 2009 年以来最高。其中中国的债券风险也不可忽视，截至 2015 年 11 月，中国债券市场规模达到 6.7 万亿，成为仅次于美日的第三大债券市场，地方债和企业债的迅速膨胀始终是市场关注的焦点。与债券市场快速发展相伴而生的是各国高居不下的负债率。2008 年金融危机之后，全球的债务总额和债务率不降反升，在经济复苏乏力的大背景下，债务的可持续性将面临严峻考验。

3. 此起彼伏地缘政治斗争不断冲击世界经济

从乌克兰危机到叙利亚内战以及随之而来的难民危机，再到俄土斗法和沙特等国与伊朗的断交，各国围绕地缘政治的斗争使得原本就很脆弱的世界经济复苏雪上加霜。作为世界石油的主产地，中东北非地区由于复杂的宗教因素、落后的政府治理以及 IS 等极端组织的崛起和域外势力的介入正陷入一片混乱，而它的影响正在迅速外溢。如果国际社会始终不能就相关问题达成一致意见，各自坚持通过武力解决问题，该地区将陷入持续动荡，世界经济也将长期受到拖累。

“历史不会重复自己，但会押着同样的韵脚。”2016 年世界各国在致力于恢复经济的同时，更要关注风险，警惕危机爆发重创世界经济。

2015：世界经济陷入“新平庸”，中国经济走向“新常态”

◎ 谢明干

本文在概括和比较2015年世界经济与中国经济的基本状况之后，深入分析了中国经济走向“新常态”取得的显著成效和存在的诸多问题，并根据中共中央提出的创新、协调、绿色、开发、共享五大理念，对今后经济工作提出了一些意见建议。

2015年是二战以来世界政治格局动荡最剧烈、动乱最频仍的一年，也是世界经济体经济分化最明显、经济环境最复杂、不确定性最大的一年。这一年，世界经济的主要特点可以概括为：发达经济体经济复苏步履蹒跚、世界经济陷入“新平庸”；中国经济稳中有进、正在逐步走向“新常态”；大多数发展中国家面临较大的经济下行压力。这种态势可能还会延续一两年。

IMF总裁拉加德指出，世界经济这艘巨轮现在正行驶在四低的“浅水域”：一是低增长，二是低利率，三是低通胀，四是低就业。拉加德把这种经济态势称为“新平庸”，并认为世界经济的潜在增长能力较世界金融危机之前还有较大差距。面对这种复苏疲弱、经济低迷、风险增多的形势，许多权威的国际机构都表示，当前最紧迫的任务就是大力促使世界经济加快复苏与增长。

下面拟对世界经济陷入“新平庸”和中国经济走向“新常态”进行分析与对比，并着重对中国经济下行压力增加等问题提出一些看法与建议。

一、世界经济陷入“新平庸”

世界经济陷入“新平庸”，主要表现是如下。

1. 发达经济体经济复苏缓慢，景气差距很大

美国自2008年世界发生金融危机以来，采取了一系列积极措施，经济率先走上复苏的轨道。2015年第二季度GDP年化季率增长3.9%，第三季度放缓至2.1%，第四季度经济升温，IMF预计美国2015年的经济增长率可达2.6%。从总体上看，目前美国的个人消费、企业利润、融资环境都有改善，但制造业、房地产业起色不大，经济增速未达到此前预期的3%，仍然低于金融危机前的水平。美国经济一大问题是养老金债务危机，政府对公共养老金的缴费支出增长幅度远远超过养老金的投资收益，缺口高达2万亿美元以上。另一个问题是就业率与通胀率均低于预期水平。虽然上半年失业率大幅下降到5.3%，但调查显示这个数字有水分，不少人因对再就业丧失信心而放弃寻找工作，统计数

据时失业率就下降了，到就业市场改善时这些人将要求重新就业，失业率就会反弹。与之相关的工资水平，实际增幅非常有限。至于美元加息问题，世界舆论非常关注。多年的量化宽松、利率超低导致流动性泛滥，于经济稳定不利。但加息要求通胀率达到美联储设定的2%左右，至今尚未达到；加息又会产生一系列溢出效应，导致新兴国家资金外流、货币贬值、加剧大宗商品价格下行压力。2015 年末美联储实行的近 10 年首次加息，是“轻微”的、试探性的，日后还会多次加息，这将对世界经济尤其是金融市场的负面影响有多大，目前尚难以预料。此事也折射出美国经济复苏的脆弱性，有舆论据此认为美国正存在着“二次衰退”的危险。

欧洲经济 2015 年保持着微弱复苏的势头，这主要是由于国际油价下跌和实行宽松货币政策、欧元贬值等有利因素的推动，也同近些年实施经济改革、财政紧缩有关。目前大多数国家内需有所扩大，就业市场有所改善，消费者收入有所增加，但总的看经济仍处在低迷状态，因实行高福利导致的高失业（失业率在10%左右，其中，希腊、西班牙高于20%）、高债务（政府债务比例大大高于欧盟规定的60%安全比例）的痼疾仍没有多少改变，新兴市场经济体增速减缓、地缘政治局势紧张和美国将停止量化宽松货币政策等又将对欧洲经济复苏带来消极影响。据欧盟委员会秋季预测，2015、2016 年经济增长率欧元区将分别为1.6%和1.8%，欧盟将分别为1.9%和2.0%。

同美欧发达国家相比较，长期处于低迷的日本经济复苏步伐就艰难多了。截至一季度，经济已连续 4 个季度同比负增长；二季度虽实现了0.7%的正增长，但这主要是由于同比基数过低，环比折年率增速则为-1.6%；三季度增长率环比又下降0.2%，折年率增速则下降0.8%。这表明日本经济又陷入了衰退。

2. 发展中经济体经济增长普遍放慢，经济呈多元化趋势

“金砖国家”受内外因素影响，经济增长普遍放缓，发展进入调整期。其中巴西、俄罗斯、南非经济已陷入衰退，巴西2015年经济环比，一季度下滑0.3%，二季度下滑1.9%，降幅超过第一季度，是20世纪30年代以来最长的衰退期，目前巴西还面临着高通胀、高利率、货币贬值等严重问题；俄罗斯因经济增长高度依赖能源出口，在遭受美欧等国制裁和油价大幅下跌之后，2014年经济几近崩溃，到2015年中开始复苏，目前经济趋于稳定，工业上升，出口增加，失业率下降，到期外债已按期全额偿还，国际信誉得到好评，预计全年经济将萎缩3.7%左右，2016年可望实现增幅约为0.7%的正增长；南非经济增长亦乏力，而且经济基础较弱，容易受到资本流动的冲击，经济环比一季度只增长0.3%，二季度就下滑0.3%；印度、中国虽然经济增长动力比较旺盛，2015年将保持较高的增长率（印度在当前财年第二季度增长率为7.4%），但也存在不少问题，印度的基础设施落后，政府偿债能力不强，市场环境、投资环境不完善等，制约着经济持续增长和外资更多进入；中国正处于经济结构调整的阵痛期，经济下行不可避免。

其他发展中国家的经济，大多数都遇到比较严重的困难，增长率普遍下降。拉美地区表现最差，据联合国有关委员会和IMF

的资料，2015 年经济将萎缩 0.2%，为近 6 年之最低，主要外因是全球经济低迷，国际贸易停滞，金融市场不稳，基础产品特别是原油、矿产品价格锐降出口锐减；内因是投资下降，消费不振，就业岗位减少。几个大国的经济增速均明显下降，老大巴西，2015 年经济增长率预计为 -1.5%；原油出口大国委内瑞拉预计为 -5.5%，陷入 70 年来最严重的经济衰退；阿根廷预计为 0.7%，其政府债务沉重，融资十分困难；墨西哥经济状况稍好，但增速也将降为 2.4%；连被视为“成功走出中等收入陷阱”的智利，增速也将降为 2.5%，其货币已贬值 14%。东亚东南亚地区的情况好些，但因出口大幅下降、制造业萎缩，以往的高速增长“风光不再”，韩国第三季度增长 1.3%，开始摆脱连续 6 个季度低于 1% 的低迷态势；新加坡第二季度同比只增长 2.0%，第三季度降至 1.9%，预计全年经济增长接近 2%；大宗商品出口国印尼、马来西亚、泰国等增速也明显下降。大宗商品进口国越南，则因受国际环境影响较小，全年经济可望增长 6.4%；但许多小型经济体包括太平洋岛国等经济增长都放缓。非洲大陆、中东欧地区的经济也普遍不景气，增速下降。

3. 全球价格总水平趋于下降，通缩风险蔓延

随着世界大宗商品繁荣周期的结束，2015 年世界经济出现一种突出现象，就是全球价格总水平走低，特别是大宗商品市场价格全线滑坡，原油价格年度跌幅约 30%，铁矿石价格近年跌破 45%，铜矿价格年度跌幅为 27%。在此影响下，通货紧缩阴霾在越来越多的国家与地区蔓延。据摩根大通发布的统计数

据，2015年第二季度全球通货膨胀率只有1.6%，不仅大大低于以往23年的全球平均水平（11%），而且低于一般认为比较合适的目标水平（接近但略低于2%），这是世界经济增长疲弱乏力的表现。据经合组织发布的报告，该组织34个成员国的通胀水平没有改善，远低于目标水平。2014年起，多国央行实施了货币宽松政策，但一直未能达到规避通缩的预期目的，现在不仅发达国家，而且许多发展中国家都出现不同程度的通货紧缩或加大潜在的通缩风险。太低的通胀（即比较严重的通缩）虽有利于提高百姓的收入，但不利于拉动消费与投资，不利于经济稳定增长。

全球价格总水平趋于下降，固然与世界经济低迷、贸易萎缩有关，也与美元加息或对美元加息预期有关。因为美元是世界性的主导货币，全球大宗商品的计价均以美元为基准。美国放弃已实施10年的量化宽松货币政策，转向紧缩政策，必然导致美元持续升值，而美元持续升值又导致大宗商品价格下跌，进一步加剧大宗商品出口国的通货紧缩与经济困难。例如，原油价格大跌使俄罗斯经济增长由正变负，铁矿石价格大跌可能导致澳大利亚的GDP增长出现高达2.2%的下滑等。

当然，不少国家人口老龄化趋势加快，使供给结构日益不适应社会需求的变化，消费增长趋于停滞，发展动力不足，这也是推动全球经济和价格总水平走低的一个重要因素。从这个意义来说，发展老龄产业应当成为一项促进经济持续发展的战略性任务。

二、中国经济走向"新常态"

在世界经济普遍低迷、不稳定性不确定性大的国际大环境下，中国经济按照稳增长、促改革、调结构、惠民生、防风险的既定方针，在转向"新常态"的路上，不断攻坚克难，奋力前行，2015 年取得了新的成绩。

1. 经济基本面良好

①经济运行总体平稳。GDP 同比增长率，一、二季度均为 7%，三季度为 6.9%，预计全年为 7.0%，处在原先计划的合理区间之内。

②新增就业人数又创新高。全年城镇新增就业突破 1200 万人，超过原先计划的 1000 万人目标；全国城镇登记失业率低于 4.5% 的全年调控目标。

③消费者消费价格指数（CPI）比较稳定。截至 11 月末，同比上涨 1.4%，预计全年 CPI 平均涨幅将在 1.4% ~1.5%，低于年初计划目标。但工业生产者出厂价格指数（PPI）连续 45 个月负增长，其主要原因是实体经济增长动力不足和国际大宗商品价格处于低位，8 ~11 月各月 PPI 同比增长率均稳定在 -5.9% 左右。

④外贸进出口没有完成计划，前 11 个月进出口总值同比下降 7.8%，其中出口下降 2.2%，进口下降 14.4%。但外贸结构

发生积极变化：衡量外贸结构优化程度的一般贸易占比已连续多月回升，加工贸易出口总额则继续缩小；民营企业进出口比重前11个月同比提升2.2个百分点，出口总值也增长了2.2%；高附加值的机电产品出口继续增长，而传统的劳动密集型产品有所下降。贸易顺差，前11个月为3.34万亿元，扩大63%。外汇储备，受国际贸易萎缩、美元走强等影响，自2014年9月以来不断下降，2015年虽有两次回调，但仍保持下降趋势，到11月总规模为3.44万亿美元。实际使用外资，前11个月同比增长7.9%；对外直接投资，有望超额完成全年10%的增长目标。

⑤农业生产情况良好。全国粮食再获丰收，实现“十二连增”，总产量达到62143.5万吨（12428.7亿斤），比上年增加1440.8万吨，增长2.4%。粮食增产的主要原因是单产提高，单产提高对粮食增产的贡献率达到76.9%。

2. 结构调整迈开大步

①从需求方面看，最突出的变化是消费驱动力增强。消费方式从模仿型排浪式为主转为个性化多样化为主，新消费热点加速形成。2015年前三季度全国最终消费支出对GDP增长的贡献度为58.4%，比上年同期提高9.3个百分点。促使消费扩大的新商品、新业态不断增多，其中网络消费最为抢眼，全国网上零售额同比增长36.2%，显示出对经济增长的强大拉动力。预计全年社会消费品零售总额将增长10.7%左右。

②从供给方面看，最突出的变化是服务业发展迅速，2015年占GDP的比重上升到49.5%，比2007年提高了6.6个百分

点，服务消费的种类和需求也不断扩大。但服务业比重比发达国家的 70% ~80% 还低很多，继续上升仍有很大空间。大力发展服务业，既是推动经济增长和经济转型的需要，是改善、提升人民生活的需要，也是大大减少经济发展中的物质消耗与环境污染的需要，服务业每一单位增加值的耗电量只相当于工业的 15%。当然，强调加快发展服务业，并非可以不重视工业，工业为国民经济发展提供重要物质基础，工业和服务业共占了 GDP 近 90% 的比重，上半年服务业增速比一季度提高 0.5 个百分点，工业则与一季度基本持平，二者比较协调，加上农业增收，可以说我国目前的供给面是稳定的。

③新兴产业加快成长。据测算，“十二五”期间，新一代信息技术、生物、节能环保、新能源、新材料、高端装备、新能源汽车等七大战略性新兴产业年均增速大约是 GDP 增速的两倍，预计 2015 年战略性新兴产业增加值占 GDP 的比重将达到 8% 左右。大力促进新兴产业发展是加快推进供给侧结构性改革最重要的战略任务。

④有效投资增长较快。有效投资是维持经济稳定增长的重要因素。2015 年前 8 个月，包括七大类重大投资工程建设和六大领域消费工程基础设施建设的投资共增长 18.4%，对整体投资的贡献度为 27.7%，同比上升 5.7 个百分点。前 10 个月我国企业对“一带一路”沿线的 49 个国家进行直接投资的总额共计 131.7 亿元，同比增长 36.7%，投资主要流向新加坡、哈萨克斯坦、老挝、印尼、俄罗斯、泰国等国；新承揽沿线 60 个国家工程项目 2677 个。在保持有效投资增长的同时，积极推进企业技

术改造升级、淘汰落后产能，推进产能过剩严重行业（不仅有钢铁、水泥、电解铝、玻璃等传统产业，还有家电、光伏、汽车等新兴产业）内部的兼并改组联合。这都是推进供给侧机构改革所必不可少的重大举措。

3. 改革创新成为潮流

①改革进入深水区和攻坚期。2015 年的改革，突出的特点是“全面深化”，不仅面广（涉及经济、政治、社会、环保、法治、科技、文体等许多方面）、量大（一年就审议通过了 50 多份改革文件），而且“硬骨头”多（例如 30 多年未能实现的价格改革已开始突破，还有国企改革、政府机构简政放权、规范约束官员权力等等，都是难度比较大的改革）。2015 年改革的最大亮点是实行“三张清单”（即市场准入“负面清单”、政府机关“权力清单”与“责任清单”）制度，从而更加清晰地划定了政府与市场的边界，更加充分地释放了各方面的活力，2015 年前三季度全国新登记市场主体 1065. 5 万户，注册资本 20. 7 万亿元，分别比上年同期增长 15. 8% 和 40. 9%，平均每天新登记企业达 1. 16 万户。

②深化改革有两个重要标尺。一是突显“民生坐标”，让人民群众有更多的获得感。2015 年，从影响人人健康的环境保护到支持乡村教师、居民补办身份证、改革足球体制等等，推出了一批密切关系民生大事的重要改革。二是推进“依法治国”，深化改革和依法治国紧密结合。把“依法治国”的理念与原则融入每项改革举措的设计、部署、贯彻、督办之中，按照法治思

维、运用法治方式去推进改革。中共十八届四中全会提出了 180 多项对依法治国具有重要意义的改革举措，一年来都在积极落实之中，经过试验与实践，有的已成为制度，有的则上升为法律。中央深改组通过的改革文件中，涉及法治的有 25 个，占 46%。

③掀起大众创业万众创新热潮。中共十八大强调“实施创新驱动发展战略”以来，全国各地迅速掀起“双创”热潮。2015 年新毕业大学生创业比例同比增长近 1 倍，逾千万个网络创业群体中大学生占到 6 成，2014 年近 40 万归国留学人员中 15% 选择了自主创业。2015 年前三季度，全国专利申请量达 187.6 万件，同比增长 22%，其中发明专利、商标注册申请量分别同比增长 21.7%、36.62%。“双创”已成为我国经济发展的新引擎，在稳定经济增长、促进结构调整、推动体制改革、改善人民生活方面发挥着越来越大的作用。以“双创”为基础，众创、众包、众扶、众筹等新概念已成为热门的新举措。

④“双创”推动我国创新力的提高。“双创”倒逼传统产业转型升级，形成传统行业网络化智能化改造浪潮，带动云计算、大数据、工业互联网、智能机器人、智能电网、3D 打印、先进生物制造等新技术发展，推动建设制造业强国的进程。“双创”有力地促进科技创新，涌现出了一大批具有国际先进水平的科研成果。我国经济增长的科技含量不断提升，科技进步贡献率从 2010 年的 50.9% 提升到 2015 年的 54%。

4. 人民生活继续改善

①城乡居民收入增加。由于经济持续稳定增长、城乡就业比

较充分、就业质量逐步提高，城乡居民人均可支配收入在前4年年均增长9.5%的基础上，2015三季度同比增长7.7%，继续快于GDP的增速。截至9月底，全国有21个地区调高了最低工资标准，其平均增幅为13.3%。农民收入已突破万元大关，增幅连续6年高于GDP和城镇居民收入增幅。

②社会保障事业稳步推进。截至9月底，全国基本养老、基本医疗、失业、工伤、生育保险参保人数分别比上年底大幅增长，5项社会保险基金的收支亦都以两位数增长，全国社会保障卡持卡人数达到8.09亿人，提前完成国家“十二五”规划目标。

③养老待遇有所提高。全国近8000万企业退休人员基本养老金调整全部发放到位，调整后的月人均养老金提高到2200元。全国1.46亿城乡居民基础养老金最低标准从每人每月55元提高到70元。全国机关事业单位养老保险制度改革方案的备案工作已经完成。《基本养老保险基金投资管理办法》出台，将于2016年启动投资运营。

④医疗保险逐步扩大。全国职工医疗保险和城镇居民医疗保险，已有90%左右地市实现了市级统筹，从而解决了60%以上异地就医问题。前三季度，全国84%以上地区启动了大病保险。

5. 生态环保成效显现

①环境质量有所改善。四项主要污染物即化学需氧量、氨氮、二氧化硫、氮氧化物的排放量，持续大幅下降，提前半年完成“十二五”规划目标。“十二五”前4年，单位工业增加值化

学需氧量排放强度下降 36%，单位工业增加值氨氮排放强度下降 40%，全国单位 GDP 能耗连年下降，累计下降 13.4%。荒漠化和沙化土地连续 10 年双缩减，分别年均减少 2400 平方公里和 2000 平方公里。

②生态保护力度加大。全国已建成的各类自然保护区，总面积已占到陆地国土面积的 14.8%，高于 12.7% 的世界平均水平，85% 的陆地生态系统类型和野生动植物得到有效保护。国内有 40 多种哺乳动物已从“极度濒危”物种降为“濒危”或“易危”。通过实施天然林资源保护、退耕还林、退牧还草等生态修复工程，使约 105 万平方公里的天然林得到有效保护，近 3000 平方公里的退化湿地得到修复，水土流失封育保护面积达到 72 万平方公里。但是，虽然生物多样性保护工作取得了积极进展，生物多样性退化的总体趋势仍未得到根本遏制。

③森林面积持续扩大。近 10 年来，全国森林面积净增长 10 万平方公里，重点生态功能区草原植被盖度提高 11%。

④积极参与全球气候治理。根据《联合国气候变化框架公约》规定的“共同但有区别的责任”原则，我国作为发展中国家，不具有强制减排义务。但是我国近年来主动采取了许多减排措施，并于 2015 年 6 月正式向联合国承诺：二氧化碳排放 2030 年左右达到峰值并争取尽早实现；单位国内生产总值二氧化碳排放比 2005 年下降 60% ~65%（按此指标，2005 ~2030 年碳排放强度需年均下降 3.6% ~4.1%，远高于美欧等国 1990 年以来 2.3% ~3% 的降幅）；非化石能源占一次能源消费比重达到 20% 左右；森林蓄积量比 2005 年增加 45 亿立方米左右。9 月，我国

宣布出资200亿元人民币建立“中国气候变化南南合作基金”，帮助其他发展中国家应对气候变化。中国这一系列行动，赢得了国际上高度赞扬。

分析比较世界经济和中国经济可以看出，从总体上说，二者的共同点有二：一是都承受着经济下行的压力；二是都在努力调结构、促改革。不同点有四：一是世界经济总体上低迷，仍然处在金融危机后的深度调整之中，绝大多数经济体增长放缓、复苏乏力，有的已陷入萎缩或再一次衰退；中国经济实现中高速增长，增幅位居世界主要经济体前列。二是世界许多国家失业问题严重（如欧盟平均失业率为10%，阿拉伯国家为13%），与此相联系，居民收入下降、贫困人口增加；中国每年新增就业人数超过1000万人，居民收入人均增长超过GDP的增长，创造了经济下行但新增就业人数增加、居民收入上升的“奇迹”。三是世界许多国家在调整与改革中动荡大、风险多、局势不稳定；中国经济在“三期叠加”的情况下（“三期”指转型阵痛期、改革全面深化期、过去强刺激后遗症消化期），坚持发展与调整、改革协调推进，做到稳中有进、稳中向好。四是世界许多国家发展经济是“各人自扫门前雪”，甚至以邻为壑、损人利己；中国发展经济坚持合作共赢，给别人机遇或实际帮助，成为世界经济的新引擎，受到国际上普遍欢迎。当然，中国经济存在问题也还很多，如何推动经济更好更快迈上新台阶，仍然任重道远。

三、对推动中国经济迈上新台阶的思考

我国经济正在奋力转向新常态，这是一条通往繁荣、稳定与可持续发展的必由之路，也是一条充满挑战、阻力与艰难困苦的不归之路。不仅要突破许多过时的传统思想理念、习惯俗套，要打破各种既得利益者的抵制、阻碍甚至破坏，要冲破现行种种不合理的清规戒律、政策措施，而且要冷静面对来自国内外的种种疑虑、责难甚至歪曲攻击（包括中国经济“崩溃论”、“危机论”、“倒退论”等），保持清醒的头脑，作出鲜明的回答，以正视听，统一思想与行动。

有些学者表示，我国地区经济差距大，城镇化、现代化水平低，未来经济增长的潜力非常大，加上已经具有相当雄厚的物质基础和良好的体制条件，完全可以依靠发挥“后发优势”，继续保持经济的高速增长。他们认为近几年经济增速持续下降是“倒退”，甚至是“衰退”，说“我国经济增速未来十年仍能保持9%”，或者强调今后20年内我国经济年均增长率应达到8%以上。这种过分“乐观”的认识是片面的，他们只看到我国经济发展有利条件的一面，没有看到或者虽然看到但不予重视的另一面（即不利条件的一面）对我国经济持续发展的严重制约，那就是我们一些传统的资源优势已经大大式微，生态环境破坏严重，落后的产能大量过剩，单位能耗物耗过高，油气和重要矿产原料对外依存度过大，劳动力成本迅速上升等等，我们在客观上

确实已经支撑不住过去那种超高速度的增长了。

国外有一种舆论，说中国经济下行压力很大，“硬着陆”（或者说“崩溃”）将无法避免。国内也有的学者说，我国经济“已经陷入了危机”或即将“陷入危机”，房地产泡沫将破裂，银行因不良资产过多将破产，汇市将下降到“一比十几、一比几十”等等，应赶紧采取刺激措施“挽救经济”。总之，在他们眼里，中国经济现在“坏得很”、“情况严重得很”。这种危言耸听的言论，已遭到许多人包括国际人士的批驳，事实也已证明是完全谬误的。正如2015年12月德国工业联合会发布的报告所说：应该客观、积极看待中国经济新常态。从经济学角度看，中国经济在经历了史无前例的连续30多年两位数增长后，继续这种高速增长是不可能的。从现实角度看，中国自改革开放以来，由高储蓄、高投资、低汇率、低薪酬、充足的剩余劳动力和大规模城镇化驱动的快速发展，正在遭遇日益明显的瓶颈。在发展中积累的资源错配、环境污染、过度依赖外需、要素生产率低、发展不平衡、金融市场缺陷和人口老龄化等问题集中爆发，旧的经济增长模式已难以为继。在上述背景下，中国作出转变增长方式的重要决断，强调不片面追求高增长，更多通过创新驱动发展，同时改善收入分配，扩大内需，提升服务业比重，促进可持续发展。中国经济已进入中高速增长的新常态，而且这种更高质量的增长在全球仍是首屈一指。事实上，近年来中国经济都达到了政府的既定增长目标，成为金融危机时代全球经济的“稳定器”。报告还说：中国经济不会“硬着陆”，改革更不会失败。近两年来，中国推行的简政放权、“两众两创”、财政和货币改革、扩大内需等一系列改革措施已开始产生积极效果。同许多正在寻求新一轮增长动力的国家相比，中国有其独特优势。比如，政府对改革的紧迫性和必要性有非常清醒的认识，改革的动力远大于阻力。从财政实力看，中国拥有较充足的财政空间和大量外汇储备承担改革成本。此外，中国国家权力相对集中，有利于改革措施冲破利益藩篱，且领导层灵活务实，应对危机能力突出。当然，在金融改革、国企转型、法律体系、创新环境、市场准入等领域，中国还有不少改进的空间。该报告这些对中国的评述，是比较客观的、符合实际的。

的确，中国经济经过近36年的发展，已经走到了一个拐点：由过去的高速增长换挡到中高速增长。许多国家都经历过这种拐点性的变化，例如，日本的拐点大致出现在1969年，1973年第三次石油危机后高速增长就结束了；韩国的拐点大致出现在1988年，1998年亚洲金融危机后高速增长也基本停止了；新加坡、我国的香港与台湾等也都经历过这种拐点性变化。现在，经济总量在2万亿美元以上的发达经济体，如果经济增速能够达到2.5%左右，一般就可以认为经济不错了，比如美国2015年经济增速可能达到2.6%，就被人称之为“强劲增长”。而我国经济经过近几年的调整，增速在世界上仍然名列前茅，一些学者却表示“忧虑”、“焦虑”甚至惊呼“经济崩溃”，这不是匪夷所思吗？须知，增速虽然有所降低，发展质量却比过去高速增长时好多了：经济增长方式逐步由投资驱动为主转向消费拉动为主、由工业主导转向服务业主导、由高消耗高污染低效益转向低消耗低（零）污染高效益，产业结构逐步优化，城镇就业率稳步提升，居民收入水平稳步提高，社保、医疗、户籍制度逐步完善，经济大势、社会大局都比较稳定。可见，看经济形势，不能只看经济的增长速度，更要看经济结构是否优化，速度高低是短期的表象，结构好坏才是能否实现长期持续健康发展的基础。而且，在看经济增速时，不能只看百分比增长多少，更要看实际数量增加多少。2015年经济约增长7%，是在上年GDP为10万亿美元的经济规模基础上取得的增长，1年的经济增量大约为8000多亿美元，超过国外一个中等规模国家一年的GDP总量；现在我国GDP每增长1个百分点所包含的GDP，远比过去高速增长时大得多，大约相当于5年前增长1.5个百分点、10年前增长2.6个百分点。

对于我国经济发展的前景，我们既不可“盲目乐观”，也要切戒“盲目悲观”。我国人均GDP仅为美国的20%，地区发展的差距又很大，工业化城镇化远未完成，加上我国已建成世界最完备的工业体系和世界最大的互联网，发展余地、发展潜力都非常大；我国居民储蓄率高、外汇储备多（二者均是世界第一），公共债务水平比较低，金融体系总体比较平稳，又长期处于对外净债权国地位，外债占GDP不足10%（国际警戒线为20%），发展条件也非常好；我国的内需庞大，不仅消费需求量大（尤其是农村）、消费热点多、消费水平不断升级，投资需求量也很大，环保、城市改造、农田水利建设、公共设施民生设施建设等等，都需要加大投资力度；我国创新创业大潮方兴未艾，科技人员、大学毕业生、发明专利的数量均居世界首位，高科技产业发展迅速，创新力提高很快；我国经济体制改革不断深化，各种资源配置趋向合理，宏观调控积累丰富经验，全要素生产率逐步提高；我国外部环境比较稳定，同大多数国家保持良好的伙伴关系；……因此，可以肯定地说：我们完全有条件有能力有信心实现经济中高速增长，实现经济结构转型，实现全面小康的目标。不久前，中共中央在《关于制定国民经济和社会发展第十三个五年规划的建议》（下面简称《建议》）中提出了创新、协调、绿色、开放、共享五大发展理念，这是对中国特色社会主义建设实践的深刻总结，也是指导我国今后发展的思想灵魂。下面，对如何在今后工作中坚持这五大理念推动我国经济迈上新台阶，作一些粗浅的思考。

1. 关于创新发展

创新是引领经济发展的第一动力。现在我国已经开启了创业主体从小众转向大众、创新创业由精英走向大众的“创时代”，大学生毕业选择创业，留学生归国选择创业，科技人员和机关干部下海创业与日俱增。如何更好帮助“创客”们解决好“双创”路上遇到的诸如融资难（因缺乏抵押物或市场前景不明朗而难以贷到款）、找人难（适用的高科技人才或多面手缺乏）、用地难（市中心的房价太贵，市郊又难招到人）、上市难（创新产品在市场销售难以打开局面）等难题，政府、社会应当有更多更大力度的作为，例如融资优惠、政策支持、咨询服务、推荐人才、舆论宣传等等。此外，目前还有两个问题要特别关注和解决好：一是企业、科研机构进行重大科技项目的研究创新，需要有适宜的环境与气氛，行政领导应当好“后勤部长”，但不要对科技人员的具体业务工作瞎指挥、乱干预，也不要要求他们参加与他们的工作无关的行政事务或社会活动，以保证他们能够把大部分时间和精力专注于科技研究创新；应鼓励科技人员“百家争鸣”，尊重不同意见，容忍出错或失败。总之，多鼓励多关怀多体谅，才能多出成果出效益出人才。二是现在许多农民工回乡创业，此事意义重大，各级政府应当积极创造条件，让他们能“回得去，待得住，干得好”。

2. 关于协调发展

增强发展的协调性，形成平衡发展的经济结构，是保证整个国民经济持续健康发展、全面建成小康社会的关键。《建议》指出：“在协调发展中拓宽发展空间，在加强薄弱领域中增强发展后劲。”首先，供给侧改革与需求侧改革要互相协调、同时发力。在供给侧，最紧迫的一是通过科技创新和政策支持化解产能过剩，能耗高污染大效益差的淘汰、回炉，产品市场上已饱和又缺乏竞争力的关厂、转产，产品还有销路发展前景良好的通过技术改造提质增效、用于国际产能合作或地区产能合作。二是增加有效投资、发挥好投资对增长的关键作用，主要是增加对关系国计民生的基础设施与公共服务设施建设的投资，以及对现有企业技术改造的投资，这两种投资都必不可少，尤其是后者不可忽视。在需求侧，最紧迫的一是通过政策疏导化解房地产库存。住房是商品，又是人民群众生活须莫不可或缺的公益品，发展房地产业既要注重运用市场机制，又要发挥好政府这只手的作用。目前房地产业发展不均衡，库存过多主要发生在二三线城市。要结合发展城镇化，创造条件、取消限制、降低房价，使进城务工农民在城里待得下，实现“居者有其屋”。二是培育更多新的消费热点、消费业态，大力提升消费品的质量、性能、品种、花色，努力把更多的“国外消费”转变为“国内消费”。我国最终消费支出对GDP增长的贡献率虽已过半，但同发达经济体比还大有提升的空间。此外，在经济发展和改革中，还有许多“关系”需要协调好，形成平衡发展结构，诸如《建议》里讲的区域协同、城乡一体、物质文明精神文明并重、经济建设国防建设融合等，还有虚拟经济与实体经济要协调发展，实体经济是基础，不能忽视发展实体经济、片面追求虚拟经济高速发展；经济建设要同生态文明建设协调，把保护生态环境放在首位，不能搞“先生产后治污”或“边生产边治污”；环境保护和生态治理，有关地区与部门要协同行动，不能各顾自己的小地；等等。总之，协调发展是经济持续健康发展的基本条件，不协调，整个经济肯定是残缺的，甚至是“残废”的。

3. 关于绿色发展

改善生态环境，建设“美丽中国”，已经被确定为我国的基本国策。做好这件事，不能守陈规、走老路，要有新的思维新的动作，这就是：加强政府的统一领导，打好“组合拳”。一是发挥好政府的主导作用。要自上而下组建全国性的资源与环境保护委员会，统筹规划、指导、协调、督促、检查有关工作，从体制上组织上改变“九龙治水”、“铁路警察各管一段”的分散不力状况。在委员会领导下，要建立一支独立的“环保警察”队伍，在各地昼夜巡查。二是强化法治。立法、执法、司法是否得力、见效，关键在一个“严”字。对造污者绝不姑息迁就、“睁一只眼闭一只眼”，该停的停（产），该罚的罚（款），该撤的撤

（职），该坐牢的坐牢。谁说情和包庇先处理谁，谁执法不严就处理谁。法不严即无法。三是加大舆论宣传，唤醒全体社会成员的环保意识。要日日讲月月讲，时时讲处处讲，各种媒体讲各种形式讲，中小大学都要开设生态文明课（讲座），做到家喻户晓、形成风气。四是发动广大人民群众“从我做起”。要讲清楚“每个人既是污染的受害者，也是制造者；既是良好生态环境的享有者，也是建设者和监督者”的道理，让“环境保护人人有责”的口号深入人心。要树立学习榜样，每年都大张旗鼓地评选、表彰生态环保先进个人、先进企业。五是以科技创新引领与推动生态环境保护。要积极引进国外先进技术与设备，并加强消化吸收、改进创新、推广应用。国内已有的先进技术与设备（包括早期从国外引进的和国内自己研制的）要充分开动起来，投入生产，做出样子，不能借口“不习惯用”、“不会修理”等弃而不用，在使用中发现问题、研究改进。要树立若干样板，在全国起带动、推动作用。

4. 关于开放发展

2015年我国进出口贸易虽然受世界经济低迷的影响增幅下降，但我国仍然是全球第一贸易大国，“十二五”期间货物出口年均增长6.5%，明显高于全球主要经济体，货物出口占全球份额从2010年的10.4%提升到2015年的约13.2%；“十二五”期间服务贸易年均增长超过13.6%，位居世界第二。但我国仍不是贸易强国，进出口贸易额也亟须恢复中速的正增长，这就要加快培育外贸竞争的新优势：一是大力推进外贸结构的优化。减少加工贸易，扩大一般贸易；出口主导产业从轻工、纺织、家电等传统优势产业向装备制造业等资本、技术密集型产业转换；在继续发展货物贸易的同时积极扩大服务贸易；在继续发展同经济大国进出口贸易的同时积极拓展同发展中国家、小国的进出口贸易；发展跨境电子商务、市场采购贸易、外贸综合服务企业等新型贸易方式；鼓励和支持民营企业发展进出口贸易。二是扶植更多具有全球竞争力的优秀企业和国际品牌产品，力争有更多产品在全球价值链和产业链中从中低端跃升到中高端。三是同更多国家特别是周边国家签署实施自由贸易协定，目前我国与 22 个自贸伙伴的贸易已涵盖了我国对外贸易的 38%。四是积极发展国际产能合作，这既有利于促进合作国的经济发展、增强同它们的友谊，又有利于化解国内过剩产能、扩大出口需求和对外直接投资。截至 2015 年底，我国与“一带一路”相关国贸易额约占进出口总额的 1/4，投资建设了 50 多个境外经贸合作区，承包工程项目超过 3000 个。

5. 关于共享发展

提出“共享发展”这一理念十分重要、十分适时，它是社会主义的本质要求，也是实现全面小康的基本条件。无论创业发展、协调发展，或者绿色发展、开放发展，都应该是以共享发展为宗旨和依归。教育、医疗、养老、公共资源公共服务享用、收入分配等等，如何做到合理配置和科学管理，体现机会均等、公平竞争、人人共享，是一个仍然需要认真研究解决的大问题，其中最突出的是：钱怎么来？事怎么做？许多民生大事需要政府出钱（财政预算与转移支付），但是我们国家大，各地发展差距大，百业待兴百事待举，“财政蛋糕”的分配不可能都满足各地需求。特别是目前财政收入下降，财政支出刚性上升，“缺钱”的矛盾更加突出。为此，一要推进财政供给侧各项既定的结构性改革，例如推进中央与地方事权和支出责任划分改革，全面推开“营改增”改革，推进国企改革、收入分配制度改革、个人所得税改革、消费税改革，加快社会保障制度改革等等。在坚决守住“民生底线”的前提下，财政要更多向民生倾斜。二是地方要加强自力更生，发动群众因地制宜地发展有特色、效益好的产业，拓宽财源。三要广泛深入地持久开展“双增双节”（增产节约、增收节支）。这是我们的传家宝，应当很好继承和发扬。要坚决堵住形形色色的“跑冒滴漏”，严惩贪污腐败、奢华挥霍，把紧行政编制和“三公消费”关，让国家每一分钱、人民每一滴血汗都用在发展经济、改善民生上。四要坚持实行严格的审计制度，扩大审计范围。前11个月，全国审计近10万个单位，为国家增收节支和挽回损失3800多亿元，并查处了一批重大违纪违法问题，贡献不小。五要鼓励支持慈善事业的发展。慈善捐赠是收入再分配的一个重要手段，也是扶贫脱贫财源的一个重要补充，但慈善事业目前在我国的发展远比发达国家落后，主要原因不在于我国的企业、富人缺乏慈善之心，而在于现有的慈善机构不净化不透明，贪腐、挥霍、挪用善款的事情屡见不鲜，严重挫伤了人们行善的热情与主动性积极性。因此必须认真加以整顿改革，政府要统一管理和监督，慈善机构应非盈利化、规范化与阳光化，还应欢迎群众自愿参与、直接操作慈善事业。

TPP规则与中国的应对思考

◎ 黄丹涵

2015年在全球经济贸易发展史上是一个满载标志性重大事件的不平凡之年，在全球经济增长乏力、国际贸易呈下滑趋势的不利环境下，全球范围内主要经济体采取了各种形式的经贸合作，推进双边、诸边及区域性贸易投资合作谈判，取得了一些进展。其中，美国主导的《跨太平洋伙伴关系协定》（TPP）的签署和中国“一带一路”战略实施的启动将对亚太地区乃至全球的国际贸易规则制订和经贸格局的版图产生深远的影响。本文拟从学者角度浅析TPP与美国“亚太再平衡”战略、TPP对WTO多边贸易规则和经贸格局可能产生的影响以及中国从战略及经贸层面的应对思考和建议。

一、TPP与美国“亚太再平衡”战略

2015年10月5日，美国等12国经贸部长发表联合声明，宣布《跨太平洋伙伴关系协定》（TPP）谈判结束，尽管TPP的最终实施尚待所有成员国完成各自国内法所要求的法律批准程序，

TPP 的内容要点和文本一经公布，立即引发了国内外各界的广泛关注和热议。

1. TPP 与美国其他自由贸易协定（FTA)

美国重塑其主导地位的“亚太再平衡”战略包括政治、外交、军事和经济四大方面，而最重要的方面是经济。TPP 是美国实施“亚太再平衡”战略的重要组成部分①，通过主导区域性贸易伙伴关系谈判占领制订国际贸易新规则的制高点，从而巩固和增强其在国际贸易和投资中的竞争优势，TPP 的签署标志着美国这一经济战略取得初步成果。

对美国而言，亚太地区拥有全球增长最快的巨大市场，其贸易量占全球贸易的 40%，是美国制造业产品和农产品出口及服务输出的重要市场。例如，美国出口产品中，59% 的机械产品、40% 的禽肉产品、35% 的大豆和 40% 的水果产品、35% 的信息和通信技术出口到 TPP 成员国。通过消减 TPP 其他成员国对“美国制造”产品征收的超过 18000 项关税以及取消农产品出口补贴等贸易限制措施，将确保美国的农民、牧场主、制造商和小型企业有能力进入亚太地区一些高速增长的市场并赢得竞争。TPP 作为一个体现了美国的优先战略和价值观的“新的、高标准的贸易协定”，一旦实施，将推动 TPP 成员的经济改革，激发区域增长的潜力，将带动更多的“美国制造”的货物和服务出口，

① 美军太平洋司令部司令哈里斯北京大学演讲全文，2015 - 11 - 04，http：//club. china. com/data/thread/1011/2781/48/61/4_ 1. html? _ t = 1446704264142。

提高和扩大美国就业的质量和机会[1]。

TPP 中体现的“升级版”规则并非首次亮相，许多规则源于美国与其他贸易伙伴签订的双边或区域性贸易协定。例如在劳工权利方面，美国自 2009 年生效的美国 - 秘鲁自由贸易协定开始，在其签署的双边及区域性自贸区贸易协定中都包括了遵守国际劳工组织《关于工作中的基本原则和权利宣言》的四项基本原则和权利：结社自由及承认劳资集体谈判的权利；消除各种形式的强迫或强制性劳动；消除童工；消除在用工与职业方面的歧视。TPP 成员国均为国际劳工组织的成员，同意在各自的法律和实践中采取或维持上述《关于工作中的基本原则和权利宣言》的基本原则。在 TPP 谈判中，美国主要与尚未和美国签订 FTA 的成员就货物、服务和农业的市场准入进行谈判，TPP 进一步强调了如何在成员国实施上述基本标准。同样，在环境议题上，TPP 的内容框架基本上延续了美国与秘鲁、哥伦比亚、巴拿马、韩国签署的 FTA 以及《北美自由贸易协定》（NAFTA）中有关环境义务方面的救济、程序和制裁。美国官方称 TPP 分享了美国的价值观，致力于在全世界改善劳工实践和提高环保标准[2]。

关于货物出口限制，TPP 有关规则基于 GATT 第 11 条的原则以及美国 FTA 的相关规定，这些规定产生的一个重要背景是页岩气革命使美国成为潜在的液化天然气和原油的出口国。根据

---

① The White House，Office of the Press Secretary，FACT SHEET：How the Trans - Pacific Partnership（TPP）Boosts Made in America Exports，Supports Higher - Paying American Jobs，and Protects American Workers，October 2015，www. WhiteHouse. gov/Trade.

② USTR，Trans - Pacific Partnership（TPP）Unlocking Opportunity for Americans through trade with the Asia Pacific，https：//ustr. gov/trade - agreements/free - trade - agreements/trans - pacific - partnership.

美国 1992 年通过的法案，对美国天然气出口到与美国签有 FTA 的国家可通过特殊的“推定批准的快速审查”，而对出口到其他非 FTA 成员国家，则需要由能源部决定该出口是否符合美国的国家利益。美国—加拿大 FTA 体现了这一对自贸区区内成员与区外成员的区别原则，仅对区内成员之间的能源贸易给予“国民待遇”。除了符合 GATT 第 11 条的“临时实施”限制外，美国在所有签署的 FTA 中均禁止缔约方采取或维持对货物出口的任何限制，并且也禁止征收出口关税，协定允许的例外。TPP“货物贸易”的条款体现了这一规则和例外，“缔约方同意取消或削减工业品的关税和非关税壁垒，以及农产品的关税和其他限制性政策”，“不实行与 WTO 规定不一致的进出口税收和限制措施”，“若 TPP 缔约方维持进出口许可要求，他们会将相关程序告知其他缔约方，从而提高透明度，便利贸易往来”[①]。

在美国“亚太再平衡”战略目标的大背景下，TPP 是美国在亚太政治、外交、军事和经济布局中至关重要的一步棋。美国在原有双边和区域自由贸易协定的基础上，通过 TPP 与更多的亚太地区国家建立了伙伴合作关系，TPP 的一些成员是美国在亚太地区的重要军事盟友或具有重要地缘政治的经济体，美国通过 TPP 进一步在经济上加强和巩固与其军事盟友的关系。

2. TPP 与中国经贸地位崛起

美国主导的 TPP 是否针对中国？这一问题自美国 2009 年推

① 《跨太平洋伙伴关系协定》内容摘要，根据美国贸易代表办公室公布内容翻译，商务部国际司，2015－10－13，商务部网站，本文 TPP 内容均引自商务部网站公布的 TPP 文本或内容摘要中文译文。

动 TPP 谈判开始到 2015 年 TPP 签署，一直是国内外舆论的热点。既然 TPP 是美国“亚太再平衡”战略的一个重要组成部分，中国作为全球及亚太地区第二大经济体，TPP 必然与美国的对华战略密不可分。自加入 WTO 以来，中国实践已在许多方面改变了世界经贸格局，目前，中国是全球第二大经济体、第一大贸易出口国、第二大贸易进口国。中国在国际贸易实践中形成的贸易大国地位无形中挑战了美国引领全球的影响力，正如欧盟所认为的，中国成为“美国地缘政治主导地位的主要挑战者”，“TPP 也常常被视为美国实现更广泛的外交政策目标的一个平台，尤其是抗衡中国在该地区不断上升的影响力”[①]。从某种意义上，TPP 谈判的完成可以视为美国靠制订国际贸易规则占领制高点，以应对中国靠实践占据国际贸易领先地位的潜在挑战。

既然 TPP 是美国抗衡中国在亚洲影响力的手段之一，是否意味着 TPP 是针对中国，在亚太地区孤立中国或排除中国？尽管“美官方和 TPP 成员曾多次表示，TPP 不针对中国，不是为了遏制中国，也无意排斥中国”[②]，在 TPP 签署之际，美国总统奥巴马明确阐明了美国政府的初衷：不能让中国制定贸易规则。这就清楚地说明了美国的意图是排除中国参与 TPP 规则的制订，如果未来中国有意向加入，门槛是必须有意愿和能力接受已经达成的 TPP 规则。在此前提下，中国如何看待 TPP？中国在多种国

---

① European Parliament, The Trans - Pacific Partnership and its impact on EU trade, February 2013http: //www. europarl. europa. eu/RegData/etudes/briefing_ note/join/2013/491479/EXPO - INTA_ SP (2013) 491479_ .

② “高虎城部长就《跨太平洋伙伴关系协定》热点问题接受中央主流媒体采访”，商务部新闻办公室，2015 - 10 - 08，商务部网站。

际场合表示中方对符合 WTO 规则、有助于促进亚太区域经济一体化的制度建设均持开放态度，也就是主张 TPP 与亚太地区其他自由贸易双边和区域协定等安排并行不悖。

二、TPP 与 WTO 多边贸易体系与规则

1. 区域贸易协定与 WTO 多边贸易体系

FTA 自 20 世纪 90 年代和 21 世纪初期开始兴起，1994 年，全球向 GATT 通报的 FTA 有 130 多个，目前向 WTO 通报的 FTA 已多达 600 多个。在多哈回合多边谈判长期陷入僵局之时，全球范围内双边和诸边区域贸易协定方兴未艾，其中“大型区域贸易协定”或“泛区域贸易协定”（Mega－regional Agreement）的兴起令人瞩目，包括美国主导的 TPP 谈判、美国和欧盟之间的跨大西洋贸易投资伙伴关系协定（TTIP）谈判以及东盟和中国推动的区域全面经济伙伴关系协定（RCEP）谈判。近年来，不少学者对于 TPP、TTIP、RCEP 这类大型区域贸易协定与 WTO 多边贸易体系的关系进行了跟踪研究和分析，一些西方学者把长达十几年的多哈回合谈判的搁浅归咎于 160 多个 WTO 成员之间不可调和的目标，尤其是新兴经济体成员与发达经济体成员之间由于经济发展的不平衡和差异，很难就贸易和投资领域的市场准入和开放水平取得一致。TPP 谈判取得成功，预计将推动 TTIP 和 RCEP 的谈判步伐，有评论担心，这些新的大型区域贸易协定是否有可能取代或至少弱化 WTO 多边贸易体系？

TPP 的初始条款和总定义章节确认，TPP 的缔约方之间在 TPP 签署之前已存在很多协定，因此“TPP 可与缔约方间的其他国际贸易协定并存，包括 WTO 协定、双边和区域协定等”。理论上，这种“并存”关系形式上不同于“取代”关系，区域贸易协定在现阶段还是一种对多边贸易协定的“更新和补充”关系，在货物贸易与服务贸易自由化方面，TPP 成员基于 TPP 规则所做的承诺已超出目前其在 WTO 的承诺。

大型区域贸易协定对 WTO 多边贸易体系的影响是存在的，首先体现在对 WTO 多边谈判机制的挑战：旷日持久的多哈回合谈判无果的事实说明，WTO 基于“成员一致同意”方能达成新规则的机制显然无法适应国际贸易快速发展的需要，以往由所有成员加入的涵盖诸多议题内容的巨型“回合”式的传统多边谈判模式显然跟不上 21 世纪国际贸易的发展步伐，无法解决出现的新问题。区域自由贸易协定的兴起挑战了 WTO 主导世界贸易规则的地位，但至少在可预见的未来不可能取代 WTO 多边贸易体制。

2015 年 12 月 15 日至 19 日在肯尼亚内罗毕举行的世贸组织第十届部长级会议通过了《内罗毕部长宣言》及 9 项部长决定，承诺继续推动多哈议题，WTO 成员首次承诺全面取消农产品出口补贴，并就出口融资支持、棉花、国际粮食援助等方面达成了新的多边共识；达成了近 18 年来 WTO 首个关税减让协议——《信息技术协定》扩围协议，涉及 1.3 万亿美元的国际贸易。内罗毕会议的成果显示了 WTO 成员维护多边贸易体制的意愿，未来 WTO 的影响力是将继续下降和弱化还是有可能重整旗鼓将取决于诸多因素，尤其是 WTO 成员的共识。

2. TPP 与 WTO 规则框架

对于 TPP 与现有的 WTO 规则框架有哪些主要不同或者超出 WTO 的范围和标准，尚有待对 TPP 和 WTO 文本进行全面系统的比较研究。从大体框架上看，TPP 与 WTO 规则框架的一个显著差异就是 TPP 覆盖了贸易和投资两大主题，而 WTO 规则集中在贸易议题上，对于投资仅蜻蜓点水地涉及“与贸易有关的投资措施”（TRIMS）。这一差异主要源于 TPP 和 WTO 规则产生的时代背景，两者所处的全球经济发展阶段和国际贸易模式大不相同。几十年前，WTO 的前身《关税和贸易总协定》（GATT）基于的传统贸易模式是相对简单的国际贸易链，即货物从一个原产地出口到另一市场销售，中间至多增加一个转口贸易的环节。因此，WTO 规则框架基本上是针对这种传统国际贸易涉及的议题构建的。而几十年后的今天，随着贸易和投资的紧密结合和资本的跨境流动，尤其是跨国公司全球范围内的投资与贸易活动，形成了现代全球贸易供应链的新模式，不仅货物的生产制造过程在多个国家地区完成，销售地也覆盖全球多个国家和地区市场。因此，TPP 和近年来全球范围内的双边投资协定（BIT）、FTA 和其他大型区域贸易协定谈判一样，注重贸易和投资的密切关系，尤其关注东道国对跨国公司或国有企业的政策措施和行为监管，以约束其在全球贸易价值链和市场竞争中的行为规范。

TPP 在“投资”的专门章节中详细规定了各成员国对投资“以非歧视投资政策与保护为法律保护的基本规则”，内容包含了其他投资相关协定提供的基本保护内容。同时，还为投资争端提供了中立、透明的国际仲裁机制。如果外国企业的投资由于东道国中央或地方法律政策的变化受到损害，可以通过该仲裁机制解决争议，并规定了防止这一机制被滥用的保护措施。相比仅限于解决 WTO 成员之间贸易争议的 WTO 争端解决机制，TPP 为成员的贸易和投资各方提供了解决争议的相对便捷的仲裁机制，有学者认为也可考虑未来将 WTO 争端解决机制扩大适用于成员间双边或区域贸易协定项下的争议解决。从长远看，TPP 关于贸易和投资争议的解决机制有可能推动国际贸易争端解决机制的改进。有评论认为，将来在具体争议解决中，如何确定东道国的有关措施是否符合“按照习惯国际法中给予外国人待遇的最低标准”，一定程度上取决于对“公平公正待遇”和“充分保护和安全”概念和定义的解释，TPP 投资条款实际上给了仲裁机构宽泛的解释权①。

在贸易和投资两大领域，TPP 规则着重于规范国有企业与私营企业的公平竞争，避免美国的企业因国有企业的不公平竞争而处于不利地位②。1994 年，WTO 在对 GATT（1947）修订的基础上重新制订了《1994 年关税和贸易总协定》（GATT1994），并通过了若干新的协议，包括《服务贸易总协定》（GAT）、《补贴与反补贴措施协定》（ASCM）以及《与贸易有关的投资措施的规定》（TRIMS）。这些协定中均有一些涉及国有企业行为规范的

① AFTINET，Some devils in the detail of the Trans - Pacific Partnership trade deal（TPP）http：//aftinet. org. au/cms/sites/default/files/Devils%20in%20detail%20final%20%20101115_ 1. pdf# overlay - context = node/1040.

② The White House，Office of the Press Secretary，FACT SHEET：The United States in the Trans - Pacific Partnership，November 12，2011，www. WhiteHouse. gov/Trade.

条款，例如在《服务贸易总协定》第 8 条“垄断和专营服务提供者”中，要求“每一成员应保证在其领土内的任何垄断服务提供者在有关市场提供垄断服务时，不以与其在第 2 条和具体承诺下的义务不一致的方式行事”，即任何垄断服务提供者须遵守第 2 条的最惠国待遇原则，实际上该条款意味着对于任何国有企业的“滥用行为”可以给予打击，不论是否列入有关成员最惠国待遇承诺的正面清单。该条款等于禁止任何垄断服务提供者在其垄断权范围之外的竞争中滥用其垄断地位。美国在 NAFTA 及其与一些国家签订的 FTA 中加入了这些规范国有企业公平竞争的章节，尤其是美国—新加坡 FTA，基于国有企业在新加坡经济中的重要性，FTA 要求国有企业提高透明度，依据“商业考虑”行事，不得滥用其垄断权或监管权力，禁止政府对国有企业的直接影响。这些规则框架也构建了 TPP“竞争政策”和“国有企业和指定垄断”的有关规则。根据美国贸易代表办公室（USTR）公布的 TPP 内容摘要，“TPP 各方同意确保各自国有企业以商业考虑为基础做出交易决定”，“确保各自国有企业或指定垄断不歧视其他缔约方的企业、货物和服务。各方同意各自法院对外国国有企业在本国领土内实施商业活动享有管辖权，并确保行政部门以公正的方式管理国有企业和私营公司。各方同意，不通过对本国国有企业提供非商业帮助给别国利益带来不利影响，不通过向在别国领土内生产、销售产品的国有企业提供非商业帮助损害另一缔约方国内产业”。TPP 的这些关于国有企业和竞争政策的规则将为 WTO 成员涉及国有企业行为准则的诸边谈判提供基础。

在规则内容上，尤其在解决诸多 21 世纪新的贸易议题方面，

TPP 规则“与时俱进”，既包括了传统的贸易协定涉及的领域，如市场准入、技术性贸易壁垒、卫生与植物卫生措施、原产地规则、海关合作、投资、服务、法律和制度，也涵盖了近年 FTA 的新议题，如政府采购、竞争、知识产权、劳工、环境以及横向议题。例如关于劳工问题，以往的 WTO 谈判，发达国家和发展中国家很难就劳工问题达成一致。TPP 将可能推动 WTO 成员在国家与国家协商基础上逐步接近国际劳工组织《关于工作中的基本原则和权利宣言》提出的劳工权利的基本标准。

在政府采购议题上，WTO 并无专门规则。《关税和贸易总协定》第 3 条“国内税和国内法规的国民待遇”明确了该条款不适用政府采购。目前涉及政府采购规范的，只有一些 FTA 和国际上 15 个成员（欧盟作为一方）正在进行的《政府采购协定》（GPA）谈判，但涉及的商品和服务的采购份额很小。实践中，绝大多数政府采购并未对国际竞争开放，本地产品含量或比例要求在经济萧条时期往往被各成员广泛采用，即使在涉及政府采购的自由贸易协定中，开放程度上也存在很大差异。相对于 WTO 规则，TPP 对政府采购做了专章规定，但从条款主要内容上看，仍规定得比较笼统和原则化，确认了各成员对于在透明、可预期和非歧视原则下进入对方庞大的政府采购市场有“共同利益”，就国民待遇和非歧视两大核心原则做出承诺，包括在招投标程序上公平和无偏见地对待投标者，为其保密等，并以附件形式将政府采购所涵盖的机构和采购活动列入正面清单。

在知识产权议题上，WTO 与贸易与关的知识产权协定（TRIPS）提供了知识产权保护的基本原则、知识产权的效力、范围和使用的标准、知识产权的实施，知识产权的取得和维持及当事方之间的相关程序、争端的防止和解决等基本规则。许多FTA都在知识产权保护章节中重申了TRIPS的基本规则。也有一些WTO成员寻求进一步扩大知识产权保护的范围和提高侵权损害赔偿。例如美韩FTA中，进一步扩大了TRIPS的专利保护范围，包括数据专有权、专利链接、期限延长等，并针对“新的数字经济”议题加入了保护商业秘密、电子商务和互联网服务等新的规定。TPP关于专利权的规定，是“根据WTO《与贸易有关的知识产权协定》和国际最佳实践设立了标准”。在TPP谈判中，美国寻求加入类似高标准的知识产权保护规定，由于成员经济发展水平参差不齐，知识产权一直是个颇有争议的谈判领域，例如对于药品的保护义务水平、版权期限、执行机制等方面很难完全做到就高不就低，谈判成员对药品尤其是生物制剂的保护问题尤为关注。实践中，对药品知识产权的高度保护往往会提高药品的成本，超出一般消费者的承受能力，如何在激励创新的强有力的知识产权保护与确保消费者有能力获得药品两者之间维持平衡并非易事。TPP“知识产权”专章“包含了与制药相关的条款，目的是促进创新和救命药品的研发，促进非专利药品的可获得性，同时也考虑不同成员达标需要的时间”。对于相关的数据信息保护问题，TRIPS并未涉及，也并未要求WTO成员禁止“网络间谍”。而TPP成员的“承诺包括对药品和农业化学品为获得上市批准而提交的未公开的实验和其他数据的保护”要求成员“采取法律措施防范商业秘密的盗用，建立针对包括网络窃密等方式在内的商业秘密盗窃行为和偷录影像的刑事程序和惩罚制度”。TPP 这些新的保护规定主要针对那些从事窃取商业秘密活动的外国商业公司。TPP 在“互联网服务提供商”条款中，要求各成员“为互联网服务提供商的在线服务设立或者维持适当的安全港”，并详细规定了限制条件（第 18.82 条）。

在著作权保护方面，著作权人有权要求消费者有偿使用其作品而获得合理收入，消费者也有合理使用作品信息的权利，著作权法旨在维持该两者之间的平衡。目前绝大多数著作权是由公司持有的，这些公司游说 FTA 扩大其收入和权利，取得了一些效果。从 TPP 的著作权条款来看，着重规定了著作权人的特殊法律权利和对侵权行为的刑事定罪，TPP 有关“版权和相关权利制度中的平衡”条款要求成员“应努力实现其版权和相关权利制度中的合理平衡，特别是通过与第 18.65 条（限制和例外）相一致的限制与例外的方式，包括那些适用于数字环境的限制和例外，对合法目的给予适当考虑”等（第 18.86 条）。对于如何确定消费者是否“合理使用”著作权，规定得比较原则。

总之，从国际贸易规则的制订来看，TPP 对 WTO 的影响很大程度上取决于 TPP 的规则框架是否将被其他正在谈判之中的大型区域贸易协定和多边协定所采纳，进而逐步形成具有实际影响力的升级版的多边贸易规则。

三、中国应对 TPP 的再思考

自 TPP 谈判启动开始，国内外许多专家学者对于中国是否应当加入TPP做了各种情景假设和利弊分析，建言献策。如今TPP谈判结束，文本尘埃落定，中国如何应对TPP？建议在对TPP文本全面、系统的分析研究基础上，从战略和经贸等层面予以再思考。

1. TPP新成员加入的条件

讨论中国是否加入TPP的问题，有必要首先了解TPP新成员加入的条件和美国的基本立场。

在美国贸易代表办公室的官网上，“经常问的问题”（“Frequently Asked Questions”）之一就是“你们谈了许多由美国制订规则而不是由中国制订，但如果中国想加入TPP是否随时可能加入?”对此的回答是“不能”。美国的法案已经清楚地规定TPP经国会批准后，任何新增加的成员必须“展示其能够达到TPP体现的高标准的能力和意愿”，否则不能加入。显然，这一问题及回答反映出美方对中国加入TPP的基本态度。TPP对于新成员加入的条件和程序也有明确规定，申请加入的国家或关税区“应已同意遵守本协定规定的义务，遵守其与各缔约方之间商定的条款和条件，并经缔约方和加入国或关税区根据各自适用法律程序予以批准”（第30.4条）。这就意味着美国作为TPP缔约方，如果中国或其他国家申请加入TPP，即使依据TPP有关条款完成谈判程序，也需要经过美国参众两院的批准。TPP缔约方在考虑启动与新成员的谈判之前，需要对申请方是否具备符合TPP高标准的能力进行评估，包括知识产权保护、国有企业、劳工和环境保护等议题。同时还要评估该成员遵守以往贸易协定的情况，以及是否有意愿解决悬而未决的双边贸易问题。在美西方学者看来，中国“距离能够达到 TPP 的高标准还有很长的路要走”，“在可预见的未来，中国将很可能被 TPP 拒之门外”。TPP 可能是美国对中国崛起的经济和金融力量的回应①。

关于 TPP 协定生效，根据原始缔约方的审批情况，以及某一个特定时候审批通过国的国内 GDP 总数等，TPP 列出了三种可能的情形。按照规定的程序，TPP 的 12 个原始缔约国约有两年的时间来审批协定。从 TPP 最终生效实施需要的时间以及上述美国对中国未来加入 TPP 的基本立场来看，在短期内中国尚不具备加入 TPP 的客观条件，因此，无须在短期内（至少在 TPP 生效实施前）考虑是否加入的选择决定。

2. TPP 对区内与区外贸易的影响

理论上，任何区域贸易协定的实施会对区域内和区域外的经济体带来贸易创造效应和贸易转移效应。作为区内成员，可以享受到贸易创造效应；区外经济体则会受到不同程度的贸易转移的伤害。

TPP 的成员包括发达工业化国家、中等收入国家和发展中的经济体。由于 TPP 成员的经济发展水平不同，TPP 实施对区内贸易创造的影响具体到每个成员不尽相同，而且对其国内的某些产业或贸易也有可能带来冲击。因此，除了对 TPP 条文进行全面

① Wells Fargo, TPP Agreement: More Than Initially Meets the Eye, October 07, 2015, https: //www08. wellsfargomedia. com/assets/pdf/commercial/insights/economics/international - reports/global - tpp - 20151007. pdf.

深入的研究分析之外，有必要密切跟踪各成员对 TPP 批准生效与实施的情况，包括其国内政府、智库、企业等利益相关者对 TPP 实施的利弊分析和应对政策。据报道，日本政府于 11 月 25 日召开了（TPP）综合对策本部会议，汇总日本应对 TPP 的政策大纲。核心内容是加强农业基础和支援中小企业拓展海外市场的举措等。力争在 2020 年实现日本农林水产品和食品出口额达到 1 万亿日元的目标[①]。马来西亚官方认为，TPP 谈判和实施对马来西亚具有挑战的领域涉及政府采购、知识产权保护、国有企业、劳工和环境保护等[②]。

对于 TPP 可能给区内成员带来的影响，在 TPP 尚未生效实施前，目前大多停留在对 TPP 条款的评论上。例如，有来自澳大利亚的评论认为，TPP 对医药公司和药品价格上涨提供了更强的垄断权保护。对于一项新的药品，医药公司有长达 20 年受法律保护的专利垄断期，药品价格往往在专利保护期满之后才会降下来。TPP 加强了专利保护，并对昂贵的用于治疗癌症等严重疾病的生物药品提供了额外的垄断权利。无国界医生组织认为，对于数以百万计的发展中国家的消费者来说，TPP 将限制或延迟他们可以获得廉价药品。依据第 18.52 条“生物制剂”条款，缔约方可以“通过其他措施”“对于属于或含有生物成分的新药在缔约方的首次上市许可通过下列方式提供有效的市场保护以在市场上达到可比的效果”，对于什么措施属于符合该条的“其他措

① 日本政府决定 TPP 政策大纲，2015 - 11 - 27，环球时报 - 环球网（北京），http：//news. 163. com/15/1127/09/B9DTH98700014SEH. html.

② Malaysian Government：BRIEF ON THE TRANS - PACIFIC PARTNERSHIP（TPP）http：//fta. miti. gov. my/miti - fta/resources/auto%20download%20images/555e5f99650cf. pdf.

施”，显然比较模糊。每延迟一年使消费者可以获得廉价生物制剂，澳大利亚政府将多花出数百万，并为更高的消费价格承受压力。”①

中国作为 TPP 区外经济体，TPP 实施将可能给中国经贸带来多大影响？尚需对中国与 TPP 成员的贸易和投资情况进行全部、系统的分析和评估。总体上，正如中国商务部长答记者问所回应的，“国际贸易格局的演变，归根到底是由国际产业结构的调整和各国产品的国际竞争力决定的”。很大程度上，TPP 对中国贸易与投资的转移效应还与 TPP 成员对中国的贸易投资的依存度有关。根据美国《福布斯》网站近期登载的文章，根据全球对中国出口（比例）“最依赖中国的 10 个国家和地区” 排名，TPP 成员中的澳大利亚、日本和马来西亚分别排名第一、第五和第八位。澳大利亚对中国的铁矿石出口占澳全球出口比重高达 34%，约占澳 GDP 总量的 6%。日本对中国出口约占日本出口的 19%，约占其 3% 的 GDP。马来西亚对中国出口也约占该国出口的 12%，约占其 10% 的 GDP。对于如此高度依赖中国市场的成员国，TPP 实施后需要多长时间、在多大程度上能够对中国实现贸易转移效应还是个未知数。

在 TPP 的 12 个成员国中，中国与其中的多数成员签有 FTA 或合作协定，包括中国—东盟全面经济合框架协议、中国—澳大利亚 FTA、中国—新西兰 FTA；中国与另两个 TPP 主要成员美国

---

① AFTINET, Some devils in the detail of the Trans - Pacific Partnership trade deal (TPP), http://aftinet.org.au/cms/sites/default/files/Devils%20in%20detail%20final%20%20101115_1.pdf#overlay-context=node/1040.

和日本正在进行 BIT 谈判与中日韩 FTA 谈判。目前，中美两国均有意愿强力推进中美投资协定（BIT）谈判，TPP 的签署将有利于美国在 BIT 谈判中使用 TPP 的相关规则标准作为谈判的蓝本。此外，TPP 的 12 个成员中有 7 个也参与了东盟和中国积极推动的 RCEP 谈判。这些中国与 TPP 大多数成员之间已签订和正在谈判中的贸易和投资合作安排也将不同程度地抗衡 TPP 对中国的贸易转移效应。

3. TPP 与亚太经济一体化

中国的一些智库专家认为，对中国来说，“TPP 实施后最大的影响还是战略层面的影响。美国在 TPP 率先推动的这些新的经贸规则，短期内对中国将是很大的挑战”[①]。TPP 的签署直接影响到实现亚太经济一体化的路径。

2014 年 11 月，21 个 APEC 成员在北京举行的 APEC 领导人非正式会议上通过了《APEC 推动实现亚太自贸区北京路线图》，明确提出近两年的首要任务是在已有工作基础上，启动实现亚太自贸区（FTAAP）有关问题的联合战略研究。对于实现 FTAAP 的路径，众所周知，TPP 和 RCEP 是亚太地区具有广泛影响力的两大协定，也是通向亚太经济一体化的两大路径。TPP 先行一步结束谈判，不可避免地对 RCEP 谈判带来压力。RCEP 如果达成，将成为全球范围内覆盖人口最多、成员结构最多元化且经济发展

① 隆国强：中国应对 TPP 的根本之策，2015 - 11 - 01，中国发展观察，http：//mp. weixin. qq. com/s? _ _ biz = MzA3NjI0MjcyNQ = = &mid = 400440267&idx = 3&sn = 4f3e01c11a083a8d8c3778bfb7106ab4&scene = 1&srcid = 1101BSGKstzG3un2LcfFAfF9 # wechat _ redirect。

水平差异最大的自贸区。如果 RCEP 不能在 TPP 生效前达成，无形中增加了 TPP 引领亚太一体化进程的影响力。不言而喻，TPP 和 RCEP 的谈判结果将对实现 FTAAP 的可能路径产生重大的影响，但 FTAAP 的最终路径选择，还有待上述联合战略研究的结果和 APEC 成员的共识。

RCEP 谈判自 2013 年 5 月正式启动以来，已举行 10 轮谈判和 4 次经贸部长会议，2015 年 11 月 22 日，RCEP 领导人发布联合声明，谈判取得实质性进展，要求谈判团队加紧工作，力争在 2016 年结束谈判。RCEP 的目标是达成一个现代、全面、高质量和互惠的自由贸易协定，达成后将是亚洲地区规模最大的自由贸易协定，也是中国参与的成员最多、规模最大、影响最广的区域自贸协定[①]。但是，从未来 TPP 扩员的前景来看，仍将对 RCEP 带来压力，如哥伦比亚、印尼、菲律宾、韩国和泰国已表示有意加入 TPP，其中，韩国是全球第 13 大经济体，印尼经济体虽然小于韩国，但是其人口总数居世界第四，一旦这 5 个国家加入 TPP，将使 TPP 成员的贸易比重在全球贸易中占据三分之一，人口占世界人口的五分之一。因此，全力加快 RCEP 谈判进程至关重要，中国需要从全球和亚太战略高度和东盟一道积极推动 ECEP 谈判早日取得成果，并争取吸收更多的亚太成员加入。

4. TPP 与 TTIP、TISA 和 EGA 谈判

对于 TPP 在战略层面的影响，还应关注全球范围内正在进

① 新华社：李克强出席《区域全面经济伙伴关系协定》领导人联合声明发布仪式，2015－11－22。

行的几个重要谈判：《环境产品协定》（EGA）谈判，美欧之间的 TTIP 谈判，以及服务贸易领域的 TISA 谈判。

对于 EGA 谈判，中国应给予优先重视，因为这是中国已经加入并积极推进的在 WTO 多边贸易体制下启动的诸边谈判。EGA 谈判由中国和欧盟、美国等 14 个 WTO 成员（包括中国香港和台北）于 2014 年 7 月 8 日正式启动，旨在通过 EGA 谈判，实现对主要环境产品减免关税，推动环境产品自由贸易，促进绿色增长和可持续发展，进而推动多哈回合。当 EGA 成员达到关键多数时，协定将通过最惠国待遇原则惠及所有 WTO 成员，将涵盖所有主要的环境产品贸易体。EGA 谈判到 2015 年底已扩大到 17 个参与方（欧盟整体作为一方），代表了 44 个 WTO 成员。EGA 谈判以 APEC 环境产品清单为基础，由各成员提出产品清单建议，最终通过谈判确定 EGA 环境产品清单。自 2015 年 5 月以来，EGA 谈判各方已缩小了协定涵盖产品清单的范围。需要指出的是，由于 EGA 并没有给出“环境产品”的定义，而仅基于达成共识的“环境产品”原则，由各成员提出产品清单，目前各成员提交的环境产品清单包括 10 个环保类的 650 个产品。中国应利用这一谈判特点，结合中国相关产能和出口的优势产品与市场实际需求，在谈判中积极争取达成有利的清单和条件。与仅适用于 TPP 成员的环境保护的规则不同，EGA 是作为 WTO 框架下的专门针对环境产品贸易的协定，一旦达成并广泛实施，将有利于推动中国和其他 WTO 成员的环境产品贸易，并最终将成为环境产品的国际多边贸易规则。

TPP 的达成有利于推动美国与欧盟正在进行的 TTIP 谈判，

一方面增加了美国在 TTIP 谈判的筹码，另一方面欧盟也会要求 TTIP 提供比 TPP 更为开放的市场准入。例如，欧盟方面可能会进一步要求扩大 TPP 涵盖的政府采购范围，一旦目标实现，TTIP 的政府采购条款将会影响《政府采购协议》（GPA）的谈判内容。此外，欧盟希望通过 TTIP 获得对美国能源出口的非歧视性待遇和取消尚存的数量限制。尽管未来通过 TTIP 根本改变美国或欧盟的能源政策的可能性甚微，TTIP 谈判将有助于推动双方的市场准入。由于美国和欧盟的经济发展水平接近，有理由预见，不仅 TTIP 有可能采纳 TPP 的核心规则，还可能在某些方面超过 TPP 的范围和标准。有学者认为，如果 TPP 的核心内容和规则将同样体现在 TTIP 之中，某种意义上，这两个超大型区域贸易协定将会改变 WTO 多边贸易体系，重塑 WTO 规则的未来①。

对于服务贸易领域的 TISA 谈判，中国已经表示了加入的意愿，但尚未得到美欧等成员的回应。TPP 的服务贸易规则也会成为 TISA 谈判的基础。由于美国和欧盟是全球两个最大的服务贸易进口商和出口商，服务业在美欧的 GDP 和就业市场中均占有重要的比例，美欧双方均为正在谈判之中的 TISA 的成员，双方希望通过 TTIP 和 TISA 推动全球服务业的进一步开放。TISA 的谈判进程目前进展较快，TPP 和有可能在一些服务贸易领域达成更高标准的 TTIP 规则，例如在电子商务、数据流动、地理标识、国内规制的一致性等方面，将有可能成为未来有关服务贸易多边

① Gary Clyde Hufbauer and Cathleen Cimino - Isaacs, "How will TPP and TTIP Change the WTO System?", Journal of International Economic Law, 2015, 0, 1 - 18, OXFORD.

规则的雏形①。

5. TPP 与中国的自贸区战略

既然 TPP 是美国“亚太再平衡”战略的一部分，中国的应对也应当从战略高度考虑。2015 年 12 月 6 日《国务院关于加快实施自由贸易区战略的若干意见》（简称《自贸区战略的若干意见》）的发布恰逢其时，“以周边为基础加快实施自由贸易区战略，形成面向全球的高标准自由贸易区网络”将会抵消或降低 TPP 实施后对中国可能带来的贸易投资转移的负面影响。目前，中国与包括亚太地区的东盟、新西兰、韩国、澳大利亚等 22 个国家和地区达成了 14 个自贸协定，并且正在进行中日韩自贸区、中国与东盟的自贸区升级等谈判。上述《自贸区战略的若干意见》明确了中国自贸区战略的近期和中长期目标任务和进一步优化自贸区建设布局。近期目标是加快正在进行的自贸区谈判进程、逐步提升已有的自贸区的自由化水平、积极推动与周边大部分国家和地区建立自贸区，自贸区的贸易额占中国外贸总额的比重“达到或超过多数发达国家和新兴经济体水平”；中长期“形成包括邻近国家和地区、涵盖‘一带一路’沿线国家以及辐射五大洲重要国家的全球自由贸易区网络，使我国大部分对外贸易、双向投资实现自由化和便利化”。

中国的自贸区战略的一个特点是把国内的自贸区试点作为对

① Matthias Bauer，Fredrik Erixon，Martina Ferracane and Hosuk Lee – Makiyama，TRANS – PACIFIC PARTNERSHIP – A challenge to Europe，European Center for International Political Economy，2014 No. 9，http：//www. ecipe. org/app/uploads/2014/12/PB09_ 1. pdf.

外自贸区战略的支撑体系，将上海等自由贸易试验区作为中国适应国际经贸规则新变化、以开放促改革促发展的试验田，为对外自贸区谈判提供实践依据。随着对外自贸区建设加快步伐，国内自贸区实验也将升级及推广。下一步，一些 TPP 规则涉及的新的领域，例如电子商务、互联网方面的规则，可以结合中国丰富的电子商务和数据流动的实践完善有关国内立法和自贸区实践。如何在自贸区战略与中国的“一带一路”战略有机地融合中，在国内市场和国际市场的有效连接中，提高中国在现代国际贸易产业链中的地位，有待进一步深入思考和跟踪研究。

总之，TPP 作为美国“亚太再平衡”战略的重要组成部分，是对中国经济和贸易地位崛起和影响力提升的回应。在经济层面上，评估 TPP 实施后将对美国及其他成员国带来哪些贸易投资创收效应，对中国带来哪些贸易和投资转移效应，尚有待进行全面、系统的深入分析和评估，并有待未来的实践检验。TPP 作为最早达成的大型区域贸易协定，其影响不仅停留在经贸层面上，TPP 的规则实施和未来 TPP 新成员加入的扩围走向将对于 WTO 多边贸易体系和规则以及未来国际经贸格局的重塑具有更为广泛和深远的影响。2016 年，是中国“十三五”规划的开局之年，国际贸易环境趋于严峻并面临诸多不确定性和复杂性。对于 TPP 的应对方案，应当结合国家 2016 的经济工作的总体要求、主要目标、政策取向和重点任务和部署，从国家战略和经贸等层面予以考虑。

中国应如何引领未来发展的话语权

◎ 丁一凡

20 国集团首脑会议将于 2016 年在中国召开，制定下一阶段世界发展日程是个重要问题。中国应在引领未来发展的话语权上有所建树。目前，美国正在推动制定新的国际贸易规则，其目的是抢占国际贸易谈判中的制高点。中国可以用重新讨论国际贸易理论的方法，让 20 国集团成为探讨国际贸易、投资、货币政策以及改善公共管理等方面的论坛，树立起中国发展模式的威望，这对树立中国在国际舞台上的话语权至关重要。

2016 年 20 国集团首脑会议将在中国召开，这个代表了 80% 世界经济的集团如何才能维持下去，如何才能为下一阶段的世界发展制定适当的日程，是个重要的问题。中国首次承办 20 国集团的峰会，应该在引领未来发展的话语权上有所建树。

横向比较，中国的发展比其他国家都好，但我们在世界经济发展中的话语权却不够，连中国的发展模式都受到别人的质疑。

比如，在国际贸易、跨境投资及加强公共治理方面，西方人仍然在统领话语权，虽然他们的发展观念有时给世界带来的灾难比实际好处更多。我们急需理清思路，指出西方人提出的发展日程中的问题。我们需要提出自己的要求，引领未来的话语权。

掌握发展的话语权，这不仅是要在国际舞台上让人听到中国的声音，也是要让中国的民众知道中国政府对世界发展的看法，让中国民众对中国的发展模式树立起信心。

一、如何重振 20 国集团的磋商机制

冷战结束后，世界经济格局发生了很大变化，原来的工业 7 国集团已经无法代表世界经济发展的趋势，20 国集团作为集合了传统发达国家和新兴经济体的磋商机制几乎呼之欲出。然而，直到 2008 年爆发的国际金融危机才使这一机制得以启用。20 国集团在控制危机扩散、防止贸易保守主义回潮和全球经济大幅衰退方面起到了积极作用，但经过几年的磨炼，20 国集团也面临着新的挑战。

1. 发达国家的宏观经济政策出现分歧

2008 年国际金融危机爆发后，20 国集团领导人共同努力，采取了宽松的货币政策和积极的财政政策，以刺激经济回升。当时，各国领导人都承诺不采取贸易保护主义，都承诺在宏观经济政策上互相配合，这些国际合作避免了一次世界经济的大幅衰退。然而，经过 7 年的发展，20 国集团内部的发达国家情况发生了变化，它们的宏观经济政策也开始分叉。这些宏观经济政策的差异可能会导致巨大的“外溢”作用，对世界经济产生重大影响。

比如，经过了3轮“量化宽松”和7年的超低利率后，美国的中央银行——美联储开始改变货币政策。2014年10月，美联储退出量化宽松，2015年12月，美联储首次提高利率。这些措施都意味着未来美国的货币政策将趋紧，将进入“紧缩银根”的时代。美联储超宽松的货币政策曾经造成美元的大幅贬值，货币政策趋紧造成美元汇率反转，美元从2014年起不断升值。美元是石油等大宗商品期货的定价货币，美元升值造成资源与能源的价格暴跌，对世界经济造成了巨大外部冲击。

与此同时，欧洲中央银行却实行了与美联储相反的政策。危机后，欧洲央行矜持了多年，2015年决定开始执行量化宽松的货币政策，并开始实行名义负利率，以增发货币的形式来对冲欧元区遭遇的通货紧缩压力，以刺激投资与消费。

日本央行已经实行了一段时间的量化宽松，对日本的通货紧缩虽然有缓解作用，但对刺激经济回升的作用不大。这是因为，日本经济面临着人口老龄化与劳动力供给不足的结构性问题，短时间内任何宏观经济政策都不可能产生很大作用。

美、欧、日等发达国家的经济发展周期已经产生了很大差异，它们的货币政策也开始朝不同的方向发展。货币政策对货币的汇率会产生直接影响，而国际货币体系中的几大“硬通货”的汇率不稳定，会对其他经济体产生强大的外部冲击。

2. 发达国家与新兴经济体的增长趋势反转

2008年国际金融危机爆发后，以金砖国家为代表的新兴经济体一直保持着旺盛的增长势头，成为推动世界经济增长的重要力量。从2009年至2013年，金砖国家成为拉动世界经济增长的主要动力，仅中国对世界经济增长的贡献就占了一半。然而，从2014年起，金砖国家的经济增长开始放慢，2015年巴西与俄罗斯已经陷入了负增长，出现了滞胀的苗头。中国经济增长也开始放缓。印度的经济增长虽然不慢，但卢比也曾大幅贬值，资本外逃趋势严重。

这些趋势与新兴经济体的经济结构转型有关。国际金融危机爆发后，新兴经济体在用刺激经济计划维持了经济增长后，都面临着去杠杆化、减少债务负担的难题。经济增长放缓某种程度上是政府调控的结果，势在必行。然而，巴西与俄罗斯的经济衰退，应该说主要还是国际大宗商品期货市场上资源与能源的价格暴跌造成的。巴西与俄罗斯都是资源与能源出口国，对这些大宗商品价格特别敏感，因为国家的政府预算与资源出口直接相关。如果说俄罗斯因为乌克兰危机而受到了美欧国家的经济制裁，能源价格暴跌使俄的经济雪上加霜，那么巴西的衰退则很大程度上是由资源价格暴跌引起的。

根据巴西国家地理统计局（IBGE）的数据，2014年巴西经济增长仅为0.1%，然而通胀率却高达6.41%。英国《经济学人》杂志的智库（EIU）预测，2015年巴西经济增长负1%，通胀率将达8.2%，远超出6.5%的通胀管理目标上限。另外，巴西出现了财政和经常账户的“双赤字”。根据EIU的数据，2014~2015年巴西政府财政赤字占GDP比重维持在6.3%的高位，2014年和2015年经常账户赤字占GDP比例分别为3.9%和4.2%。双赤字动摇了投资者对巴西经济增长的信心，加快了巴西货币雷亚尔的贬值趋势。2015 年，预计雷亚尔贬值超过 18%。货币贬值引发了资本外逃，给巴西的金融市场和实体经济造成巨大冲击。为中止资本外流，巴西央行只好一再提高利率，期待以高利息吸引资本留在本国。2015 年6 月3 日，巴西央行再次宣布将基准利率上调 0.5 个百分点至 13.75%，这是巴西央行自 2014 年 11 月以来连续第 6 次加息。然而，高利率不利于投资，反而使巴西企业债务负担增加。由于经济下滑、通胀高企，巴西政府在民众中的支持率不断下降①。

俄罗斯经济 2015 年也险情不断。石油和天然气出口占俄罗斯政府财政收入的一半，随着国际能源市场上油气价格的不断下跌，俄罗斯政府的预算赤字不断扩大，卢布不断贬值，造成投资者的担心，资本外逃严重。

路透社公布的调查显示，俄罗斯 2015 年 GDP 增长可能大幅下跌，大约为 -3.8%，2016 年仍可能继续下滑，只是程度稍轻一些，大约为 -0.3%。

美元是国际资源与能源市场的定价货币，因此资源与能源价格的暴跌主要与美元汇率有关，凯恩斯的“货币周转速度”理论完全可以解释这一切。但由于中国经济增长势头也在放缓，美欧的舆论便把中国需求减少当成了“替罪羊”，把中国需求下降说成是主要原因，在新兴经济体之间制造分裂。其实，中国进口的下降主要是价格因素造成的，需求减少虽然起了一定作用，但价格更重要。比如，中国进口的石油比原来多了许多，因为中国

① 张勇：“巴西经济增长及其转型的结构视角”，载《当代世界》，2015 年 10 月。详见：http：//cpc.people.com.cn/n/2015/1008/c191095 - 27672600.html。

正在趁油价下跌之机建立自己的石油战略储备库。但因为油价下跌幅度很大，结果进口的总价格反而比原来还低。

3. 如何保持世界经济发展势头，各方的观点不一

虽然 20 国集团成员都对全球经济增长乏力担心，但在如何促进增长及应该采取什么增长形式的问题上，各国的立场却大相径庭。联合国出台了 2015 年后发展日程，对发展问题定下了各种具体的指标，但如何达到这些目标各国政府也莫衷一是。

20 国集团曾经把经济增长作为目标，但缺乏跟踪、审查、监督执行的机制。在后危机时代，20 国集团协调政策、稳定世界经济增长的作用在下降。如何让这一全球最大经济体之间协调、对话的机制能长期维持下去，常态化，必须在发展问题上找到新的内涵，制定新的衡量方法，定期衡量取得的进展，以不断推动该机制寻找前进的目标。

二、我们需要重建国际贸易的话语权

奥巴马的任期还有最后一年，美国政府要推动跨太平洋伙伴关系（TPP）在各成员国得到批准，又要加快跨大西洋贸易与投资伙伴关系（TTIP）谈判，想在奥巴马任内最终在亚太地区及大西洋两岸制定新的国际贸易规则。

美国要重新制定国际贸易规则的道理到底是什么？美国的许多战略专家都承认，制定新的国际贸易规则实际上是想为美国重

新找回竞争优势，是要在战略上与包括中国在内的新兴经济体国家竞争，部分地减少金砖国家在国际经济舞台上的竞争优势。正因为如此，金砖国家中无一国被美国邀请参加这两个新的贸易集团的谈判，尽管印度还被西方舆论称为“世界上最大的民主国家”。

显然，美国制定新的国际贸易规则的目的是要利用贸易恢复实力，要抢占国际贸易谈判中的制高点。比如，美国政府把重新谈判地区贸易安排的企图解释为，要建立更高标准的自由贸易区，声称要把环保指数、知识产权保护、人权（劳工）标准、金融开放程度等都列入谈判内容，建立新的国际贸易标准。我们国内的有些舆论也很着急，担心中国被排除在未来国际贸易的规则之外，想尽办法要推动中国政府快速加入 TPP 的谈判。

其实，国际贸易理论一直认为，国际贸易体系应该是开放的，自由的，门槛越低越好，可以让各国都参与，充分发挥各国的经济比较优势。一个开放的国际贸易体系的最终结果是，一加一大于二，世界经济从而变得更加富有，效率更高。

从传统国际贸易理论的角度来看，美国主张的高标准贸易区是提高门槛的做法，也就是说是把更多的国家拒之门外的做法。历史上，贸易保护主义可以有各种形式，技术门槛、环保门槛都曾是贸易保护主义的借口。现在美国政府搞的高标准的贸易区是不是又在重复新形式的贸易保护主义呢？国际贸易体系究竟应该是包容性越大即门槛越低越好呢，还是排他性越大即门槛越高越好呢？

中国不需要拘泥于具体贸易谈判的细节去与美国争高低，而是可以用重新讨论国际贸易理论的办法，让 20 国集团成为探讨世界经济为何需要更加自由的国际贸易的论坛。其实，如果重归国际贸易理论探讨，美国“高标准自贸区”的说法未必能得到大多数国家赞同。

另外，美国政府的贸易谈判中把贸易自由化与金融自由化挂钩，认为金融自由化也是高标准自由贸易区的衡量标准。在这一问题上，布雷顿森林会议上的主要谈判人物都不会同意。当时，英国代表团团长凯恩斯与美国代表团团长怀特都认为，金融自由化会造成各国货币兑换汇率的不稳定，会造成价格的不稳定，因而是不利于国际贸易与跨境投资发展的。在他们的建议下，国际货币基金组织的章程把管制资本流动的权力赋予了各成员国。人们可能很健忘，刚刚过去的事情几乎被忘记。然而，历史的经验和教训都值得我们重温，以防犯下同样的错误。

中国政府在讨论未来全球发展日程及全球治理目标的过程中，一定要强调地区贸易安排的框架不能与世界贸易组织的多边贸易自由谈判框架相冲突，不能架空世界贸易组织。中国政府应该明确表示，中国承诺单方面向最不发达的国家取消进口关税，以履行我们帮助最不发达国家的义务，促进这些国家的经济发展。

最近一些年来，世界各国对包容性发展达成了共识，都认为发展必须惠及社会各阶层。在国际上也是一样，发展也必须惠及各国。从这一角度来说，国际贸易也应该是包容性的，如果某些贸易集团的规则不是包容性的而是排他性的，它一定不符合包容性发展的理念。

三、如何让金融体系更好地促进实体经济的发展

20世纪80年代以来，金融自由化成为西方经济学的经典。西方国家的舆论鼓吹说，金融自由化可以使富国的资金流向穷国，为穷国带去发展资本；而因为穷国投资的收益往往高于富国，便可以为富国的养老资本提供更优厚的报酬。这就是所谓的“双赢游戏”。然而，80年代拉美国家和东南亚国家资本账户过早开放的结果是，国际资本可以随意出入这些发展中国家，制造出巨大的不稳定，造成泡沫膨胀和破裂的循环，这些国家的发展不断被金融危机所打断。有些国家就此陷入“中等收入”的陷阱而不能自拔。金融危机中，发达国家的金融机构却趁机不断洗劫发展中国家，大发危机的横财。

英国经济学家凯恩斯当年就曾一针见血地指出，唯有在金融市场上，投资与投机是分不清的。因此，政府必须对金融市场实行一定的管制。

在我们的金融官员和媒体工作人员中，也有许多人在推动中国的金融自由化。他们说，金融自由化是一种经济发展的趋势，各国都在实行金融自由化，最后都要开放资本市场。

的确，拉美、非洲和亚洲的许多发展中国家虽然经历了多次金融危机，但仍然选择了金融自由化，开放了本国的资本账户。但是，如果我们看一下这些国家的细节，就会对这些发展中国家不得不开放资本账户的原因有更为深刻的理解。一般来说，发展

中国家的特点之一是民众贫穷，又没有储蓄习惯。一国经济如果没有国内储蓄，就会缺乏发展资本，而外汇储备匮乏更使它们无法进口先进机器设备。这种情况下，它们只好选择开放资本账户，并用高于国际市场利息的办法吸引外国资本，用以平衡它们的国际收支。因此，虽然有些国家经常被国际资本洗劫，但它们仍然不得不保持资本账户的开放，以吸引短期外来资本。

但是中国不一样，中国不是典型的发展中国家。中国民众有勤俭节约的传统，储蓄率一直很高，国内资本充裕，中国也不缺外汇储备，不全面开放资本账户根本不会影响中国的经济发展。在很长时间内，中国都应该保持有选择性地开放资本账户，保持谨慎，只逐渐开放那些对促进中国经济增长有好处的项目，特别要防止短期外来资本的大进大出对中国的宏观经济造成的不稳定，破坏中国经济中长期增长的稳定性。2015 年中国的资本市场经历了大的波动，除了监管问题外，很大程度上与流入流出中国的“热钱”太多有关。国际清算银行的数据表明，从 2010 年以来，流入中国的“热钱”高达 1 万多亿美元，其中有 70% 是一年以内的短期贷款[①]。2015 年一年，中国的外汇储备流失就高达 5000 多亿美元。除了中国对外直接投资的数额随着“一带一路”倡议的落实而有所增长外，很多外汇的流失是因为美联储在加息，吸引了“热钱”流出中国。资本大量外逃，股市上的价格因此而失去了支撑，股价下跌在所难免。同理，人民币汇率贬值的压力加大，也是资本外流的结果。

---

① 贝乐斯：“我对人民币贬值的一些思考”，载《人大经济论坛》，2016 年 1 月 8 日。详见：http：//bbs. pinggu. org/capitalvue - news - m_ 568e14fed12d56ea93fc6a0c. html。

未来一些年，美、欧、日等发达国家的货币政策分歧明显，会给国际资本的套利活动创造更多的机会。资本大出大进新兴国家，会造成更大的宏观经济不稳定。为此，20 国集团也应该展开更多的讨论。

中国提出了创建金砖国家新开发银行和亚洲基础设施投资银行的倡议，为发展中国家的基础设施投资建立了多边投融资平台。这才是为发展中国家实体经济投资的保障。在未来的运行中，这些新开发银行要在多边投资中选择新的货币“名义锚”，比如使用国际货币基金组织的特别提款权（SDR），或用亚投行成员国的货币组成多种货币的篮子货币。使用篮子货币会更加公平，也可以避免受现行国际体系中霸权货币波动的干扰。通过加大基础设施投资，来促进地区和全球经济复苏，为将来的经济增长奠定更好的基础，这才是让世界经济摆脱长期停滞的根本办法。

四、如何才能改善公共管理?

中国的对外投资增长迅速，中国手中持有的外国债券也不断增加，中国可能很快就要成为全球最大的债主。在这一背景下，其他国家的公共管理情况对中国的投资安全和投资回报有直接的关系。

如何才能推进国际水平上的公共管理水平，改善其他国家的公共管理质量呢?

从冷战结束以来，美国一直在国际上推进民主化，并制造舆论说，其他国家只有实行“民主政体”，增加透明度，才能改善公共管理。

美国的舆论还不断指责中国，声称因为中国“不民主”，所以在国际上建立新的制度信誉不高，因为它们不强调负责任。

我们必须推倒“民主 = 良好公共治理”这个公式，才能打破“民主”的迷信，树立起中国发展模式的威望，并建立起中国民众对中国模式的信心。

事实上，只强调民主，既并不能解决发达国家内部的问题，也不能解决发展中国家急需解决的发展问题。比如，美国的民主并没有阻止政治的极端化发展。美国两党政治的极端化发展使议会与政府严重对立，政府的日常工作陷入瘫痪，没人对公共政策负责。用民主和透明度解释不了这种对民众不负责任的后果，美国的民众已经在表示不满。在广大的发展中国家，民主化非但没有改善公共管理，反而造成了政府的混乱。在发展中国家，如果没有人力资源的培养，民主化除了培养政治野心家外，不会出现更有效的政府和更好的公共管理。西方国家出钱给发展中国家的非政府组织，美其名曰促进民主，实际上是在分裂这些发展中国家的社会。这不禁让人怀疑，西方国家在发展中国家促进民主的最终目标不是要帮助它们改善公共管理，而是要培养、扶植一批西方国家可以利用的杠杆，随时以“民主”的名义把这些发展中国家玩弄于股掌之上。

改善公共管理，首先要改善政府的负责制，要有良好的财政管理能力（防止债务不断上涨、有可靠的财政收入，不能无原则地减税)，要对本国的社会管理体系（医疗卫生和保健体系、教育体系、环境保护及监测体系等等）负责。中国应建议 20 国集团为此制定具体的、可识别的标准，督促各国政府在这方面不断取得进步。中国应倡议在发展中国家建立起公民社会与政府之间互相帮助与监督的桥梁，而不是一味强调对立和斗争。中国要承诺帮助发展中国家提高它们的治理水平，主要包括提供更多的留学生的奖学金和专业技术人员培训的机会。中国应督促发达国家为发展中国家培养更多的人力资源做出承诺。只有发展中国家有了充裕的技术管理人员，如经理、医生、律师、工程师等之后，这些国家的公共管理能力才会更上一个台阶，中国对这些国家的投资安全和回报才能得到更好的保障。

总之，重新梳理贸易、投资与公共管理这些重要的发展主题，对树立中国在国际舞台上的话语权至关重要。一旦中国重新树立起在这些领域的话语权，中国在国际舞台上的回旋余地将扩大，中国对其他发展中国家的号召力会上升，中国的自信心也会得到加强。

2015 年世界科技进展

◎ 马奔宇

2015 年，新兴技术发展迅猛，以基因组编辑技术、量子通信和量子计算技术以及石墨烯新材料技术为代表的新一代技术革命已初露萌芽，同时基因编辑的伦理和安全性、现代密码与网络安全性和未来能源安全结构等领域也都面临着新技术带来的冲击和挑战。虽然短期内上述技术还无法完成产业化应用，但是这些技术无疑将对未来的社会生活、经济发展和国家安全带来根本的变革。

2015 年世界科技突破成果层出不穷，各领域涌现出许多对未来社会生活、经济发展和国家安全可能产生重大影响的科技进展，主要集中在生物医学技术革命、量子信息技术和石墨烯新材料等重大前沿领域，本文就 2015 年这些前沿领域的重大科技进展进行总结和回顾。

一、生物医学领域

1. 基因组编辑技术迅猛发展

2015 年生物医学领域最大的突破性进展在于基因组编辑技术（genome editing）的广泛应用，其中尤其以规律间隔成簇短回文重复序列（CRISPR）技术为代表的第三代基因组编辑技术前景最为广泛、影响最为深远，同时引发的应用和伦理争论也最为激烈。

基因组编辑技术是利用特定工具直接修改生物体基因组序列的技术，它可以通过直接插入、删除和修改特定目标基因的方式直接改变生物体的遗传信息。其中第一代和第二代基因组编辑技术由于其技术操作复杂，成本、条件要求高，其影响和应用并未广泛，但是以 CRISPR 技术为代表的第三代基因组编辑技术则由于其操作简便、成本低廉而广泛被基础研究和各大生物技术公司争相应用。CRISPR 技术最早于 2012 年由 Jennifer Doudna 和 Emmanuelle Charpentier 领导的研究小组揭示细菌和古细菌天然免疫系统是如何变成基因编辑工具的，并实现在试管中切割任何的 DNA 链。之后麻省理工学院张峰和哈佛大学 George Church 等人证明 CRISPR 系统可以在真核生物体内实现基因编辑操作，并不断完善和改进了该系统。2015 年 CRISPR 技术已经成为世界范围内各大实验室基础研究的必备工具，而突破性应用成果也是层出不穷。

2014 年 12 月，张峰研究组首次成功在成年小鼠体内利用 CRISPR 技术进行基因编辑操作，修补小鼠络氨酸受体缺陷，提示 CRISPR 技术有望成为解决人类遗传性疾病的终极武器。2015 年 4 月，中国科学家黄军就首次尝试利用 CRISPR 技术编辑人类胚胎生殖细胞，虽然实验结果证明以目前技术还达不到安全编辑人类生殖细胞的水平，但是此项实验无疑引发了世界范围内关于基因组编辑技术应用伦理的激烈讨论，同时也是人类首次尝试改造自身的遗传信息。2015 年 6 月，美国科学家首次利用 CRISPR 技术实现蚊子的基因驱动改造，科学家将缺失携带疟原虫能力的基因改造蚊子放入实验封闭群体，利用基因驱动技术的自我复制能力很快将实验系统蚊子种群的 95% 改造为不能携带疟原虫的蚊子。2015 年 7 月，张峰实验室首次利用 CRISPR 技术构建模拟癌症突变型细胞的药物筛选平台，打开了药物筛选的一条新捷径。2015 年 10 月，在哈佛大学 Church 教授的指导下中国留学生杨璐涵首次利用 CRISPR 技术同时删除猪内源性逆转录病毒的 62 个基因拷贝，极大地推动了异体器官移植应用的发展。2015 年 10 月，韩国科学家利用 CRISPR 技术实现构建完全模拟天然 DNA 序列的转基因植物，而不插入或携带任何外源基因序列，这为转基因植物的广泛推广并抵制舆论压力提供了技术支持。

2015 年我国科学家在基因组编辑领域也处于世界领先水平：我国科学家首次在灵长类动物食蟹猴身上成功实现基因编辑，同时我国科学家在猪、大豆等诸多动植物体内均实现了基因组编辑技术的应用；在产业应用方面，2015 年 9 月华大基因首次公开出售经过 CRISPR 技术改造后的迷你宠物猪，这是基因组编辑技术的首次宠物育种应用产品。

虽然基因组编辑技术还存在潜在脱靶效应和载体安全运输等技术挑战，但在基因组编辑技术已经掀起全球研究热潮的情况下，这些技术障碍都将是暂时的挑战，最新由麻省理工学院 Broad 研究所张峰团队开发的增强型 CRISPR（eSpCas9）系统，通过结构生物学解析 CRISPR 系统中核心蛋白 Cas9 的结构，人工突变其结合非特异 DNA 的正电荷凹槽，成功使脱靶编辑效果显著减少至无法检测的水平，这些最新的技术改进都将极大提升 CRISPR 走向实际应用。

在基因组编辑技术取得迅速发展的同时，关于其应用的伦理限制也备受关注。2015 年 12 月 1 ~3 日，美国科学院、英国皇家科学院和中国科学院联合组办的人类基因组编辑国际峰会，讨论了 CRISPR 技术改变人类 DNA 的前景和风险。会议声明指出基因组编辑技术不应用于准备建立妊娠的人类胚胎，推进生殖细胞基因编辑的临床使用是“不负责任的”，除非安全和效率问题得到了解决，而且相关应用得到了广泛的社会共识。

未来，CRISPR 技术还将在自身系统完善改造方面继续提高，从而在人类遗传病治疗、动植物育种改造、生物医药研发等领域带来翻天覆地的变化。

2. 中美相继启动精准医疗计划

2015 年 1 月，美国总统奥巴马在其国情咨文中首次提到“精准医疗计划”（Precision Medical Initiative，PMI)，其内容涉及基因测序、大数据技术、电子医疗记录和可穿戴生物设备等等，是集成目前发展迅猛的生物组学、信息技术和移动终端技术的集合体。2015 年 3 月，中国也启动自己的精准医疗计划，由北京协和医院、四川华西医院等国内著名三甲医院主持开展 100 万人规模的基因测序项目。相关的“健康中国”发展计划也即将由卫计委启动，计划在 2030 年前，在精准医疗领域投入 600 亿元。随后 2015 年 5 月，国务院发布《关于取消非行政许可审批事项的决定》，其中指出，取消第三类医疗技术临床应用准入审批。一系列政策与计划的颁布，说明精准医疗计划酝酿已久，正式出台已无悬念。

2016 年，美国财政预算计划拨付给美国国立卫生研究院（NIH）、美国食品药品监督管理局（FDA）、美国国家医疗信息技术协调办公室（ONC）等机构共 2.15 亿美元用于资助精准医疗计划：其中资助 NIH 1.3 亿美元，用于 100 万美国人群的医疗研究，促进对遗传、环境和疾病关系的认识，建立数据共享基础；资助美国国立癌症研究中心（NCI）7000 万美元，促进肿瘤基因组学的研究，提高肿瘤个体化治疗的效果；资助 FDA 1000 万美元用于获取新的专利和推进高质量数据库的开发，以保证监管机构在精准医疗和公共医疗保健方面的研究需求；资助美国国家医疗信息技术协调办公室 500 万美元用于制定一系列的标准和要求，以保护隐私和跨系统数据交换安全。

美国的精准医疗计划主要包括志愿者组织和癌症个体化治疗两个核心领域。美国 PMI 计划志愿者招募分为直接招募和医疗机构招募，其中直接招募以健康人群为主，而医疗机构招募是有特定病情和详细电子病历记录的患者。志愿者在签订知情同意书和长期合作计划后，需提供自我情况汇报、移动终端健康数据、电子医疗记录、生物样本（血液、体液等）并进行基线测试。最终这些数据和样品被送至专业机构进行检测、记录，整个过程要持续数年或者数十年。通过大量人群的基因组数据、生理指标数据、环境数据等等的长期和系统记录，研究者可以从中发现基因、环境与疾病之间的内在关联。2015 年 NIH 已经先后四次举行全美讨论会，其中两次主要研究志愿者招募活动，最终美国精准医疗计划将由计划主任、独立的咨询委员会、执行委员会和指导委员会四个层面组织运行，重点负责信息交互和结果反馈、数据分析与使用、生物样品银行（BioBanking）建设、资源使用和分享以及安全保卫五大方案，可以说美国的精准医疗计划正在严密的组织和规范基础上逐步展开。

那么中美精准医疗计划的相继启动会给未来医疗界和患者带来哪些变革？一是对疾病的治疗理念的根本变革，从过去依照疾病症状诊疗，转变为通过大数据分析患者基因信息—环境—疾病三者之间的关系，给出因人而异的个体化治疗方案。二是变革药物研发过程，精准医疗计划的实施有助于药物研发的精准化变革，比如解决肿瘤药物的抗药性和肿瘤免疫治疗的基因分型等等。三是变革预防医学和个人保健，通过对大量人群长期的大数据分析，人们可以得出具体基因多态性、环境作用与疾病的联系，促使人们提前改变自己生活习惯和预防检查，达到“上医治未病”的效果。同时，精准医疗计划的启动还将给基因诊断行业、遗传咨询行业、生物医药产业带来新的发展机遇，精准医疗产业的快速发展也可能推进第四次技术革命大潮的到来。

3. 神经遗传学技术的突破发展

相比于基因编辑和精准医疗，神经生物学 2015 年的进展无疑更加偏向基础领域，离产业应用还有很长的距离，但是神经遗传学技术突破无疑为下一次生物技术革命的发生酝酿基础。

首先是突触光遗传技术，人类首次实现利用光控制树突棘大小消除学习记忆能力。2015 年 9 月日本东京大学的神经生物学家 Haruo Kasai 研究组发明了一种光控改变神经元树突棘大小的新型光探针分子——AS - Rac1，这种探针受特定波长激光控制，通过调控标记神经元树突棘的细胞骨架解聚，导致新建立的树突棘萎缩从而失去运动学习记忆能力。这项研究的突破意义在于：一是首次证明关于运动学习记忆的神经生物学基础是神经元新树突棘的建立；二是该技术首次实现删除小鼠特定学习记忆能力的活体实验，使人类掌握了有效调控神经元树突棘大小的技术；三是该技术将会极大地促进学习记忆相关脑区的定位和功能研究，加速理解学习记忆分子基础的基础研究。相信随着突触光遗传学的进展，找到增强神经学学习记忆能力的技术只会是时间问题。

其次是声磁遗传学的出现，实现非介入手段控制大脑深处神经元。2005 年由斯坦福科学家 Karl Deisseroth 首先实现了利用光控制大脑神经元的开关，被《自然》杂志评选为近 10 年来十大突破技术之一，然而光遗传学技术还有一些技术缺陷，比如需要外科手术植入光纤、发光半径有限等问题。2015 年以超声波和磁场控制的第二代神经元操控技术崭露头角，9 月 15 日美国 Salk 研究所的科学家 Chalasani 开发出利用低频超声波控制神经元激活的声遗传学技术，他们把一种机械感应离子通道蛋白TRP－4导入神经元，通过向神经元周围引入微泡（一种由磷脂和化合物包裹的空气泡），将一定频率和强度的超声波转变成机械力，从而激活 TPR－4 受体控制神经元的激活。同样 2015 年11 月，北京大学谢灿教授在《自然材料》杂志上报道了生物磁感应蛋白 MagR/Cry 的结构，为生物磁感应受体领域打开了新的方向，由于 MagR 受体能够感应磁场，如将其导入神经元中，再施加特定强度的磁场，也可以达到控制神经元细胞活性的目的。声磁遗传学的出现具有以下优势：一是非介入性，不需要通过外科手术植入光纤；二是深穿透性，由于脑内组织不透明性，光纤发光作用范围有限，而超声波和磁场则可以轻易穿过颅骨和脑组织到达大脑深处神经元；三是调控范围大，作用均一，有利于研究大脑大范围的协调控制功能。

二、物理学领域——从量子纠缠到量子计算

量子纠缠（quantum entanglement）是关于量子力学理论最著名的预测，它描述了两个粒子互相纠缠，即使相距遥远距离，一个粒子的行为也将会影响另一个的状态，当其中一颗被操作（例如量子测量）而状态发生变化时，另一颗也会即刻发生相应的状态变化。尼尔斯·玻尔将量子纠缠称为“鬼魅似的远距作用”。

量子纠缠最早起源于 1935 年由爱因斯坦、波多尔斯基和罗

森提出的 EPR 详缪，爱因斯坦认为量子系统中两个相互纠缠的粒子状态是由某些局域隐变量预先决定的，“上帝是不掷色子的”；而 1964 年贝尔提出了著名的贝尔不等式给出关于局域隐变量是否在，或者说量子纠缠态是否客观存在的实验判据；1997 年奥地利塞林格小组在室内首次完成了量子态隐形传输的原理性实验验证。量子纠缠的实际应用包含从量子信息传输到量子计算机的设计，而 2015 年量子纠缠领域从理论证明到实际应用都取得了一系列重大进展。

1. 荷兰科学家彻底证明“无漏洞”贝尔不等式并不成立，宣告爱因斯坦隐变量理论出局

2015 年 8 月 24 日，荷兰代尔夫特技术大学物理学家罗纳德·汉森领导的团队在论文预印本网站 arXiv 上传了他们最新的论文，报道他们实现了第一例可以同时解决探测漏洞和通信漏洞的贝尔实验。研究小组把两颗钻石分别放在代尔夫特理工大学校园内的两侧，距离 1.28 公里。每块钻石含有一个可以俘获单个电子的微小空间，此空间具有一种被称为“自旋”的磁性，然后用微波和激光的脉冲来纠缠，并测量电子的“自旋”。同时在校园两侧设有探测器，两个电子之间的距离确保做测量的同时性，而且信息无法以传统的方式交换。通过大量观测数据的统计结果，研究组发现两个远程电子之间的确存在量子纠缠联系，贝尔不等式不成立，也宣告爱因斯坦提出的量子隐变量不存在。这一成果是对争论了 50 多年的量子纠缠理论基础的最严谨证明。

2. 中国科学家潘建伟团队首次实现多自由度量子体系隐形传态，获评英国《物理世界》2015 年世界物理十大突破之首

实现“瞬间移动”是很多科幻小说迷的梦想，而依据量子纠缠理论发展起来的量子隐形传态则是“瞬间移动”的现实写照。量子隐形传态（quantum teleportation）是经由经典通道和 EPR 通道传送未知量子态，简单说就是将甲地的某一粒子的未知量子态在乙地的另一粒子上还原出来。量子隐形传态可以实现瞬时、高度绝密地传输信息，是新一代量子通信网络的技术基础。

1997 年奥地利塞林格小组在室内首次完成了量子隐形传态的原理性实验验证，成为量子信息实验领域的经典之作。2004 年，该小组利用多瑙河底的光纤信道，成功地将量子隐形传态距离提高到 600 米。同年，中国科学技术大学的潘建伟、彭承志等研究人员开始探索在自由空间信道中实现更远距离的量子通信。2012 年 8 月，潘建伟等人在国际上首次成功实现百公里量级的自由空间量子隐形传态和纠缠分发，为发射全球首颗“量子通信卫星”奠定技术基础。2012 年 9 月，维也纳大学和奥地利科学院的物理学家实现了量子态隐形传态最远距离——143 公里，创造了新的世界纪录。

2015 年 2 月 26 日，中科大潘建伟和陆朝阳团队首次实现双量子隐形传态，并以封面研究形式发表在《自然》杂志上，这是继 1997 年塞林格小组实现单一量子隐形传态后该领域又一重大突破。潘和陆的团队通过成功制备国际上最高亮度的自旋—轨道角动量超纠缠源、高效率的轨道角动量测量器件和搭建了 6 光子 11 量子比特的自旋—轨道角动量纠缠实验平台，成功实现了将一个量子的自旋和轨道角动量同时传输给一定距离以外的另一个量子。同时传输多态的能力对于完整描述一个量子粒子而言至关重要，也是实现传输其他大于量子粒子物质过程的重要一环。潘建伟教授在研究发表后表示："量子隐形传态已公认是目前远距离量子通信研究中的重要因素，将决定未来不可破安全系统、超快量子计算机以及量子网络的发展。"

3. 量子计算机研发竞争激烈，谷歌推出 D－Wave 量子计算机引发争论

随着量子纠缠理论的不断证实，天才的科学家和工程师们利用"量子纠缠"和"量子叠加"原理来实现量子比特，而数个量子纠缠在一起的量子比特构成了可以同时处于多个量子态的量子计算机雏形。近期，谷歌、IBM、微软和惠普都启动了量子计算机的商业化攻坚项目，量子计算机的研发和应用竞争日趋激烈。

与经典的比特概念不同，量子比特具有量子不确定性，在被测量之前，一个量子比特的值只能用概率描述，处于可能是 0 或者 1 之间的叠加态，与传统比特 0 和 1 组合的确定状态完全不同，这给工程师们留下大量的创造空间，因此量子比特可以突破经典计算机的运算速度限制。而应用量子纠缠理论，可以使量子比特之间产生叠加，通过操控处于一个量子纠缠态的量子比特可以控制其他量子比特，从而赋予量子计算机计算能力。

量子计算机并不是在所有方面都优于传统计算机，目前看量

子计算机在解决最优化问题、图像语音识别、大数据分析和大数因式分解等方面具有明显优势。比如由麻省理工学院 Peter Shor 发明的 Shor 算法，证明量子计算机可以轻松完成任何非素数的因式分解，而现代密码学的加密技术大多数依赖大数因式分解，量子计算机的出现可能会彻底破坏目前的安全加密体系；而大数据分析能力则在生物制药领域的药物筛选、基因检测和分析等领域具有明显的应用优势。

加拿大的 D－Wave 公司（D－Wave Systems Inc）被视为世界上第一家量子计算机公司，它推出了世界上第一台商用量子计算机。而最近谷歌购买了 D－Wave 公司的量子计算机，并宣称证明量子计算机在解决某些最优化问题上的运算速度是传统计算机的 1 亿倍。实际上，D－Wave 量子计算机利用的是“量子隧穿效应”，通过量子退火技术实现解决最优化的问题，但是实际上目前 D－Wave 的优势还仅限于最优化问题的解决，其简单的量子比特系统还不能胜任多问题并行处理等其他人们期待的功能。不过，D－Wave 量子计算机的出现标志着量子计算机这一全新的计算机理念设备正在迈向实际应用。

同时量子计算机给传统的密码学带来了致命挑战，据斯诺登透露，美国国家安全局正在开展一项名为“穿透硬目标计划”，旨在研究是否以及如何建造一台可以破解密码的量子计算机，根据估算，用量子搜寻算法攻击现有密码体系，经典计算需要 1000 年的运算量，量子计算机只需小于 4 分钟的时间。而 2015 年 5 月，美国政府的情报研究机构也开始招标寻求量子比特研究领域的合作伙伴，开发无误码并强劲的量子比特系统。4 月，荷兰埃因霍温科技大学的 Tanja lange 和 Bernstein 宣布开展 PQCRYPTO 计划，目的是开发新一代加密技术，以回避量子计算机擅长的数学计算，发展和规范未来加密产品标准。量子计算机对传统加密技术的挑战已经引发新一轮国家之间的技术竞争。

三、化学领域——石墨烯技术独领风骚

石墨烯（Graphene）是一种二维碳材料，在 2004 年由英国曼彻斯特大学物理学家安德烈·海姆和康斯坦丁·诺沃洛夫，在实验中成功从石墨中分离出石墨烯，两人也因“在二维石墨烯材料的开创性实验”为由，共同获得 2010 年诺贝尔物理学奖。

石墨烯是只有一层原子厚度的石墨材料，其碳原子密集的堆积在蜂窝状六角形晶格上，理论上石墨烯是构成其他维度碳材料的基本原料，比如形成球状的富勒烯、卷曲成碳纳米管以及三维堆积成层状石墨。

石墨烯被称为“超级材料”是由于其具有以下优良特性：一是强度超高，性能可以媲美金刚石，抗拉强度和弹性模量分别为 125GPa 和 1. 1TPa；二是电导率超高，5000S/m，电子在石墨烯片层内移动受到的干扰极小，不易发生散射；三是导热率极高，室温下导热率实测 5000W/（m·K），是铜的 10 倍多；四是比表面积大，2630m^2/g；五是透光性极高，单层石墨烯仅吸收 2. 3% 的可见光和红外光；六是具备室温下量子霍尔效应。

鉴于石墨烯优良的材料学性质，目前石墨烯开发应用主要集

中在六个方向：一是利用其极强的导电性，应用于微电子领域，用石墨烯材料制造的微型晶体管可以大幅提高计算机的运算性能，运行速度可达太赫兹；二是利用其透光导电性，可以作为液晶显示屏幕，代替目前以铟为主的金属氧化膜；三是利用其坚韧性制造超轻飞行器、超轻防弹衣，甚至是科学家梦想的太空电梯；四是作为储氢材料，石墨烯具有强大的储氢能力，最近发现的掺杂铝的石墨烯储氢质量百分比可达 5.13%；五是石墨烯在改进锂电池功能中的应用，由于石墨烯具有高电子传导速率，可用于提高锂电池的功能，而目前的技术障碍在于如何提高石墨烯的理论比容量；六是石墨烯及其复合材料用于电化学领域可以制造超级电容器，可用于太阳能和风能等二次清洁能源的储存。

正是由于石墨烯可能成为未来人类生活所需大多数电能的储电来源，2015 年 10 月习近平主席出访英国，特别安排到曼彻斯特大学参观世界最先进的石墨烯研究院，听取了诺贝尔物理学奖获得者诺沃洛夫教授介绍石墨烯研究最新进展，参观了石墨烯产品展示和生产石墨烯的地下超净实验室。而 2015 年中国作为石墨烯资源和研究大国也在石墨烯的制备和应用领域做出一系列重大成果。

2014 年 11 月 26 日，中国科学技术大学吴恒安教授、王奉超副研究员与安德烈·海姆教授课题组及荷兰内梅亨大学研究人员合作，在石墨烯等类膜材料输运特性研究方面首次发现石墨烯可以作为良好的“质子传导膜”，国际顶尖学术期刊《自然》在线发表了这一研究成果。2015 年 3 月 2 日，全球首批 3 万部石墨烯手机在重庆发布，该款手机采用了最新研制的石墨烯触摸屏、电池和导热膜，16G 手机售价 2499 元，其核心技术由中国科学院重庆绿色智能技术研究院和中国科学院宁波材料技术与工程研究所开发。2015 年 5 月，南开大学化学学院周震教授课题组发明一种可呼吸二氧化碳电池，这种电池以石墨烯用作锂二氧化碳电池的空气电极，以金属锂作负极，吸收空气中的二氧化碳释放能量。2015 年 6 月，南开大学化学学院陈永胜教授和物理学院田建国教授的联合科研团队通过 3 年的研究，获得了一种特殊的石墨烯材料，该材料可在包括太阳光在内的各种光源照射下驱动飞行，其获得的驱动力是传统光压的千倍以上，令“光动”飞行成为可能。2015 年 12 月 18 日，国际著名期刊《科学》杂志发表了中科院上海硅酸盐研究所与北京大学和宾夕法尼亚大学的合作研究，黄富强教授研究团队设计合成一种氮掺杂的有序介孔石墨烯，具有极佳的电化学储能特性，比容量高达 855 法拉/克，比一般超电容提高了三倍，储存比能高达 41Wh/kg，而且可以两极快速充放电，若这种超级电容器应用于公共汽车可实现 7 秒中充电行驶 25 公里。

小结与展望

鉴于篇幅所限，2015 年还有很多具有历史意义的科技事件本文没有详述，比如 2015 年 7 月 13 日美国宇航局宣布证实火星上有水的存在，10 月 5 日首位中国科学家屠呦呦被授予诺贝尔生理医学奖，美科学家发现大脑具有淋巴管系统等等。科学技术的进步对社会经济发展的影响是长期而缓慢的，许多目前看来很有希望的革命性技术距离实际产业应用还有距离，但是随着社会的进步这种距离正不断缩短。在 2015 年崭露头角的基因组编辑技术、量子通信技术和石墨烯技术等还将在 2016 年继续成为热点，不断完善发展，逐步走向应用，而 2016 年在分子细胞中、在欧洲的强子对撞机中、在太空和极地中还将有哪些令人振奋的新发现和新突破，也令人拭目以待。

PRECIS

The Fluctuated China – US Relations in 2015 & Challenges of Establishing New Type of Major Power Relationship

◎ Qian Wenrong

China-US ties in 2015 are full of fluctuations. The successful exchange of visits between Chinese and US heads of state marked a new stage in China-U. S. relations, but raising tensions caused by the US side soon cooled this bilateral relationship. There are four main challenges to establish new type of major power relationship between China and US. There are growing frictions, competitions and disputes in enlarging fields and scales. The US prior to Asia strategy poses a grave security threat to China. The US leadership still has some doubts about the Beijing-proposed concept of maximizing the exemplary effects of the new type of major power relationship. The core of all these factors is the change of China's role in the US global strategy. China-US ties will not derail in short and middle terms, to large conflicts or confrontations. But long term China-US relationship is hard to predict because it will be decided by US' attitude towards China, the rising power.

Stability and Transformation Intertwined in South – East Asia in 2015

◎ Zhai Kun

South-East Asia situation is generally stable in 2015. The general elections in Myanmar and Singapore were held smoothly. The leadership transition in certain countries like Vietnam was prepared orderly. Malaysia, Cambodia and Indonesia took appropriate measures to mitigate crisis impacts and kept the overall growth trends. The regional economic situation maintained steady though with lower growth rate and more risks. More rational and flexible in foreign policy, countries in South-East Asia can and can get economic aid from China, security back-up from the US, they performed better and better on establishing the great powers diplomacy. The establishment of the ASEAN Community was the highlight and remarkable achievement in the year of 2015.

China-Japan Relations and Japanese Political Situation in 2015

◎ Wang Xinsheng

Japanese political situation was relatively stable in 2015. Japanese

Prime Minister Shinzo Abe forced two controversial security bills through parliament this year and has beensuccessfully re-elected leader of Japan't Liberal Democratic Party. Japan finally joined TPP. There were always tensions between China and Japan at the time of 70th anniversary of the end of World War II. The improvements of China-Japan relations requires more efforts from both sides.

A Key Step toward Myanmar's Democratic Transition: the Emerging of Aung San Suu Kyi's Country Governing Model

◎ Li Zhiqiang

The sweeping victory of the National League for Democracy (NLD) led by Aung San Suu Kyi in Myanmar't general election in November, 2015 and the complete loss of the ruling Union Solidarity Development Party (USDP) marked a key step of Myanmar's democratic transition. Having witnessed the whole election, the author of this article analyzes the reason of the fiasco of USDP, the solid victory of NLD and gives out some preliminary views on the political trend of the new government of Myanmar and the China-Myanmar relations.

India' s Acknowledgement and Reactions against China' t Belt and Road Initiative

◎ Ma Jiali

India regards China' t Belt and Road Initiative with doubt, misunderstanding and resistance. The reasons are as following. The consciousness of great powers makes it difficult for India to be just a responder. India doesn' t seem to appreciate properly the interest that Chinese initiative could bring to India. India worries about the threat that Chinese initiative might post to India' s strategic safety and India thinks it has to take strategic equilibrium with other countries into consideration. India is pushing forward its Mausam Project and its Spice Route Project. The purpose of Indian projects is to offset Chinese one belt and one road initiative. India' s geographic location makes it unavoidable country for the Belt and Road Initiative. The two sides should patiently control and manage disputes to prevent them from affecting the overall relationship. Both sides need sincerity and willingness to pursue a gradual and appropriate resolution of disputes to ensure a possible connection of reciprocal initiatives.

Cross-Strait Relations-Continual Ebb and Flow

◎ Xue Fukang & Xu Qing

The cross-Strait relation in 2015 is a continual ebb and flow. As the first meeting between leaders of the two sides of the Taiwan Strait since 1949, Xi Jinping and Ma Ying-jeou had a historic meeting in Singapore on November 7th, 2015. This meeting is significant to the development of cross-Strait relations. The two leaders acknowledged major achievements made in peaceful development of cross-Strait relations in the past 7 years. The meeting has lifted the cross-Strait communication and interaction to a new level and marked a key step of high-level interactions. The results achieved during the meeting has laid a solid foundation and created more space for communication at all levels and cooperation in various fields in the future. The meeting is an important milestone in cross-Straits relations which also serves as deterrence to the pro-independence force in Taiwan.

Foreign Policy: the Longest Board of the Russian Bucket

◎ Sheng Shiliang

Russia's military intervention which restrained the breakup of

Syria successfully consolidated its political and military position in the Middle East. The enormous international political impact makes Russia' s foreign policy the biggest highlight in 2015 and broughta reasonable and effective response to the challenges of the west. The zenith of Russia' s foreign policy is to strengthen its strategic cooperative relationship with China. The two heads of state attended each other' s celebration of the 70th anniversary of the end of World War II as main guest of honor. The "Belt and Road" initiative joins the Russia-initiated Eurasia Economic Union (EEU) to expand the cooperation in the fields of energy, finance and infrastructure as well as broader military and technical cooperation. The military power, with no doubt, is always the strongest backing to Russia' s foreign policy.

Double Effects of Russia' t Military Intervention in Syria

◎ Tian Wenlin

Russia' s military intervention in Syria has got positive effects in restoring the balance of powers in the Mid-East and avoided the collapse of geopolitical structure in that area. The incumbent Bashar Assad administration has survived, the expansion of ISIS was contained. Russia' s influence including predominance and power discourse in this region was strengthened. But the military intervention burdened Russia economy and the risks of terrorist attack and confrontations with the US were increased. The only way to put an end to the Syrian crisis is diplomatic and political means but not military actions.

Some Thoughts of the Development of Syria Crisis

◎ Yang Jun

The continuous tension of the Syria crisis is caused by both the complicated domestic religious sects and the big-power games. The chain reaction brought by the weakening or even collapsing of the old regimes will definitely change thegeo-political structure and balance of the different powers. Some predictions are also made as well as the analysis of the outburst and development of Syria crisis in this article.

Year-End Check of European Situation and China-Europe Relation

◎ Mei Zhaorong

This article summarizes the main characteristics of European situation and China-Europe relations in 2015 as following: sluggish economic recovery, highlighted imbalanced development among different countries, deepening conflicts on a series ofquestions among EU members and the stagnant European integration process. The Ukrainian crisis, the refugee crisis, terrorist attacks, the Greek debt crisis and the calls for a nationwide referendum on whether Britain should leave the EU have rendered the year of 2015 tougher. On the contrary, China-Europe cooperation has achieved remarkable results. Britain, France and Germany run into competition for closer collaboration with China; the Meeting of the Heads of Government between China and Central and Eastern European Countries in Suzhou holds a lot of promise; the alignment of the Belt and Road Initiative, the strategic synergy and the global cooperation on production capacity seem to garner more attention. Looking into 2016, we need to keep clear and alerted by the dual character of the European policies toward China an overall positive development momentum is expected to be maintained.

Multiplication of Crises Occupied European Union

◎ Ding Yuanhong

European Union was occupied by multiple crises like Ukrainian crisis, Greece' t sovereign-debtcrisis and refugee crisis in 2015. The

EU faces multiple challenges which intensify the internal conflicts, worsen relations between Eastern and Western Europe, and shed a dark shadow on EU membership. The European dilemma, despite of the external factors, is mainly caused by the internal reasons which will have negative effect on the EU integration process.

Analysis of the Strategic Background and Actual Progress of European Energy Union

◎ Zhang Min

EU has launched a plan for a European Energy Union after Juncker Plan. Five interrelated targets should be achieved in order to ensure the Energy Union plan: Security of energy supply, integrated and competitive energy market in the EU, reduced energy demand and increased energy efficiency, expanded development and production of renewable energy and strengthened research and innovation on green energy technologies. This is preeminently the time for EU to launch and accelerate the Energy Union plan with major strategic importance. The strategic background and the progress in 2015 are discussed in this article, on the basis of five targets as mentioned. Multiple challenges are expected to be raised to the Energy Union in 2016 are proposed as well.

Retrospect and Prospect of China-UK Relations in 2015

◎ Yang Fang

Chinese President Xi Jinping' t state visit to Britain has opened a "golden era" for global comprehensive strategic partnership between China and UK. The all-around development of bilateral ties embarked on a new journey featuring win-win cooperation. The two sides pledged joint efforts in fields ranging from enhancing bilateral trade, financial and investment and strengthen political trust based on equality and mutual respect. UK voluntarily expects stronger and closer China-UK relations. But structural defects, difference in various aspects and some unexpected accidents might affect the overall development of bilateral relations.

The Comprehensively Promoted China' s New Type of Major Power Foreign Policy in 2015

◎ Chen Duming

The promotion of China' s new type of major power foreign policy has borne fruit in 2015 and will keep making progress. President Xi has upped China' t global game, making the country' t diplomacy more proactive and engaging. This article makes a full review ofmajor diplomatic activities and achievements in 2015 and combs the new-raised ideas and concepts in foreign policy. These new ideas, concepts and practical measures have won domestic, as well as international recognition. China plays an irreplaceable role in promoting peace, stability and prosperity globally which enhance China' t role on the world' t stage.

Sluggish Recovery of Global Economy

◎ Zhang Bao

The global economic recovery remains sluggish in 2015 and the growth rate continues to descend since 2010. Developed economies suffer differently and the growth in emerging markets slowed down even some developing economies have fallen into recession with lower commodity prices and increased financial turbulence. As the global trade growth is stagnant, the Doha Round Negotiations is plunged into stalemate, while lots of bilateral and multilateral free trade negotiations are in full swing and the global trade system and rules are reshaping. The internationalization of RMB urges a profound transformation in global financial system. Precaution against the accumulation of risk relating to the ongoing recovery of global economy should be taken to avoid another round of global financial crisis.

The "New Mediocre" in Global Economy vs. the "New Normal" in Chinese Economy

◎ Xie Minggan

By generalizing and comparing the basic conditions of global and Chinese economies, this article gives a deep analysis of the remarkable achievements and existing problems of China' s "New Normal" . Some opinions and suggestions on future economic management are expressed hers, on the basis of five key concepts: innovation, coordination, green growth, openness and sharing.

China' s Attitude toward TPP Rules

◎ Huang Danhan

There has been much excitement generated by announcements of two major initiatives in the economic development and trade arena in

2015. Despite of the continued weak recovery and sluggish growth of the global economy and international trade, certain progress is achieved by the efforts of the major economic powers globally by multiform of cooperation to push forward bilateral, multilateral and regional investment cooperation negotiations. China' s "Belt and Road Initiative" and the 12-nation Trans-Pacific Partnership (TPP) agreement set a new standard in establishing rules of global trade and will dominate and reshape the global trade order. This article analyzes the impacts brought by TPP towards US' Asia-Pacific Re-balance strategy, WTO' s multilateral trading rules and international trading environment and China' s strategic thought and suggestion at economic and trade level.

How could China Lead the Voice of Future Development

◎ Ding Yifan

China will be the chair of the G20 summit in 2016 and the world' t economic development agenda will defined. China should be able to make its ideas about the world' t future development heard at this forum. US is pushing forward the TPP agenda in order to establish new rules of global trade and try to dominate and reshape the global trade order. China can reopen the theoretic debate about the purpose of international trade and turn G20 into a forum to discuss issues of international trade, investment, monetary policy and even public administration. This will foster the international prestige of China' t development model and is crucial for China to get a greater say in the international arena.

Global Technological Advancements in 2015

◎ Ma Benyu

Emerging technologies, represented by genome-editing technique, quantum communication, quantum-computing technology and grapheme, a news carbon-based nano-material have been developing rapidly. The first budding of the new generation of technology revolution brought challenges with regards to ethicality and safety of genome-editing, modern cryptographic technology against cyber security and the security of future energy structure. Those new technologies, though need time to turn into industrial application, will definitely make fundamental changes to the future social life, economic development and national security.